l'agressivité créatrice

Données de catalogage avant publication (Canada)

Bach, George R. (George Robert)
    L'agressivité créatrice

    Traduction de : Creative aggression.

    1. Agressivité.   2. Colère.   3. Assertivité.   I. Goldberg, Herb.   II. Titre.

BF575.A3B314 2002   155.2'32   C2001-941841-8

DISTRIBUTEURS EXCLUSIFS:

- Pour le Canada
et les États-Unis:
MESSAGERIES ADP*
955, rue Amherst
Montréal, Québec
H2L 3K4
Tél.: (514) 523-1182
Télécopieur: (514) 939-0406
* Filiale de Sogides ltée

- Pour la France et les autres pays:
VIVENDI UNIVERSAL PUBLISHING SERVICES
Immeuble Paryseine, 3, Allée de la Seine
94854 Ivry Cedex
Tél.: 01 49 59 11 89/91
Télécopieur: 01 49 59 11 96
Commandes: Tél.: 02 38 32 71 00
               Télécopieur: 02 38 32 71 28

- Pour la Suisse:
VIVENDI UNIVERSAL PUBLISHING SERVICES SUISSE
Case postale 69 - 1701 Fribourg - Suisse
Tél.: (41-26) 460-80-60
Télécopieur: (41-26) 460-80-68
Internet: www.havas.ch
Email: office@havas.ch
DISTRIBUTION: OLF SA
Z.I. 3, Cormínbœuf
Case postale 1061
CH-1701 FRIBOURG
Commandes: Tél.: (41-26) 467-53-33
             Télécopieur: (41-26) 467-54-66

- Pour la Belgique et le Luxembourg:
VIVENDI UNIVERSAL PUBLISHING SERVICES BENELUX
Boulevard de l'Europe 117
B-1301 Wavre
Tél.: (010) 42-03-20
Télécopieur: (010) 41-20-24
http://www.vups.be
Email: info@vups.be

L'ouvrage original américain a été publié
par Avon Books
sous le titre *Creative Aggression*

Dépôt légal: 1er trimestre 2002
Bibliothèque nationale du Québec

ISBN 2-8904-4718-9

Pour en savoir davantage sur nos publications,
visitez notre site : **www.edjour.com**
Autres sites à visiter: www.edhomme.com • www.edtypo.com
www.edvlb.com • www.edhexagone.com • www.edutilis.com

L'Éditeur bénéficie du soutien de la Société de développement
des entreprises culturelles du Québec pour son programme
d'édition.

Nous reconnaissons l'aide financière du gouvernement du
Canada par l'entremise du Programme d'aide au développement de l'industrie de l'édition (PADIÉ) pour nos activités
d'édition.

Dr George R. Bach
Dr Herb Goldberg

l'agressivité
créatrice

Traduit de l'américain
par Louise Drolet

le jour,
éditeur

À ceux qui refusent de payer le prix
de toujours être gentils.

Remerciements

Nous sommes reconnaissants à tous les membres de notre profession qui emploient depuis des années nos idées et nos procédés dans le cadre de leurs séminaires et de leur travail thérapeutique et qui nous ont fait part de leurs expériences. Je pense entre autres au Dr Roger Bach, au Dr Lew Engel, au Dr David Lowry aux É.-U., et au Dr Lee Pulos et à M. Jacques Lalanne au Canada, au professeur Guido Groeger, au Dr Herman Latka, aux Drs Herman Paula et Udo Derbolowsky et au professeur Adolf Daümling en Allemagne. Par leur travail, ils prouvent aux auteurs que leur approche n'est pas limitée à une culture en particulier.

M. Ed Monsson et son personnel de l'université de Los Angeles nous ont fourni, au cours des 10 dernières années, un milieu hospitalier où nous avons pu mettre à l'épreuve et raffiner nombre de nos techniques avec la collaboration d'une population adulte normale et intelligente.

Nous devons également beaucoup aux moniteurs de groupes qui nous ont aidés à communiquer au public l'essence de notre approche. Nous remercions entre autres le Dr Eric Field pour sa contribution importante à l'élaboration des techniques de décharge de l'agressivité en milieu de travail ; Claudia Bach et Luree Nicholson, qui ont acquis une grande habileté à employer ces techniques avec les enfants en milieux scolaire et familial. Catherine Bond, Yetta Bernhard, Joan Hotchkis, Sandra Burton, Alex et Joanna Vilumsons et Sascha Schneider qui enseignent régulièrement nos procédés dans les divers milieux d'éducation. Nous tenons aussi à remercier Connie Grippo et Judy Bach qui nous ont fourni de nombreux exemples des effets de l'agressivité indirecte et refoulée en milieu de travail.

Par le biais de leur propre travail thérapeutique et théorique, certains de nos collègues professionnels nous ont apporté de précieux éclaircissements au cours des nombreuses conversations que nous avons eues avec eux. Il s'agit notamment du Dr Seymour Feshback, du Dr Robert W. Zaslow, du Dr Carl Whitaker, du Dr Zev Wanderer, du Dr William Schutz et des regrettés Drs Eric Berne et Alvirdo Pearson.

Nous tenons également à exprimer notre gratitude à Peggy et Stephanie Bach ainsi qu'à Stephanie Goldberg qui nous ont fourni un appui constant et un environnement agréable au sein duquel les deux auteurs ont pu dépasser leurs différends de façon créatrice.

Première partie

Les « gentils »

Chapitre premier

Le mythe des « gentils »

Jean était gentil. Tous se prenaient d'affection tout de suite pour lui : il avait toujours le sourire aux lèvres et un bon mot pour chacun. Ses amis réussissaient presque toujours à lui faire faire ce qu'ils voulaient : comme il le disait lui-même, « il s'accommodait de presque tout ». Il gardait toujours sa bonne humeur, ne se querellait jamais et semblait toujours d'accord avec tout le monde. Il n'était pas négatif quoi !

Lorsque ses amis apprirent que sa femme faisait une dépression nerveuse, ils furent scandalisés. C'est alors seulement qu'ils découvrirent qu'elle suivait une thérapie depuis sept mois.

Elle éprouvait de la difficulté à expliquer à son psychothérapeute ce qui n'allait pas entre elle et Jean. Elle se sentait coupable parce que ses amis la trouvaient chanceuse d'être mariée à un « gentil garçon » comme lui. Pourtant, leur relation la rendait folle. Son mari était d'un tempérament si placide et si égal qu'elle se sentait toujours responsable des problèmes qui surgissaient au sein de la famille. Ainsi, à force de crier après les enfants alors que Jean n'élevait jamais la voix, elle commençait à se sentir casse-pieds. Les enfants la narguaient puis couraient se réfugier auprès de leur père qui prenait habituellement leur parti. Leur fils de dix-huit ans travaillait mal à l'école et il n'avait personne pour l'orienter. Il passait son temps à écouter des disques ou à se promener en motocyclette. Jean ne disait rien à ce sujet et c'était encore à elle de se fâcher. Après quelques mois de traitement, elle choisit le divorce pour conserver sa santé mentale. Nombre de ses amis le lui déconseillèrent et la blâmèrent d'être aussi exigeante. Lorsqu'elle leur demanda de l'aider à mieux comprendre son mari, ils durent admettre qu'ils ne le connaissaient pas beaucoup, mais que c'était vraiment un «gentil garçon».

Elle parla à Jean du divorce, mais il n'eut pas l'air de s'inquiéter outre mesure: il réagit à peine lorsqu'elle le mit pratiquement devant le fait accompli. Il se remaria peu après le divorce et ne revint presque jamais voir les enfants sous prétexte que sa nouvelle femme le lui interdisait. Les enfants devinrent silencieux et moroses.

Les «gentils»

Tout le monde aime bien les «gentils» justement parce que leur principal souci consiste à tout faire pour plaire. Ils reflètent, plus que tout, cette peur des échanges agressifs dans une relation personnelle. Non qu'ils soient pacifistes ou lâches, car en temps de guerre, par exemple, ils n'hésiteraient pas à tuer.

Les «gentils» se préoccupent beaucoup de leur image de personne «sympathique» que tout le monde aime. Ils cherchent donc constamment à manipuler les gens et les situations de façon à éviter les conflits ouverts qu'ils détestent. De la sorte, ils n'ont pas à se soucier des critiques qu'on pourrait faire à leur sujet.

Sous leur gentillesse se cache toutefois une grande réserve. Très peu de gens, sinon aucun, même au sein de leur famille, deviennent assez intimes avec eux pour percer leur vraie nature. Ils ont un comportement essentiellement passif qui leur permet d'exprimer le minimum de sentiments et de n'établir que des relations superficielles avec les autres. Leur gentillesse sert aussi toutefois à manifester leur agressivité d'une façon indirecte et impersonnelle ; de cette façon ils manipulent les autres pour paraître toujours sous un jour favorable. Les autres les aiment, non parce qu'ils les connaissent bien, mais parce qu'ils ne les obligent pas à exprimer leur agressivité en s'opposant ouvertement à eux, en s'affirmant ou en se mettant en colère.

Il existe bien des sortes de personnes « gentilles » parmi lesquelles nous étudierons les types suivants : la maman « dévouée », le « gentil » papa, les enfants « modèles », les parents « à la mode », le « bon » patron, les employés « indispensables », le professeur « dans le vent », les étudiants « zélés », le thérapeute « compréhensif », les patients « complaisants », le sportif « loyal », les compagnons de voyage « obligeants » et les « tendres » amoureux. Il est clair qu'une seule personne ne présente pas toutes les caractéristiques de chacun de ces types bien qu'elle puisse certainement en posséder un grand nombre. Ainsi, ces personnes éprouvent toutes des sentiments d'agressivité difficiles à deviner parce qu'elles se manifestent indirectement ou sous forme déguisée. Pour l'observateur non initié, leur conduite reste toujours convenable, édifiante et même digne de louanges. Pourtant, elle est particulièrement destructive, et c'est seulement à travers ses répercussions invisibles et indirectes sur autrui qu'il est possible de déceler les sentiments d'agressivité qui s'y cachent. Pour saisir la véritable nature de l'agressivité, il est donc particulièrement important de reconnaître ces types de personnes et de les comprendre.

Nous décrirons, dans le présent chapitre, le comportement apparent de chaque type de personne, sa personnalité cachée, les avantages qu'elle retire de sa conduite et les effets nocifs de celle-ci.

La maman « dévouée »

La maman «dévouée» prend soin de toute la famille et ne demande jamais rien en retour. Elle s'éreinte à la tâche même si elle est souffrante, ce qui se produit assez souvent. La maison reluit de propreté, et l'on trouve toujours un bon petit plat sur le feu ou dans le réfrigérateur. Elle se fait beaucoup de souci pour son petit monde : chacun doit bien se nourrir, rentrer à l'heure et être vêtu convenablement. Elle s'achète rarement des vêtements, car elle préfère dépenser l'argent pour ses enfants. Elle prête une oreille attentive aux malheurs de chacun.

De temps à autre, et de plus en plus fréquemment à mesure que les enfants grandissent, maman fait des accès de colère. Elle tempête, menace, accuse sa famille d'ingratitude et provoque des sentiments de culpabilité chez tout le monde. Elle ne veut rien entendre pendant ces crises, mais elle finit toujours par se calmer et elle redevient alors la «gentille» maman de toujours. Lorsque les enfants envisagent de quitter leurs parents, la «gentille» maman agit souvent comme si elle était au bord de la dépression nerveuse.

Sa personnalité cachée

La maman «dévouée» est issue d'un milieu possédant de stricts principes moraux ; toute jeune, elle a appris à se taire et à ne jamais manifester sa colère sous peine d'être punie pour son manque de respect. Toute jeune on lui a appris que son futur rôle de mère et d'épouse était très important et qu'une femme «bien» devait se consacrer à son mari et à ses enfants. Il ne lui était pas permis d'avoir ses propres idées ou de mener sa vie personnelle. Elle s'est mariée assez jeune et ne s'est jamais réellement affranchie de la tutelle de ses parents. Au moment de son mariage, elle manquait de maturité émotive.

Elle envie secrètement ses amies qui ont rompu les liens familiaux et qui ont connu des expériences sexuelles ou ont adopté un mode de vie plus libre. Elle se sent privée de quelque chose et éprouve un ressentiment caché pour son rôle d'épouse et de mère, mais à cause de ses principes rigides, elle refuse d'admettre l'existence de ce sentiment chez elle. Afin de se maîtriser et de se prouver à elle-même et aux autres qu'elle est une bonne mère, elle se tue à la tâche. Toutefois, son sentiment de frustration refait surface de temps en temps. Elle est persuadée que tous les soins dont elle entoure ses enfants démontrent que leur bien-être lui tient vraiment à cœur; mais la vraie raison de ce zèle excessif tient à son désir de les tenir sous sa coupe et de les empêcher de devenir libres et indépendants.

La maman « dévouée » n'a pas confiance en elle parce qu'elle n'a jamais eu la chance de développer ses capacités. Elle attire donc l'attention par ses maladies et ses divers maux au lieu de s'affirmer et d'exprimer ses désirs. Comme un enfant, elle attend qu'on devine ses besoins au lieu de les exprimer.

Les avantages

La maman « dévouée » détient le titre de maîtresse de maison accomplie, ce qui lui vaut beaucoup de compliments et la rassure quelque peu. Elle fait la loi chez elle, et toute la famille la craint un peu parce qu'elle l'oblige sans cesse. En faisant tout à la place de chacun et particulièrement des enfants, elle les rend dépendants et les garde sous sa férule. On peut toujours jeter le blâme sur quelqu'un d'autre lorsqu'il y a des problèmes dans la famille: elle a un alibi inattaquable. Ses occupations au foyer ne lui laissent évidemment pas le temps de participer à des activités sociales à l'extérieur. De toute façon, elle craint les situations où elle n'a pas le haut du pavé.

Le prix

Le comportement de la maman «dévouée» nuit à son épanouissement personnel. Elle émet des messages indirects et équivoques d'amour et de haine. Chaque fois que ses enfants veulent faire preuve d'indépendance, elle fait en sorte qu'ils se trouvent égoïstes et se sentent coupables. Maman travaille si dur après tout, comment pourrait-on songer à l'abandonner ?

La maman «dévouée» est un puissant tyran qui emploie habilement son agressivité; au lieu de l'exprimer ouvertement, elle se sert de la culpabilité, de la maladie et du sens moral. Même papa se sent impuissant à agir et reste passif parce qu'il n'y a pas moyen d'avoir le dessus avec elle.

Le «gentil» papa

Papa est une bonne pâte. On peut toujours le persuader de dire oui quand maman dit non. Il ne crie jamais après les enfants parce qu'il veut la paix, comme il le dit si souvent. Il la trouve, cette paix, derrière son journal ou devant le téléviseur; maman est là pour s'occuper de l'éducation des enfants.

Lorsque les enfants obtiennent de mauvaises notes, papa leur conseille de faire mieux la prochaine fois ou de ne pas les montrer à leur mère. Les enfants le plaignent parce que maman le mène par le bout du nez. Cependant, ils ont de la peine lorsque leur «gentil» papa oublie un de leurs noms, les confond entre eux ou ne se souvient plus de leur âge.

Sa personnalité cachée

Le «gentil» papa est passif et détaché. Il s'est marié et a eu des enfants parce c'était la seule situation socialement acceptable pour un homme, mais il joue son rôle de père de façon machinale. Il a peur de ses sentiments et de ceux des autres et il craint avant tout de perdre la maîtrise de lui-même. Il a été élevé par des parents répressifs qui ne lui permettaient pas d'élever la voix ou de répliquer. Il a appris à contenir son agressivité en se repliant sur lui-même. Il craint beaucoup les sentiments de colère parce qu'il ne sait que faire des siens : il a peur de ce qui pourrait arriver s'il y laissait libre cours. Il se soucie de l'opinion des autres, mais préserve farouchement son intimité.

Les avantages

Le « gentil » papa peut éviter d'endosser la responsabilité des problèmes familiaux parce qu'il ne se départit jamais de sa gentillesse et qu'il n'intervient jamais dans les affaires des autres. Résultat : tous les membres de la famille éprouvent des sentiments de culpabilité. Papa s'évite en outre nombre de tracas en restant à l'écart des conflits familiaux. Cela lui permet de conserver son image de maîtrise de soi, d'équité et de gentillesse.

Le prix

Le « gentil » papa exprime son agressivité en gardant ses sentiments pour lui au détriment de sa femme qui ne peut jamais savoir ce qu'il ressent. Il l'oblige à jouer un rôle de marâtre auprès des enfants et s'en sort les mains blanches. Son manque d'appui, lorsque vient le temps des confrontations, mine l'autorité de sa femme. Sa faiblesse, lorsque les enfants ont des résultats médiocres ou se conduisent mal, traduit son indifférence à leur égard. Ils n'ont aucune motivation à mieux travailler ou à respecter certaines normes de conduite parce qu'ils sentent que peu lui importe leur succès ou leur échec. Cette situation est particulièrement préjudiciable aux garçons : la nature passive et absente de leur père les empêche de s'identifier à un modèle masculin bien défini. L'humeur égale de celui-ci finit par irriter et ennuyer les membres de la famille. C'est sa façon de manifester indirectement son agressivité en leur disant « vous n'existez pas pour moi » et « vous ne me dérangez pas ».

Les enfants « modèles »

Les grandes personnes aiment bien les enfants « modèles » parce qu'ils sont toujours charmants et soucieux de plaire et qu'ils se comportent comme de vrais adultes. Elles voudraient que tous les enfants soient aussi polis et bien élevés. L'enfant « modèle » est aussi le chouchou du professeur parce qu'il est très serviable et qu'on n'a jamais à le rappeler à l'ordre.

Un seul problème avec les enfants « modèles » : ils ne s'entendent pas avec leurs camarades. Ceux-ci les trouvent hautains et indignes de confiance parce qu'ils sont trop proches des adultes et qu'ils pourraient les dénoncer. Les enfants « modèles » ne font pas de bons compagnons de jeu parce que les activités de leurs camarades les ennuient.

Leur personnalité cachée

Les enfants « modèles » sont des manipulateurs qui veulent absolument être aimés et acceptés des adultes. Comme leurs parents se préoccupent beaucoup de leur statut social et considèrent leurs enfants comme des symboles de succès plutôt que des vraies personnes, ces derniers s'efforcent constamment de leur plaire afin de se faire aimer.

L'enfant « modèle » se sent fondamentalement rejeté, traité plus souvent comme un objet que comme une personne. Sa gentillesse ne reflète pas une affection ou une chaleur sincères : c'est une technique de survie destinée à plaire aux grands. Sous ses dehors charmants, l'enfant cache une impression de rejet, et des sentiments d'animosité et de rage parce qu'on l'oblige à jouer un rôle plutôt que de lui permettre d'être lui-même.

Les avantages

Les enfants «modèles» reçoivent beaucoup d'attention et de compliments de la part des grandes personnes; ceci leur donne l'impression d'être supérieurs aux autres enfants et uniques en leur genre. Comme ils les trouvent mignons, les adultes leur font des cadeaux et leur permettent de prendre part à leurs activités auxquelles les autres enfants ne sont ordinairement pas admis.

Le prix

L'enfant «modèle» est un manipulateur peu doué d'empathie. Adulte, il sera enclin à utiliser les autres et à les laisser tomber avec désinvolture. Il cachera sa colère derrière un sourire et des manières calmes et laissera derrière lui nombre de victimes blessées et déçues. Il deviendra un adulte solitaire, aliéné et incapable d'établir une relation profonde et affectueuse avec qui que ce soit.

Les parents «à la mode»

Les parents «à la mode» affichent une attitude très ouverte. Ils fournissent «la pilule» à leur adolescente, ils fument de la marijuana et s'identifient profondément aux activités et aux projets de leurs enfants. Ils adoptent le laisser-faire face à leurs résultats scolaires et maintiennent un ordre relâché: ils évitent les disputes, les éclats de voix et ne confrontent jamais directement. Les amis des enfants adorent la maison parce qu'on y trouve de la nourriture et de la «mari» sans compter l'intimité, la musique pop et les ondes positives propices à leurs activités. Les parents «à la mode» dépensent beaucoup d'énergie pour se faire aimer et accepter des amis de leurs enfants.

Leur personnalité cachée

Les parents «à la mode» se soucient beaucoup de leur image. Ils veulent tellement avoir l'air «jeunes» qu'ils nient inconsciemment leur âge et leur rôle de parents et de guides de leurs enfants : ils sont aussi tolérants avec eux, car ils refusent d'endosser leurs responsabilités, de manifester ouvertement leur agressivité et de s'affirmer et ils sont mal à l'aise dans leur fonction d'adultes et de parents.

Les avantages

L'admiration que leur portent les amis de leurs enfants, qui les trouvent vraiment «extra», donne aux parents l'impression d'être des personnes réellement jeunes et uniques.

Le prix

Leur refus d'assumer leur fonction de parents et d'adultes implique aussi un rejet de leurs enfants. En fait, les parents «à la mode» modèlent leurs enfants à leur image, ce qui crée chez eux un sentiment irréel de pouvoir et de toute-puissance qui provoquera une crise lorsqu'ils devront mener leur propre vie. À ce moment-là, ils posséderont une trop bonne opinion d'eux-mêmes pour s'insérer dans une profession ou un métier ou appliquer les règles d'un emploi.

Le «bon» patron

M. Lesieur, gestionnaire de division d'une importante firme de comptabilité, est certainement un «bon» patron. Il note soigneusement sur son calendrier les dates d'anniversaire de chacun de ses employés, depuis les cadres jusqu'aux secrétaires et aux réceptionnistes.

M. Lesieur donne deux grandes soirées par année auxquelles tous les employés sont conviés. À celle de Noël, les conjoints ne sont pas invités. Il n'y a alors plus de patron ni d'employés : M. Lesieur prend joyeusement un verre, embrasse les femmes, tout en restant correct et enjoint tout le monde de s'amuser follement. L'été, il donne un barbecue à sa résidence où il fait office d'hôte charmant et de chef cuisinier. La nourriture est abondante et le vin coule à flots.

Au bureau, M. Lesieur laisse toujours sa porte ouverte : il sourit à tous ceux qui passent et s'informe de leur travail. Il veut être gentil et aider les autres. Il lui est même arrivé une fois, en fin d'après-midi, de laisser son propre travail afin d'aider à expédier du courrier urgent.

En général, M. Lesieur hésite à demander à un employé de faire des heures supplémentaires ou d'exécuter une tâche qui n'entre pas dans ses attributions. Il frémit à l'idée de donner des ordres. Il ne se fâche jamais ouvertement et évite soigneusement de commenter le travail de ses employés. Au contraire, il cherche toujours un bon mot pour chacun. Il ne limoge jamais un employé qui est à son service depuis plus de trois mois. Il donne l'exemple en restant fréquemment au bureau après 17 h et en venant souvent travailler le samedi. Si un employé a les traits tirés, il s'empresse de lui donner congé pour le reste de la journée. Qui donc pourrait penser du mal de ce patron au grand cœur qui ne crie jamais, ne connaît pas la critique et n'impose jamais rien à personne ?

Sa personnalité cachée

Le «bon» patron tremble à l'idée d'être détesté ou d'avoir une réputation de mauvais patron. Il craint les conflits ouverts et se donne beaucoup de mal pour les éviter parce qu'il croit qu'ils entraînent inévitablement chez les personnes concernées des souffrances émotives dont il ne veut pas se rendre responsable.

Il se sent mal à l'aise face aux sentiments de frustration ou de colère des autres. Il espère donc par sa gentillesse éviter qu'on ne lui demande d'intervenir dans les conflits de travail, car il est sûr de se mettre quelqu'un à dos s'il prend parti.

Il arrive à M. Lesieur de bouillonner intérieurement, mais il prend soin de n'en rien laisser voir. Dans ces moments-là, qui se produisent de plus en plus souvent avec les années, il a l'impression d'être une victime que les autres négligent et dont ils abusent. Il fait son possible pour aider tout le monde, mais personne ne se soucie de lui. En outre, lorsque tout va mal au bureau parce que le travail est en retard ou mal fait, il rage secrètement de devoir toujours répondre de tout. Toutefois, il ne fait jamais part de ses sentiments à personne parce qu'il se sent agacé et coupable d'éprouver du ressentiment.

Les avantages

Le « bon » patron s'arrange en général pour éviter d'être impliqué dans les conflits de travail ou de rompre l'harmonie autour de lui. En sa présence, les employés ont toujours le sourire aux lèvres, ils élèvent rarement la voix et conversent joyeusement de choses et d'autres.

Les employés démissionnaires ne lui avouent jamais les causes réelles de leur mécontentement ou de leur frustration. De la sorte, il a l'impression de n'y être pour rien dans leur insatisfaction au travail. Grâce au comportement de ses employés, il se voit comme l'artisan de l'atmosphère de paix, d'amour et d'harmonie qui règne au bureau et il est très satisfait de cette image de lui.

Le prix

Le prix le plus lourd que doit payer le « bon » patron pour sa conduite est la perte de ses employés les plus qualifiés. Ceux-ci démissionnent pour plusieurs raisons. Comme le patron n'aime pas critiquer et qu'il a peur de se mettre un employé à dos, il ne fait pas réellement de différence entre un employé excellent et un employé médiocre. À la longue, les employés qualifiés et doués d'initiative perdent leur motivation à donner le meilleur d'eux-mêmes parce qu'ils n'ont plus de défis à relever. Ils finissent par trouver leur travail ennuyeux et frustrant et démissionnent. Au cours des années, cette fuite d'employés compétents ne laisse autour du patron que les employés parasites, médiocres ou adulateurs qui ne font rien de bon, mais ne sentent pas leur poste menacé parce qu'ils jouent le jeu du patron et lui font des sourires. Les plus manipulateurs d'entre eux prennent de plus en plus de libertés : ils arrivent tard, partent tôt et étirent les pauses-café, ce qui entraîne une détérioration graduelle de la qualité du travail.

Le « bon » patron est constamment sujet à la tension et à l'inquiétude ainsi qu'aux maladies psychosomatiques comme les ulcères et l'hypertension. Comme il ne délègue pas ses responsabilités, il en récolte des effets particulièrement désastreux sur sa vie privée. Il est toujours crevé lorsqu'il rentre à la maison et sa fatigue est un prétexte pour ne jamais faire l'amour avec sa femme ; de toute façon, quand il essaie, il arrive à peine à avoir une érection. En réaction, sa femme se met à prendre du poids ou à boire et elle se sent de moins en moins belle et aimée.

Ses enfants souffrent eux aussi de cette situation : comme leur père n'a jamais le temps ou la force de s'occuper d'eux, leur conduite s'en ressent. Finalement, la vie du « bon » patron devient vide et dénuée de sens. Il ne comprend pas pourquoi, en dépit de ses bonnes intentions, il se sent si seul et négligé. Il finira par sombrer dans la dépression chronique ou cherchera une évasion dans l'alcool.

Les employés « indispensables »

Hommes ou femmes, les employés « indispensables » ont un comportement similaire. Ils tentent de s'insinuer dans les bonnes grâces du patron en étant toujours prêts à lui rendre service. Ils sont toujours disposés à faire plus que leur part et se font souvent exploiter par leurs collègues qui profitent de leur bonne volonté ; même s'ils sont débordés de travail, ce qui se produit souvent, ils ne se plaignent ni ne se fâchent. Ils ont parfois l'air épuisés et malheureux, mais si on s'informe de ce qui ne va pas, ils s'empressent de répondre que « tout va à merveille ».

Ils essaient constamment de tirer profit des points faibles de leur employeur ; ainsi, en effectuant pour lui les tâches dont il s'acquitte mal, ces employés se sentent indispensables et en sécurité. Par exemple, si le patron a la mémoire courte, ils deviennent ses aide-mémoire. S'il boit trop ou se comporte grossièrement, ils réparent ses bévues ou s'excusent à sa place. Ils essaient aussi de le protéger contre ceux qui veulent s'opposer à lui, contester son autorité ou le critiquer.

Leur personnalité cachée

Le comportement des employés « indispensables » prend sa source dans leur sentiment d'insécurité et leur désir d'autorité, autorité qu'ils sont d'ailleurs incapables d'obtenir par leurs seules qualifications. Leur disposition à rendre service et à masquer les points faibles de leur employeur leur donne un sentiment de sécurité et d'importance. Ils se sentent puissants puisque leur patron ne peut se passer d'eux.

Les employés « indispensables » souffrent d'un complexe d'infériorité et craignent l'échec. Ils pensent qu'en faisant preuve de zèle, ils ont une chance d'être promus à un plus haut poste et d'obtenir un peu d'autorité parce que leur patron ne pourra plus se passer de leurs services. Leur hostilité latente se manifeste dans la façon dont ils traitent leurs subalternes ou sabotent leurs efforts. Cela devient particulièrement évident si quelqu'un se met en travers de leurs projets ou leur fait concurrence.

Les avantages

Grâce à leur dévouement, ces employés réussissent souvent à établir une relation particulière avec leur patron. Ils vont parfois jusqu'à devenir ses confidents, ce qui renforce leur sentiment de sécurité et de puissance. En outre, même s'ils sont incapables de s'affirmer ou d'arriver seuls à leurs fins, ils obtiennent quand même une partie de l'autorité qu'ils convoitent en laissant le patron régler lui-même les problèmes épineux. Ce dernier apporte de l'eau au moulin et mène les batailles importantes et les employés recueillent tous les bénéfices sans prendre de risques, mais simplement en restant dans son ombre et en étant « gentils » avec lui.

Le prix

Les employés « indispensables » ne deviennent jamais adultes ; ils restent, dans leur milieu de travail, des adulateurs parasites qui prospèrent en s'adaptant aux besoins de quelqu'un d'autre. Comme leur patron représente pour eux un père, ils ne s'affranchissent jamais vraiment de sa tutelle et demeurent incapables de réussir grâce à leurs capacités propres.

Finalement, à force de manipulations, les employés « indispensables » annihilent toutes leurs facultés créatrices parce qu'ils se préoccupent toujours davantage de leur statut et de leur avancement. Cependant, ils sont en même temps tiraillés par la peur de se cogner au mur si leur patron démissionne, tombe malade ou meurt, ce qui entretient chez eux un sentiment constant de vulnérabilité et de doute.

En comblant les lacunes du patron, en exploitant ses points faibles et sa dépendance, les employés « indispensables » lui portent préjudice. Par exemple, s'il est grossier et rude ou s'il a tendance à trop boire, il ne se rend pas compte des répercussions de sa conduite sur les autres parce que ses employés « dévoués » sont là pour réparer les dégâts. Il ne voit donc pas la nécessité de modifier ses comportements autodestructeurs qui ne cesseront d'empirer tandis que lui-même et ses employés « dévoués » finiront par en subir les conséquences.

Les profs « dans le vent »

Peu ou pas de travail personnel, beaucoup de discussions sur les sentiments, une présence en classe non requise et des examens faciles, voilà à quoi on reconnaît un « prof dans le vent ». Il veut être l'ami de tout le monde et laisse les étudiants agir à leur guise.

Les professeurs « dans le vent » se laissent facilement impressionner par le récit des malheurs de leurs étudiants. Ils leur promettent mer et monde, combattent pour leurs causes et les laissent même établir eux-mêmes la note qu'ils méritent.

Leur personnalité cachée

Les « profs dans le vent » nourrissent un obscur ressentiment à l'endroit des figures d'autorité et n'aiment pas endosser ce rôle. Toutefois, ils cachent souvent sous cette répugnance, une sévère tendance à l'autoritarisme qu'ils tentent de supprimer, mais qui ressort toutes les fois qu'un étudiant manifeste son désaccord sur la façon dont le professeur donne le cours. Le « gentil » professeur devient tout à coup moins gentil.

Les avantages

Les profs « dans le vent » se voient comme des héros et des martyrs du pouvoir établi. Les étudiants en abusent, leur font force compliments et flattent leur orgueil.

Le prix

Il est payé, la plupart du temps, par les étudiants eux-mêmes. Les profs dans le vent donnent aux étudiants une idée irréaliste du monde organisé de l'enseignement. Leurs professeurs à eux les avaient préparés à l'affronter, et ils se doivent à leur tour de préparer leurs étudiants qui pourraient bien avoir à y faire face un jour. Parce qu'ils n'ont pas de critères de sélection valables, ces professeurs placent tous les étudiants, bons et médiocres, sur un pied d'égalité de sorte que leurs notes et leurs lettres de recommandation finissent par perdre toute valeur significative. En ne donnant pas toute la matière obligatoire, ils portent préjudice aux étudiants qui seront moins bien préparés pour les cours qui suivront. Comme ils font beaucoup de promesses, ils déçoivent souvent les étudiants, car ils n'ont pas le temps de les tenir toutes ou ils les « oublient ». Lorsqu'un étudiant mécontent se prononce en faveur d'un cours mieux structuré, on lui fait sentir qu'il n'est pas à la mode et qu'il est trop strict.

Les étudiants « zélés »

On les trouve habituellement à l'avant de la classe où ils prennent soigneusement des notes, posent d'honnêtes questions, sourient et acquiescent à chaque parole du professeur. Ils restent souvent après le cours pour discuter avec celui-ci. Ils s'identifient davantage au professeur qu'aux autres étudiants.

Leur personnalité cachée

Les étudiants «zélés» sont très ambitieux et très manipulateurs. Ils sourient et acquiescent à n'importe quoi, abusant ainsi des professeurs qu'ils traitent tous avec la même vénération. Dans le fond, ils ont peur de l'autorité, sont désireux de plaire et n'ont pas confiance en leurs capacités. Leur comportement hypocrite traduit leur désir désespéré de réussir. Ils ne s'entendent pas très bien avec leurs camarades parce qu'ils ont un fort esprit de compétition et qu'ils ne se laissent pas détourner de leurs fins en perdant du temps avec eux.

Les avantages

Leurs méthodes portent habituellement fruit : ils récoltent souvent de bonnes notes, jouissent de la faveur des professeurs et obtiennent des lettres de recommandation flatteuses. Ces étudiants ont plus de chances de réussir que les étudiants moins manipulateurs, mais aussi intelligents.

Le prix

Les étudiants «zélés» se servent des professeurs comme d'objets qu'ils manipulent sans discernement. Ils manifestent ainsi leur hostilité pour le corps enseignant et leur mépris pour leurs camarades qui réussissent à l'école et dans la vie grâce à leur personnalité unique. S'ils se destinent eux-mêmes à l'enseignement, ils auront tendance à se montrer très autoritaires au détriment des besoins des étudiants.

Le psychothérapeute «compréhensif»

Le psychothérapeute «compréhensif» accepte son client tel qu'il est et lui prodigue appui et affection. Ses séances de thérapie sont agréables et ses clients se sentent bien avec lui. Il est très accommodant lorsqu'il s'agit de réduire ses honoraires ou d'en différer le paiement, et il lui arrive de dépasser la période allouée à chaque séance.

Sa personnalité cachée

Le psychothérapeute «compréhensif» est aussi dépendant de ses patients que ces derniers le sont de lui. Il traite avec une gentillesse égale tous ses patients, satisfaisant ainsi ses propres besoins, mais non les leurs. Il n'est pas à l'aise avec ses sentiments de colère et d'agressivité et préfère garder une attitude aimable. Derrière sa gentillesse se cachent toutefois une grande animosité et une grande réserve à l'égard de ses patients. Sa gentillesse ne vient pas du cœur: elle le protège contre la colère qui couve en lui.

Les avantages

Le psychothérapeute «compréhensif» est aimé de tous ses patients qui sont très nombreux et dont certains restent en thérapie pendant longtemps. Il a une haute estime de lui-même face à eux et se sent tout-puissant.

Le prix

Pour satisfaire ses propres besoins, le psychothérapeute «compréhensif» a tendance à maintenir ses patients en état de dépendance et à prolonger leur traitement pendant des années. Pour lui faire plaisir, ceux-ci ne changent pas beaucoup même s'ils lui affirment le contraire. Comme le psychothérapeute a peur de manifester sa colère et son agressivité et de s'affirmer, son comportement donne un mauvais exemple à ses patients, qui finissent par croire qu'ils guériront par sa seule affection. Le psychothérapeute manifeste indirectement son agressivité en jouant le rôle de la mère surprotectrice qui maintient ses enfants dans un état de sujétion et bloque chez eux toute expression d'agressivité et toute volonté de s'affirmer.

Les patients « complaisants »

Ces patients se complaisent dans leurs maladies : ils tiennent davantage à obtenir l'affection de leur médecin qu'à guérir. Ils le complimentent sans cesse et lui obéissent en tous points. Ils traînent souvent leur maladie pendant des années.

Leur personnalité cachée

Les patients « complaisants » ont besoin d'attention et sont incapables de l'obtenir en s'affirmant. Ils ont tout intérêt à être malades pour attirer celle du médecin qui comble alors leur besoin d'importance et d'affection. Ils sont comme des enfants qui demandent de l'attention sans arrêt. Ils sont dépendants du médecin jusqu'au jour où celui-ci ne les juge plus vraiment malades : ils vont alors en trouver un autre. Ils sont incapables de jouir d'une relation véritable avec quelqu'un ; ils préfèrent exiger des soins et de l'attention par l'intermédiaire de leur maladie.

Les avantages

En obtenant l'attention qu'ils recherchent, les patients « complaisants » ont l'impression d'être différents. Leur maladie est une excuse pour ne pas s'affirmer et se tailler une place dans la société. Leurs médecins les complimentent souvent sur leur attitude, ce qui les valorise à leurs propres yeux. En étant malades, donc dépendants, ils obtiennent beaucoup sans rien devoir donner en retour.

Le prix

Les patients « complaisants » se servent de leur maladie pour manipuler leur famille. Ils ont peur de recouvrer la santé et avec elle, leur sentiment d'échec et d'incompétence. Leur maladie justifie leur existence.

La maladie d'un patient « complaisant » peut susciter des sentiments de culpabilité chez les autres membres de la famille et gêner leur développement affectif pour peu qu'ils tentent de se libérer de l'emprise du malade.

Les compagnons de voyage « obligeants »

« Nous n'allons pas gâcher nos vacances en nous disputant », voilà la devise des compagnons de voyage « obligeants ». En apparence, ils sont toujours prêts à collaborer et à se conformer à vos vues. Ils font ce que vous voulez et vont où vous voulez. Quand quelque chose leur déplaît, ils n'en soufflent pas mot. Au pire, ils deviennent silencieux. Lorsque la situation tourne mal, ils ne se plaignent pas.

Ils ne présentent pas d'exigences particulières ; à l'hôtel, ils vous laissent choisir votre lit et décider qui dormira près de la fenêtre. Ils vont au restaurant de votre choix où, pour votre bien, ils vous conseillent sur les mets à commander. Ils vous mettent en garde contre certains endroits dangereux, veillent à ce qu'aucun individu louche ne vous dépouille de votre argent et vous tiennent, grâce à leur instinct infaillible, à l'écart des personnes qui n'ont pas l'air « gentilles ». Ces détails mis à part, ils trouvent tout absolument « merveilleux ».

Leur personnalité cachée

Les compagnons de voyage «obligeants» sont des êtres fondamentalement dépendants et passifs, toujours prêts à suivre les autres dont ils recherchent l'appui. Ils craignent les conflits ou les manifestations d'agressivité susceptibles de mettre en danger leur relation avec les autres et leur dépendance.

Ils n'aiment pas non plus endosser des responsabilités et prendre des décisions. Comme ils ne s'affirment jamais, ce sont des êtres sans personnalité propre qui ne ressentent pas de préférences ni de passions bien définies. Bien qu'ils s'accommodent de tout, ils ne se donnent presque jamais entièrement à ce qu'ils font et ne tirent plaisir de rien.

En voyage, leur agressivité refoulée se manifeste indirectement sous forme de lassitude et de maux divers.

Les avantages

Les compagnons de voyage «obligeants» font tout pour éviter les conflits et pour entretenir des relations polies et amicales avec les autres. Lorsque éclate une discussion ou une querelle, qu'un événement tourne mal ou qu'une activité se révèle ennuyeuse, ils ne se sentent pas responsables étant donné qu'ils ne prennent pas de décisions.

Comme ils sont si obligeants, les autres se sentent coupables de les laisser seuls pour s'adonner aux activités qui les intéressent. Lorsqu'ils sont fatigués, tout le monde va au lit et s'ils sont malades, quelqu'un reste à l'hôtel pour s'occuper d'eux. Par leur grande obligeance, ils inhibent la liberté et la spontanéité de leurs compagnons.

Le prix

Tous les membres du voyage souffrent de la trop grande obligeance de leur compagnon. Les vacances deviennent vite monotones et ennuyeuses à mourir. Tout est «intéressant», mais personne n'a de réactions sincères et tous ont l'impression de voyager avec des personnages irréels. On évite toute activité spontanée ou le moindrement risquée. Comme leur compagnon de voyage «obligeant» a toujours des manières si convenables, les autres se surveillent constamment, freinant ainsi leurs réactions spontanées. Un voyage avec un compagnon «obligeant» peut être si insipide qu'il est préférable de mettre son argent en banque et de rester chez soi à regarder des diapositives.

Le sportif «loyal»

Marc, qui passe pour un génie en mathématiques et un excellent sportif, assiste à un congrès d'informatique loin de chez lui. Sa femme reçoit un appel d'urgence dans l'après-midi : Marc est à l'hôpital. Apparemment, il a passé la matinée à jouer au tennis et il a gagné chaque set. À la fin du dernier set, son adversaire, ébranlé, lui a lancé accidentellement une balle dans l'œil au moment où il s'avançait vers le filet pour lui serrer la main. La blessure était grave et nécessitait une opération.

En discutant de l'accident avec Marc, il devint clair que son partenaire avait très mal joué durant toute la matinée. Marc ne dit rien et se garda bien de commenter son jeu; il était trop «loyal» pour cela. Il se répandait plutôt en compliments au moindre coup un peu adroit de son partenaire.

C'était le deuxième accident de sport dont Marc était victime. L'autre fois, il était à la chasse au faisan avec son frère beaucoup plus maladroit que lui. L'efficacité des chiens de chasse se trouvait gaspillée parce que Marc laissait à son frère tous les bons coups et, pour ne pas le froisser ou l'insulter, ne tirait pas après lui lorsqu'il ratait la cible. Or, son frère était si malhabile que les chiens n'avaient rien à rapporter. Un samedi après-midi, il blessa Marc au bras par négligence.

Sa personnalité cachée

Marc est en partie le produit et la victime d'une convention sociale en vertu de laquelle il est mal vu de se féliciter ouvertement de ses propres capacités ou de commenter le jeu d'un adversaire à moins que celui-ci ne le demande. Les sportifs loyaux se gardent de tout commentaire négatif afin de ne pas passer pour arrogants et vantards et d'éviter de s'attirer les foudres de leurs adversaires.

Marc est conscient de sa valeur, mais n'ose pas la reconnaître ouvertement. Il nourrit une peur secrète d'être détesté parce qu'il est trop bon. Il prend donc mille précautions pour ne pas donner de complexe d'infériorité à son adversaire.

Les avantages

En félicitant ses partenaires, même lorsqu'ils jouent mal, Marc est sûr de n'offenser personne et peut jouir en toute tranquillité de sa réputation de sportif «loyal» et de «chic type». On recherche sa compagnie, car il encourage ses partenaires sans les rabaisser. Son comportement «loyal» a aussi des avantages marginaux: Marc a été promu rapidement à un poste administratif au sein de la compagnie dont il a contribué à augmenter le chiffre d'affaires.

Le prix

En évitant de juger ouvertement le jeu de ses coéquipiers, Marc les empêche indirectement de s'améliorer, jusqu'au moment où il devient victime de leur négligence et de leur inaptitude à progresser.

La soi-disant loyauté du sportif a aussi d'autres effets négatifs. Parce que son partenaire évite de critiquer son jeu et de l'encourager, le joueur médiocre qui a conscience de mal jouer, devient furieux contre lui-même, et son agressivité, au lieu d'être employée à des fins positives, se transforme en haine de soi. Il s'agit là d'un des paradoxes de la compétition sportive : bien que les joueurs se jettent à corps perdu dans le jeu pour gagner, ils ne doivent pas se réjouir ouvertement de leur triomphe ni commenter le jeu ou les erreurs des autres joueurs. Cela serait indigne d'un esprit sportif. Il est uniquement permis d'être furieux contre soi-même.

Les « tendres » amoureux

Alain et Sylvie s'aimaient d'amour tendre. Ils se connaissaient depuis cinq mois lorsqu'ils prirent part à nos groupes marathons de thérapie afin d'améliorer leur relation.

Comme ils sont très sensibles, Alain et Sylvie veillent à être toujours très gentils l'un pour l'autre. Lorsque quelque chose l'ennuie chez Alain, Sylvie n'en fait pas mention parce qu'elle ne veut pas qu'il soit blessé ou qu'il se croit rejeté. Lorsque Alain n'aime pas la façon dont Sylvie est habillée ou le plat qu'elle a préparé, il ne le dit pas : au contraire, il la félicite pour son bon goût et flatte son amour-propre en se délectant de sa cuisine. Il sait que Sylvie manque de confiance en elle et il veut la combler d'affection quoi qu'elle fasse. En outre, il ne veut pas faire comme son père qui ne cesse de critiquer sa mère.

Planifier le week-end est toujours une tâche ardue : Sylvie demande à Alain ce qui lui plairait ; celui-ci répond que cela lui est indifférent. Ils se renvoient la balle sans rien décider. Cela ennuie beaucoup Sylvie : lorsqu'il se rallie à son désir et qu'ils vont entendre un concert classique, Alain, que l'idée avait semblé enthousiasmer, s'endort au milieu du concert et Sylvie se sent coupable de son choix. Il en est de même pour Alain lorsque Sylvie donne des signes de nervosité à une partie de football.

Lorsqu'ils font l'amour, Alain s'inquiète toujours de savoir si Sylvie a eu un orgasme, ce qui donne à celle-ci l'impression d'être un cas médical. Alain est toujours d'une extrême gentillesse et d'une grande patience avec elle. Or, Sylvie préférerait secrètement qu'il soit un peu moins doux et qu'il s'affirme davantage. Elle évite de lui faire part de ses sentiments, car elle sait qu'il agit ainsi par gentillesse et elle ne veut pas blesser sa sensibilité.

Récemment, tous deux se sont intéressés à la psychologie et ils ont décidé d'agir avec une plus grande autonomie et de ne pas imposer à l'autre leurs expériences personnelles. Ils ont pris un plus grand soin de ne pas se blesser mutuellement et ont réduit leurs attentes et leurs besoins. Ils ont finalement décidé de prendre part à nos séances de thérapie de groupe parce que leur relation commençait à devenir fade. Alain s'ennuyait à mourir et avait commencé à s'intéresser aux autres femmes tandis que Sylvie piquait des crises de larmes et avait des accès de cafard qui lui donnaient constamment envie de dormir.

Leur personnalité cachée

L'extrême sensibilité dont Alain et Sylvie font preuve l'un envers l'autre reflète leur crainte exagérée de manifester leur colère, de s'affirmer et de s'opposer ouvertement. Ils refoulent une somme d'agressivité considérable, puisque pour eux, être gentils, c'est éviter tout conflit. Chacun a peur d'anéantir l'autre en exprimant ses besoins ou ses sentiments. Lorsque Alain était petit, sa mère le menaçait de tomber malade ou même de mourir s'il faisait une crise. Comme il le regretterait alors! La mère de Sylvie, elle, affirmait que seules les putains élèvent la voix ou se mettent en colère. En conséquence, tous deux craignent une intimité réelle qui les obligerait à manifester leur agressivité, qui se change en crises de larmes et d'angoisse chez Sylvie et en ennui et indifférence chez Alain. Leur nouvelle philosophie, «chacun fait ce qui lui plaît», leur sert d'excuse qu'ils se donnent pour garder leurs distances et éviter toute interaction agressive.

Les avantages

Comme Alain et Sylvie demeurent tous deux très sensibles à la critique qu'ils prennent pour un signe de rejet, leur grande délicatesse l'un envers l'autre leur permet de se sentir très à l'aise au tout début de leur relation. De prime abord, ils sont heureux d'avoir enfin trouvé quelqu'un d'unique qui les comprend et les accepte tel qu'ils sont. Ils tâchent d'éviter les querelles et les conflits dont ils sortent bouleversés. Lorsqu'ils finissent par rompre, ils continuent de penser qu'on n'y peut rien parce que «c'est comme ça.» Chacun a fait ce qui lui plaisait, ce qui, selon Alain et Sylvie, est le plus important dans une relation amoureuse.

Le prix

Les «tendres» amoureux voient toujours leur relation «idéale» tourner à la catastrophe. Chacun d'eux se met alors en quête d'une nouvelle âme sœur avec qui il pourra partager ses expériences. Toutefois, ils gardent l'impression qu'ils n'ont pas vraiment réussi à connaître l'autre et ils n'ont pas tort. D'une relation à l'autre, ils retrouveront le même modèle d'euphorie initiale suivie d'une indifférence et d'un ennui croissants avant la rupture. Puis, ils recommencent leur quête. Chaque relation leur laissera un sentiment de plus en plus profond d'aliénation, de cynisme et de doute, doublé de la crainte de ne jamais établir une relation durable avec personne.

Vivre avec une personne « gentille »

Les relations avec une personne « gentille » qui refuse d'exprimer ses émotions et de manifester son agressivité, dans les divers contextes sociaux décrits dans le présent chapitre, comptent parmi les plus compliquées qui soient. Invariablement, les « gentils » suscitent des sentiments de culpabilité chez la personne qui s'oppose ouvertement à eux. Après tout, comment peut-on se mettre en colère contre quelqu'un qui essaie seulement d'être « aimable » ? Si vous voulez vous opposer directement aux « gentils », vous risquez de vous heurter à des arguments du genre « Laissez-la donc tranquille, elle ne fait de mal à personne » ou « Il se mêle de ce qui le regarde, faites donc de même ». Il est donc important, pour préserver votre santé mentale, que vous soyez conscient de l'effet négatif ou destructeur que peut avoir leur comportement sur vous.

Dans ce but, vous devez vous poser la question primordiale suivante : quels besoins sa gentillesse satisfait-elle chez moi ?

Invariablement, les personnes qui sont en étroites relations avec un/e « gentil/le » protègent leur propre phobie de l'agressivité. Leur attirance pour ces personnes « gentilles », que tout le monde laisse en paix et à qui personne ne s'oppose jamais ouvertement, traduit leur refus de faire face à leurs problèmes affectifs, à leurs comportements d'enfants gâtés et à leur peur d'une véritable relation intime. Il existe entre les deux partis un accord tacite en vertu duquel personne ne réclame rien de l'autre.

Un couple marié, dont l'homme était le type classique du gars « gentil », participa récemment à un groupe marathon de thérapie que nous avons animé conjointement. Au début, le mari plaisait beaucoup à tous les participants parce qu'il maniait bien le compliment et qu'il avait l'air sensible. À tous, oui, à l'exception de sa femme qu'il rendait folle avec son inaptitude à prendre une position ferme et à exprimer sa colère et d'autres émotions profondes. Il lui vouait une adoration factice qui l'étouffait et la culpabilisait chaque fois qu'elle cherchait à agir indépendamment de lui. Elle criait sa frustration tandis que son mari, que ce comportement mettait, tout au plus, mal à l'aise, ne comprenait pas ce qu'elle demandait de lui.

Sa passivité finit par ennuyer le groupe qui se lassa de sa constante amabilité et de ses compliments. Avec l'aide des thérapeutes, le «gentil» mari modifia son comportement et commença à s'affirmer. Cependant, comme la nouvelle image de son mari ne lui plaisait pas, sa femme tenta de le convaincre de reprendre son ancien rôle de «chic type». Il devint de plus en plus évident que le comportement du mari renforçait celui de sa femme-enfant, exigeante, gâtée et irresponsable.

Quels besoins le comportement «gentil» satisfait-il chez les deux parties? Voilà donc la question fondamentale à se poser. En gros, seules les personnes qui craignent les manifestations d'agressivité peuvent supporter les relations stagnantes, ennuyeuses et intolérablement superficielles qui sont seules possibles avec une personne «gentille».

Une fois qu'on a apprivoisé sa propre agressivité, les relations avec les «gentils» s'en trouvent facilitées. En voyant que vous vous affirmez et ne craignez pas de vous opposer ouvertement à eux ils comprendront que leur comportement essentiellement faux et manipulateur reste sans effets sur vous et ils changeront d'attitude ou mettront un terme à vos relations. En général, les personnes qui intègrent leurs conduites agressives, ne s'accommodent pas longtemps d'une relation avec un «chic type»; outre qu'elle est destructrice, une relation de ce genre devient vite limitée et ennuyeuse. On se sent peut-être moins à l'aise au début avec une personne qui s'affirme ouvertement, mais elle apportera dans les rapports et dans les diverses situations sociales l'énergie indispensable pour qu'une relation évolue et reste affectivement saine.

Les enfants éprouveront une plus grande difficulté à influencer le comportement de leurs «gentils» parents ou même à le modifier, et leurs chances de réussir sont minces sans l'intervention délicate d'un autre adulte ou d'un psychologue. Toutefois, les membres de la parenté et les amis proches de la famille, qui ont reconnu ces modèles de comportement, peuvent alléger leurs sentiments de culpabilité et les contraintes qu'ils subissent en s'affirmant ouvertement avec les parents et les enfants. Leur comportement peut avoir l'effet d'une véritable thérapie sur ces derniers.

Le prix de l'éternelle gentillesse

Le comportement aliénant, indirectement hostile et autodestructeur du «chic type» lui porte préjudice autant qu'aux personnes qui sont en relation avec lui:

1. Les «gentils» créent autour d'eux une atmosphère qui empêche les autres d'avoir des réactions honnêtes et sincères, ce qui bloque leur propre développement affectif.

2. Leurs proches finissent par se méfier d'eux; en effet, leur comportement crée un sentiment d'incertitude et d'insécurité chez eux parce qu'ils ne savent jamais s'ils ne les laisseront pas tomber dans une situation critique où il faut entrer en conflit avec d'autres personnes.

3. Les «gentils» bloquent le développement affectif de ceux qui sont en étroites relations avec eux ou qui dépendent d'eux parce qu'ils les empêchent de s'affirmer ouvertement et ne réagissent jamais sincèrement. Leurs proches sont forcés de diriger leur agressivité contre eux-mêmes, ce qui suscite chez eux des sentiments de culpabilité et d'angoisse.

4. Comme ils sont toujours gentils, les autres ne peuvent jamais être sûrs que leur relation survivra à un conflit ou à une colère spontanés. Cette incertitude engendre une méfiance qui empêche leur relation d'évoluer vers une plus grande intimité.

5. On ne peut pas se fier au comportement des «gentils» à intervalles réguliers et d'une façon inattendue, ils ont des accès de colère qui scandalisent leurs amis, qui n'étaient pas préparés à y faire face.

6. En refoulant leur agressivité, les «gentils» s'exposent à des souffrances physiques qui prendront la forme de maladies psychosomatiques et à des souffrances psychologiques liées à une aliénation toujours plus grande.

7. Le comportement des «gentils» est en quelque sorte irréaliste, car ils n'expriment jamais de sentiments négatifs. Ils empêchent toute relation d'évoluer et deviennent eux-mêmes ultimes victimes de ce comportement destructeur.

CHAPITRE 2

Les parents « gentils »

Ferme tes jolis yeux
Car tout n'est que mensonge
Le bonheur n'est qu'un songe
Ferme tes jolis yeux

Combien de mères, lorsqu'elles chantent cette berceuse, sont conscientes de son contenu hostile qui contraste violemment avec leurs sentiments du moment ? La plupart d'entre elles seraient certainement très troublées si on leur faisait entendre qu'elles portent en elles des impulsions et des sentiments aussi rancuniers et destructeurs à l'égard de leurs jeunes enfants.

Comme elles répriment soigneusement leurs propres instincts d'agressivité à l'égard de leurs enfants, bien des mères sont troublées par toute manifestation d'agressivité chez ces derniers. Elles craignent particulièrement les cris, les pleurs, les accès de colère et l'agitation qui font partie du comportement normal d'un enfant et elles essaient de les supprimer.

Toutefois, c'est seulement dans la mesure où il parvient à intégrer son agressivité à son processus de croissance que l'enfant réussira à maîtriser son environnement et à lutter pour se tailler une place dans notre monde de compétition. Surtout de nos jours où on valorise la réalisation de soi et le succès auquel parviennent seules les personnes capables de s'affirmer, l'aptitude à employer son agressivité à des fins positives s'avère une qualité importante pour réussir sa vie.

Au cours de son développement, l'enfant réalise plusieurs tâches critiques qui exigent une mobilisation de son agressivité, comme apprendre à maîtriser ses aptitudes physiques et intellectuelles, exprimer ses pulsions exploratrices, passer de la totale dépendance de l'enfance à l'autonomie partielle de la période scolaire et enfin à l'indépendance des dernières années de l'adolescence, reconnaître, exprimer et faire respecter ses besoins propres, surmonter les obstacles qui engendrent la frustration, définir ses objectifs personnels et professionnels, établir et maintenir des relations satisfaisantes avec autrui, et exprimer sa propre sexualité.

À partir de la conception, la croissance et le développement d'un être sont intimement liés à la façon dont il exprimera son agressivité. Le vigoureux fœtus fait connaître son existence en donnant des coups de pied dans le ventre de sa mère. Sa toute première réaction, lorsqu'on le sépare du corps maternel, est un violent cri de rage. Ce cri, par lequel le nouveau-né exprime symboliquement sa «rage de vivre» a une fonction biologique importante; il débloque les voies respiratoires de l'enfant.

Au cours des premiers mois de sa vie, c'est seulement en pleurant que l'enfant peut exprimer ses malaises et ses besoins. On s'aperçoit parfois que l'enfant tranquille, que tous admirent parce qu'il ne pleure jamais, souffre d'une maladie quelconque ou de troubles affectifs. L'enfant vigoureux et affamé auquel on enlève le biberon ou le sein prématurément va pleurer et s'agiter en signe de protestation, tandis que l'enfant tranquille ne réagira pas et n'exprimera pas de façon significative et directe ses besoins.

L'énergie agressive du jeune enfant

Pendant les premières années de sa vie, l'énergie agressive de l'enfant lui permet de bouger les bras et les jambes, de rouler sur lui-même, de se dresser sur ses bras, de se déplacer à quatre pattes et de commencer à se tenir assis. On a découvert que certains enfants perturbés, en particulier ceux qui avaient été élevés dans une crèche sans bénéficier de soins maternels individuels, étaient dépourvus de cette énergie, rarement remise en question chez l'enfant. Sans l'attention stimulante d'une mère, les orphelins risquent de tomber dans un état apathique qui les rend passifs et incapables d'établir un contact visuel. Cette maladie, dont le Dr Rene A. Spitz fut le premier à énoncer les symptômes dans ses travaux sur les jeunes enfants élevés en hospice, porte le nom de *marasme* ou *dépression anaclitique*[1]. Le comportement de ces enfants ressemble à celui d'un adulte très déprimé.

L'enfant plein de vie qui porte à sa bouche tout ce qu'il touche, pleure et se déplace à quatre pattes, apprend à coordonner ses perceptions et à maîtriser ses pulsions manipulatrices. S'il ne peut suivre ses impulsions parce que ses parents lui expriment leur désapprobation en le punissant, l'enfant apprend qu'il est mal de s'adonner joyeusement et spontanément à toute activité physique et d'explorer le monde autour de lui, et il réprimera graduellement ses impulsions et ses activités. Il réduira la portée et le degré de sa sensibilité émotive et dans l'avenir, s'adonnera à ces activités avec retenue, circonspection et culpabilité.

Au cours de sa deuxième année, l'enfant prend davantage conscience de la réalité et devient plus sensible aux frustrations. Ses manifestations d'agressivité sont de plus en plus conscientes parce qu'il commence à reconnaître les éléments précis qui contrarient ses activités et ses impulsions et les personnes responsables de sa frustration. En même temps, il perd graduellement son merveilleux sentiment de toute-puissance : il n'est plus le centre d'un univers où ses besoins sont satisfaits sur demande. À mesure qu'il prend conscience de la réalité, il apprend à s'affirmer pour obtenir ce qu'il veut.

Entre un an et demi et deux ans et demi, l'enfant passe normalement par une phase de négativisme et de résistance ; il apprend à dire non et fait des colères. Ces crises connaissent une fréquence maximale vers l'âge de deux ans tandis que son soi-disant négativisme atteint un sommet vers deux ans et demi. À mesure que l'enfant prend conscience de sa mère comme d'une personne, il devient possessif et jaloux et s'irrite facilement contre les autres enfants ou les adultes qui, croit-il, lui volent l'attention et l'amour de sa mère. Lorsqu'un enfant se montre extrêmement passif et doux et qu'il n'exprime pas de sentiments négatifs, il faut y voir un signe possible qu'il a déjà perdu un peu de son énergie agressive.

Même tout jeune, l'enfant peut tourner contre lui-même ses sentiments d'agressivité s'ils font l'objet d'une forte répression. Sous la contrainte qu'ils ressentent, les tout-petits se mordent parfois ou se frappent la tête dans des accès de colère mal dirigée et destructive. Les autres enfants et les jeunes adultes expriment leurs sentiments refoulés d'une manière subtile : ils grincent des dents pendant leur sommeil, se rongent les ongles, se mordent les lèvres ou se grattent. Chez les adultes, ces manifestations sont encore moins évidentes : ils sont sujets aux accidents et aux maladies, ont des préoccupations maladives ou s'attirent sans arrêt des situations ou des relations navrantes et destructives.

Certains théoriciens ont laissé entendre que la destruction effrénée de l'environnement et la violence qui caractérisent notre société pourraient bien résulter en partie de la tendance de la civilisation moderne occidentale à étouffer et à inhiber la saine curiosité, les instincts d'exploration et l'agressivité des jeunes.

En milieu urbain moderne, l'enfant se heurte constamment à un barrage d'interdictions et de refus auquel il n'aurait pas à faire face dans un environnement plus naturel. Il est sans cesse frustré dans ses instincts et ses désirs d'exploration. À l'extérieur de la maison, on lui répète à satiété de prendre garde aux automobiles et à la circulation, de se méfier des étrangers et de ne pas adresser la parole aux inconnus. À la maison, on réprime ses mouvements en le mettant constamment en garde contre les appareils électriques, la cuisinière, les objets de verre, l'armoire à pharmacie et tous les précieux meubles qui encombrent les pièces. Dans bien des maisons où prévaut le culte de l'intimité, on va jusqu'à interdire à l'enfant l'accès d'un grand nombre de pièces et d'espaces. En outre, l'extrême importance qu'on attache dans notre culture à la propreté et à l'ordre, freine encore davantage ses activités spontanées.

Une fois que l'enfant a atteint l'âge scolaire et qu'il entre en contact avec d'autres enfants de son âge, c'est seulement dans la mesure où il sera capable de s'affirmer qu'il se fera accepter de ses camarades et qu'il pourra surmonter le nombre croissant d'obstacles et de frustrations sociales auxquels il devra faire face.

À l'école, l'enfant passif deviendra peut-être le chouchou du professeur, mais il servira en même temps de bouc émissaire aux autres enfants qui le malmèneront, le taquineront et l'écarteront de leurs jeux et de leurs activités sociales.

Au cours de la difficile période de l'adolescence, le problème de l'enfant qui refoule son agressivité se posera avec une acuité encore plus grande. L'adolescent a besoin de toute son énergie agressive pour apprendre à être indépendant, choisir un métier ou une profession, développer un mode de vie personnel et établir des relations d'intimité avec le sexe opposé. Les adolescents apathiques ont tendance à devenir de plus en plus passifs et renfermés et à se perdre dans des ruminations intellectuelles sous les pressions qu'ils subissent pendant cette période. Ils cherchent parfois refuge dans les drogues, les cultes religieux, les philosophies ésotériques ou la vie communautaire, espérant ainsi trouver une solution immédiate ou une raison qui leur évitera de faire le pénible effort de s'affirmer afin de devenir des adultes autonomes et productifs.

Au fur et à mesure qu'ils vieillissent, les adultes doivent continuer de manifester extérieurement leurs émotions et leur agressivité afin d'éviter de tomber dans les pièges de la solitude et de l'isolement qui les attendent s'ils ne s'adaptent pas aux changements sociaux et de chercher refuge dans la maladie durant les périodes de stress. Cette aptitude à exprimer ses émotions fait toute la différence lorsqu'il s'agit, pour une personne âgée, de s'adapter aux changements, de vivre dans le présent et de trouver des activités valorisantes dans une société qui favorise les jeunes au détriment des vieux. Il est pathétique de voir les personnes passives retomber, en vieillissant, dans des modèles de comportement infantiles ; elles imposent alors leur dépendance et leurs exigences aux autres qui finissent par les rejeter, les condamnant ainsi au désespoir.

De futurs agresseurs qui s'ignorent

Une personne peut refouler son agressivité ou éviter les conflits personnels pour des raisons conscientes, comme le désir de se montrer polie et «gentille», ou pour des raisons plus profondes, comme la peur de toute manifestation de colère; dans ce cas, elle ne supprime pas ses sentiments, mais les refoule au plus profond d'elle-même d'où ils réapparaîtront finalement sous une forme socialement acceptable.

La répression des sentiments de colère peut être le début d'un concours de circonstances apparemment non liées entre elles. Par exemple, un enfant de quatre ans éprouve de la colère et de la jalousie à la naissance d'un petit frère ou d'une petite sœur. Ses parents répriment ces sentiments chez lui en lui répétant sans cesse qu'il devrait se compter chanceux d'avoir un nouveau petit frère et que c'est très vilain de sa part d'être jaloux et égoïste. L'enfant, pour conserver l'amour de ses parents, refoule ses sentiments. Peu après, il se met à mouiller son lit alors qu'il était propre. C'est sa façon indirecte d'exprimer son ressentiment à l'égard de ses parents, faute d'avoir pu le faire ouvertement sans se sentir coupable. La colère initiale prend la forme d'un problème médical beaucoup plus difficile à régler, surtout que l'enfant n'a même plus conscience de ses sentiments originaux. De cette façon, il peut provoquer ses parents et les excéder sans prendre le risque d'être grondé ouvertement ou rejeté. C'est ainsi qu'un simple sentiment de colère refoulé devient une source de problèmes à long terme.

La tragédie de l'enfant sage

Comme nous l'avons mentionné brièvement dans le présent chapitre, certains enfants souffrant de troubles émotifs graves apparaissent au début, aux yeux de leur mère, comme des enfants modèles parce qu'ils ne pleurent jamais et n'ont pas d'exigences.

Dans certains cas, un tel comportement est un symptôme précoce d'autisme, sorte de schizophrénie infantile. L'enfant est «sage» parce qu'il ne se sert pas du seul moyen qu'il possède pour exprimer ses besoins : les larmes et les cris. L'autisme est une des formes les plus graves de psychose, incitant l'enfant à rejeter et même à se révolter contre tout contact humain et toute forme de relation ou de rencontre humaine. L'enfant ne se sent bien qu'avec des objets. Il peut contempler une lessiveuse ou écouter la même chanson pendant des heures.

Des études psychologiques ont révélé que les parents d'enfants autistiques sont généralement des personnes très intelligentes, cultivées, qui s'expriment facilement mais qui sont plutôt froides. En général, elles craignent les interactions agressives et font tout pour les éviter, et elles sont exagérément sensibles aux premières réactions de leur enfant. Entre époux, les rapports sont toujours calmes et mesurés ; toutefois, les crises de colère de l'enfant les exaspèrent tellement qu'ils refusent tout contact physique ou affectif avec lui dans ces moments-là et évitent de le prendre dans leurs bras[2]. Les enfants autistiques ne réagissent jamais en fonction des autres personnes. Leur énergie agressive se change souvent en comportements autodestructeurs. Ainsi, ils tournent leur colère contre eux-mêmes en se donnant des gifles, en se cognant la tête contre les murs, en se mordant et même en se mutilant.

Le Dr Robert Zaslow, de Californie, a mis au point une thérapie, appelée thérapie du processus Z, pour le traitement des enfants autistiques. En gros, au cours de cette thérapie, le Dr Zaslow berce l'enfant comme un bébé et le tient fermement contre lui jusqu'à ce qu'il se détende et établisse un contact oculaire. Invariablement, l'enfant commence par protester énergiquement et par résister de toutes les manières imaginables au contact physique. Il fait des crises de rage incroyablement violentes et se débat pour se libérer de l'étreinte du thérapeute. Finalement, après avoir extériorisé une somme considérable de colère et de ressentiment, quelquefois pendant plusieurs heures, l'enfant commence à se détendre et finit par regarder affectueusement le thérapeute dans les yeux.

Le Dr Zaslow affirme que sa technique a donné des résultats dans le cas de bien des troubles émotifs différents dont, entre autres, l'hyperkinésie, les allergies, et les troubles d'apprentissage scolaire, qui résultent du refoulement de l'agressivité. Grâce à sa thérapie, le Dr Zaslow réussit là où les parents ont échoué : il maîtrise l'enfant, lui permet de manifester ses sentiments hostiles et l'encourage même à le faire *au sein* de la relation.

Lorsque la thérapie réussit, l'enfant est capable d'exprimer ouvertement sa colère au thérapeute au lieu d'essayer de le faire indirectement et de le manœuvrer. Il peut, par exemple, frapper la main ouverte du thérapeute qui l'y invite, en le regardant droit dans les yeux. Il peut aussi exprimer des sentiments positifs et extérioriser son affection, sa bonne humeur et sa joie[3].

Le mythe de l'enfant cruel

Le roman *Le seigneur des mouches*, qui a connu un franc succès et qui a été porté à l'écran, dépeint la cruauté qui peut exister chez les enfants. Il perpétue le mythe traditionnel selon lequel les enfants sont naturellement de cruels petits sauvages lorsqu'ils sont laissés à eux-mêmes.

Les auteurs croient, et cette théorie a déjà été avancée par d'autres spécialistes du comportement de l'enfant, que cette cruauté est un dérivé des sentiments d'agressivité que l'enfant éprouve à l'origine dans sa famille, mais qu'il ne peut extérioriser sous peine d'être puni.

Les parents « agressophobes » qui ont pour principe « un enfant doit se taire en présence des grandes personnes » et « ne pas répondre à ses parents » et « qui aime bien châtie bien », créent indirectement chez leurs enfants une réserve puissante et destructrice d'agressivité refoulée. L'enfant aura tendance à chercher à l'extérieur des cibles plus sûres pour déverser son hostilité comme les enfants plus faibles ou les animaux sans défense. En fait, on a démontré que les enfants sont cruels et qu'ils résistent à toute influence sociale dans la mesure où leurs parents sont sévères avec eux, les punissent et usent arbitrairement de leur autorité.

Des études effectuées sur la tendance des enfants à tourmenter les autres enfants ont révélé qu'elle se manifestait plus fréquemment chez les enfants de parents sévères et autoritaires que chez les enfants qui pouvaient exprimer librement leur colère à la maison et s'affirmer. Les adultes restent souvent indifférents à cette tendance même si elle a un effet traumatisant sur leurs victimes. L'enfant qui déverse son agressivité sur un souffre-douleur, le maltraite ou fait preuve de cruauté, exprime son hostilité de façon indirecte, faute de pouvoir le faire ouvertement. Il n'agit pas ainsi sous le coup d'une contrariété momentanée, mais pour se libérer de toute l'agressivité qui, à force d'être réprimée, s'est accumulée en lui. On aurait donc fortement intérêt à remplacer le commandement «Père et mère tu honoreras» par «Oppose-toi ouvertement à ton père et ta mère».

Une famille emploie son agressivité de façon positive lorsque ses membres expriment directement et au fur et à mesure tous leurs sentiments d'opposition; en accordant une importance et un respect égaux aux sentiments négatifs et positifs, ils consolident leurs relations, favorisent l'intimité et se communiquent des renseignements précieux.

Attention à l'enfant trop maître de lui

Les importants travaux de recherche sur la violence effectués par le Dr Edwin I. Megargee ont révélé que l'enfant impulsif et ouvertement agressif est moins à craindre que l'enfant extrêmement maître de lui. La docilité et la violence sont parfois les deux côtés de la même médaille. Le Dr Megargee a démontré qu'au cours des années soixante, les meurtres les plus violents et les plus cruels ont été commis par des personnes douces, inhibées, passives et très calmes[4]. Il semble que la répression continue de l'agressivité chez une personne peut créer un dangereux volcan. Lorsque la personne perd son sang-froid sous l'effet du stress, son agressivité éclate d'une manière brutale et inattendue. Nous avons décrit ce phéno-mène en détail dans le chapitre intitulé « Les gentils meurtriers ».

L'enfant doit faire face à la frustration

Une théorie très en vogue attribuant à la frustration les causes de l'agressivité a vu le jour il y a plusieurs années. Nombre de parents éclairés qui voulaient élever des enfants pacifistes et dépourvus d'agressivité adoptèrent une méthode permissive qui évitait dans la mesure du possible toute contrariété aux enfants. Dans bien des cas, cette méthode a produit l'effet contraire. En effet, nombre de ces enfants devinrent, en grandissant, plus agressifs et manifestè-rent plus de problèmes que les enfants qui ont eu à faire face à un nombre considérable de désagréments. En préservant l'enfant de toute frustration, on ne réussit qu'à lui inculquer un sentiment irréel d'omnipotence. Il obtient tout ce qu'il veut avec le sentiment que tout lui est dû. La plupart des psychologues reconnaissent que c'est seulement en apprenant à faire face à des difficultés que l'en-fant devient apte à affronter la réalité et qu'il accepte ses propres limites. Les enfants à qui on a évité toute contrariété développent en grandissant une faible tolérance à la frustration et, à l'âge adulte, ils éprouvent une plus grande difficulté à réaliser des objectifs et des projets à long terme. Ils ne savent pas comment s'affirmer parce qu'ils ne l'ont pas appris étant jeunes. Leurs parents ayant subvenu à leurs moindres besoins, ils s'attendent maintenant que tout leur tombe tout cuit dans le bec. Les victimes de ce mode d'éducation sont ces jeunes gens sans but qui vont aujourd'hui d'un emploi à l'autre et d'un logement à l'autre sans pouvoir adopter un mode de vie cohérent.

C'est en résistant et en s'opposant à leurs parents que les enfants apprennent à prendre leur vie en main et à employer positivement leurs impulsions agressives. Si la théorie de l'agressivité engendrée par la frustration connut une telle popularité, c'est qu'elle renforçait la vision de l'être humain dépourvu d'agressivité. Les parents qui ont peur de frustrer leurs enfants leur font sans le vouloir beaucoup de tort en ne leur permettant pas de s'opposer à des situations ou des personnes réelles. L'enfant n'a aucune chance d'apprendre à s'affirmer seul. Il peut même éventuellement tourner son agressivité contre lui-même et se détruire en s'adonnant à la drogue, en se laissant aller à la dépression ou à l'apathie, ou même en se suicidant. Par leur extrême tolérance, les parents «gentils» rendent inconsciemment leurs enfants inaptes à travailler et à survivre.

L'éducation des « colombes » et des « faucons »

Le mouvement de libération de la femme a forcé la société à remettre en question le principe selon lequel les hommes sont «naturellement» plus dynamiques que les femmes. Il a fait ressortir que cette différence peut être attribuée en grande partie au conditionnement social qui décourage tout esprit d'initiative chez les personnes du sexe féminin et encourage leur passivité, et vice versa pour les personnes du sexe masculin.

Une étude effectuée par deux sociologues américains, Louis Wolf Goodman et Janet Lever, et publiée dans la revue *Ms.*, décrit ce principe des deux poids deux mesures particulièrement évident dans le choix des cadeaux de Noël offerts aux enfants. Au cours des trente heures qu'ils ont passées dans divers magasins de jouets, les membres du groupe d'étude ont rapporté qu'aucun jouet à caractère scientifique n'avait été acheté pour une fillette. Les jouets des garçons étaient destinés à des activités sociales plus dynamiques et plus complexes que les jouets «féminins» qui entraînent des activités typiquement passives, solitaires et simples. En outre, les jouets «masculins» sont plus chers et plus variés que ceux des fillettes.

Lorsqu'on a mis sur le marché les déguisements pour enfants, on a attribué aux garçons des rôles dynamiques et prestigieux comme ceux de conducteurs de voiture de course, de surhommes, de chefs indiens, d'astronautes ou d'agents de la police routière. Quant aux fillettes, elles ont dû se contenter de rôles beaucoup moins imposants et beaucoup plus passifs : princesses, ballerines, infirmières ou jeunes mariées. Dans les catalogues illustrant le mode d'emploi des jeux et des jouets, le père est souvent représenté comme l'instructeur ou le compagnon de jeu de l'enfant tandis que la mère se contente de regarder passivement ; à deux reprises, on la voit en train de faire du ménage.

On offre rarement aux fillettes des jouets, comme les fusils, destinés à des jeux dynamiques. Elles reçoivent surtout des poupées qui les incitent à se considérer comme des mannequins, des femmes-objets ou des ménagères. Une de ces poupées se vend même avec un balai dans une main et un fer à repasser dans l'autre ; moyennant un supplément, on peut même obtenir le plumeau[5].

Ce conditionnement des femmes, qui les oriente vers la passivité, comporte un aspect particulièrement destructeur sur le plan émotif : adultes, certaines femmes sont incapables d'avoir des échanges constructifs, ouverts et dynamiques au sein de leurs relations intimes. Au contraire, elles ont peur des manifestations d'agressivité, fondent en larmes facilement, explosent ou se renferment en elles-mêmes. Leur

agressivité ressort seulement de façon passive et indirecte. Ce refoulement a des conséquences psychologiques et physiologiques qui
prennent la forme de migraines, ou d'une tendance à la neurasthénie
et au masochisme dans leurs relations. Une des causes au moins de
ces troubles réside dans le refoulement de l'agressivité.

Il est particulièrement significatif qu'environ 3,7 pour cent de
tous les meurtres connus en Amérique sont des infanticides commis,
dans presque cent pour cent des cas, par la mère. Nous supposons
que, dans certains cas, la femme qui est incapable d'extérioriser sa
colère et sa frustration à l'égard de son mari ou de son rôle d'épouse
et de mère et qui répond passivement aux besoins de chacun tout en
détestant inconsciemment les pressions et les restrictions qu'elle
subit, peut tourner sa fureur meurtrière contre son enfant.

L'angoisse que ressent la mère face à la grande agressivité de ses
fils et sa tendance à essayer par tous les moyens de la réprimer,
expliquent peut-être que, d'après les statistiques, les grands troubles psychologiques comme l'autisme, les problèmes de lecture, le
bégaiement et la délinquance sont plus fréquents chez les garçons
que chez les filles. En essayant de maîtriser les impulsions agressives qui les effraient chez leurs fils, les mères inhibent carrément
leur comportement d'affirmation. Le garçon exprimera alors ses
sentiments refoulés de façon indirecte et passive en refusant toute
éducation et tout conditionnement social.

La mère qui donne le mauvais rôle au père en lui laissant le
soin de réprimander son fils, nuit au développement affectif de
l'enfant, qu'elle s'empresse ensuite de consoler. Ce comportement
crée une plus grande distance entre le fils et son père qu'entre le fils
et sa mère. En outre, le fils a plus de difficulté à s'identifier à son
père parce qu'il le craint plus que sa mère.

Il ne fait pas de doute que, grâce au mouvement de libération
de la femme, les femmes vont exprimer leur agressivité de plus en

plus ouvertement, ce qui, à notre avis, contribuera largement à libérer les hommes du même coup. Ces derniers n'auront plus à se conduire avec les femmes d'une manière exagérément protectrice et empressée ni à se sentir coupables face à elles. Ils cesseront de se considérer comme de vilains ogres qui écrasent sans pitié la fragile femme-fleur. En outre, ils vont se départir de cette attitude défensive qui résulte de leur besoin de prouver au monde entier qu'ils sont des chasseurs et des guerriers endurcis capables de pourvoir aux besoins de la famille.

Agressivité et affirmation de soi

Un enfant devient capable d'extérioriser son agressivité, de l'employer à des fins positives et de s'épanouir lorsqu'il s'affranchit de la tutelle physique, affective et intellectuelle de ses parents et de ses aînés. Un grand nombre de nos patients adultes névrosés ont de la difficulté à s'épanouir, car ils auraient dû se libérer des liens familiaux depuis longtemps. Beaucoup de patients plus jeunes (âgés de vingt et un à trente ans) ont dû se sauver de la maison familiale où ils étaient constamment surprotégés, dirigés et maintenus dans un état de dépendance. On retrouve de nos jours dans plusieurs régions ou villes « à l'esprit ouvert », une pléthore de jeunes réfugiés qui ont fui leurs parents parce qu'ils entretenaient leur dépendance et leur dictaient leur conduite. Bien des parents gardent leur progéniture sous leur coupe en lui instillant la peur du monde extérieur « froid et hostile ».

C'est en exprimant leur agressivité et en s'affirmant que les jeunes doivent se protéger contre le milieu familial et scolaire qui les empêche de s'épanouir. Il faut aux jeunes beaucoup d'énergie agressive pour s'opposer à ceux qui les maintiennent dans un état de dépendance en les aliénant ou en se servant de la peur, et pour s'arracher aux modèles de rôles rigides que leur imposent leurs aînés. Plus vite un enfant apprend à employer son agressivité de façon créatrice, plus grandes sont ses chances de développer pleinement ses capacités physiques et intellectuelles.

Agressivité et amour

Les lecteurs qui ont des chiens ou des chats savent que les animaux peuvent se battre furieusement un moment et jouer doucement ou dormir blottis l'un contre l'autre l'instant d'après. Nous croyons que les enfants sont capables, eux aussi, d'entremêler ainsi des sentiments d'agressivité et d'amour dans leurs relations.

Récemment dans une garderie, nous observions deux garçonnets qui se battaient pour un cube particulier du jeu de construction, même s'il y en avait plusieurs autres semblables. Avant que nous n'ayons pu intervenir, les deux enfants s'étaient déjà jetés dans les bras l'un de l'autre dans un élan d'affection.

Le fait suivant est relaté dans une revue consacrée au développement de l'enfant: un enfant de cinq ans arrive à l'école couvert d'égratignures et explique au professeur, sans émoi aucun, qu'elles lui ont été faites par son meilleur ami. Pour l'enfant, les sentiments d'hostilité et d'amitié ne sont pas le moins du monde contradictoires[6].

Les parents se sentent parfois idiots lorsque la «victime» prend soudain la défense du «coupable» qu'ils s'apprêtent à réprimander pour sa méchanceté. Ils finissent par se sentir eux-mêmes fautifs. La plupart des adultes «agressophobes» ne peuvent pas imaginer que deux enfants qui s'aiment peuvent aussi se chamailler furieusement. Ils ont toujours l'impression que les enfants vont s'arracher les yeux s'ils ne s'interposent pas.

On ne répétera jamais assez que les sentiments d'amour peuvent aller de pair avec les sentiments d'agression dans une relation personnelle. Les parents ne devraient pas, comme c'est souvent le cas, apprendre aux enfants qu'ils doivent réserver leur agressivité aux ennemis et aux étrangers et garder leur affection pour la famille et les amis. Pour pouvoir développer sainement ses capacités physiques et émotionnelles, l'enfant doit pouvoir exprimer également ses sentiments négatifs et positifs au sein de la famille.

Chapitre 3

Les « gentils » époux

La meilleure hypothèse que l'on puisse émettre sur le coupable,
c'est qu'il était un ami intime de la victime. Pour la moitié ou
les trois quarts des homicides rapportés dans diverses études, le
meurtrier et sa victime avaient été en relation au moins pen-
dant quelque temps auparavant.

Rapport de la Commission nationale d'enquête sur les causes et la prévention de la violence[1].

Il est à la fois rassurant et effrayant de constater qu'une personne a plus de risque d'être victime d'un meurtre ou de voies de fait perpétrées par quelqu'un de sa connaissance que par un inconnu. Cet aspect de la violence aux États-Unis est plutôt étonnant. Les médias nous ont entraînés à associer la violence à la brutalité bête et impersonnelle. Les tireurs d'embuscade devenus fous, les patients échappés d'un hôpital, les drogués ayant des accès de violence, font sans cesse la manchette des journaux.

Les comportements meurtriers et violents suscitent des cris d'indignation à propos du danger que présentent les rues des grandes villes et de la nécessité d'une protection policière accrue. Ils sont aussi prétextes à des déclarations politiques bien senties concernant la loi et l'ordre. Toutefois, on accorde peu d'attention, ou pas du tout, au taux très élevé d'actes violents commis entre personnes intimes et à l'ignorance presque totale concernant les moyens de prévoir et d'empêcher ce phénomène tellement présent dans la vie de tous les jours qu'il ne nous touche plus. Comme la mort ou le cancer, il est plus sécurisant de croire que «ça n'arrive qu'aux autres».

C'est avec l'intention précise d'analyser la violence conjugale afin de mettre à jour des modèles de comportement et d'autres données permettant de la prévoir et de l'empêcher, que le Dr George Bach, aidé de son assistant, le Dr Roger Bach, a interviewé autour du monde soixante-quatorze personnes coupables d'homicide sur la personne de leur conjoint[2].

De ce nombre, trente-huit étaient des hommes ayant tué leur femme et trente-six, des femmes ayant tué leur mari. Les objectifs de cette étude étaient multiples: obtenir une perspective plus complète des raisons de l'hostilité qui existe au sein du couple et de la façon dont elle se manifeste, établir un modèle de probabilité susceptible d'aider à prévoir les cas de violence mortelle, ou presque, entre intimes et concevoir des programmes de prévention de la violence.

Le tableau 1 comprend les données démographiques concernant les meurtriers qui, au moment de l'étude, se trouvaient tous en prison, soit aux États-Unis, en Angleterre, en France, en Allemagne ou en Grèce.

Tableau 1
ÉCHANTILLON DES MEURTRIERS

Pays d'origine	Nombre	Sexe	Origine raciale	Catégorie d'âge	Méthode de cueillette des données
Grèce	20	Fém.		22-52	•
Allemagne	1	Fém.		41	*
	3	Masc.		27-62	*
Angleterre	10	Masc.	7 Blancs	24-58	•
			3 Antillais	22-32	•
France (Polynésie)	1	Fém.	Aborigène	35	*
	1	Masc.	Aborigène	54	*
É.-U. (Californie)					
1er échantillon	13	Masc.	5 Noirs	25-51	•
			8 Blancs		
	1	Fém.	Blanche	28	*
2e échantillon	11	Masc.	4 Noirs	21-45	†
			7 Blancs		
	13	Fém.	2 Noires	22-60	•
			11 Blanches		

• entrevue de groupe
• entrevue individuelle
† questionnaire sur l'agressivité entre intimes

Sommaire

		Catégorie d'âge
Hommes 38	Femmes 36	22-62
É.-U. 38	Étrangers 36	
Blancs 58	Autres 16	

Les entrevues portaient sur les aspects suivants de la relation conjugale :

1. Profondeur et réciprocité des échanges émotionnels et sexuels.
2. Mode de partage des expériences heureuses et malheureuses.
3. Moyens d'expression de la colère et d'autres formes d'agressivité.
4. Modèles de réconciliation.
5. Attentes et principales sources de déception.
6. Cadres de référence concernant la haine ou l'amour ; comportements suscitant l'amour ou la haine du conjoint.
7. Activités sociales individuelles ou communes.
8. Usage d'alcool et de drogues.
9. Crises survenues au sein du couple, comme une tentative de suicide ou une dépression.

L'étude du Dr Bach a fait ressortir un fait particulièrement significatif. Les quatre personnes vraiment atteintes de psychose ou de troubles émotifs graves, représentaient moins de six pour cent des meurtriers. Loin d'être impulsives et d'extérioriser leurs sentiments, c'étaient des personnes réfléchies qui se détestaient. Elles n'avaient pas conscience d'éprouver des sentiments hostiles, mais elles explosaient littéralement lorsqu'un incident mineur faisait déborder la coupe.

Dans le mariage, les efforts faits par leur conjoint pour les comprendre et les aimer avaient intensifié l'aversion qu'elles se portaient, au lieu de l'apaiser. Elles n'étaient pas capables d'accepter cette sorte d'intimité amoureuse qui les étouffait et qu'elles trouvaient trop exigeante.

Dans le cas des autres meurtriers, on a observé des tendances communes. Tous avaient tué leur conjoint pour le punir de ne pas se conformer au rôle ou à l'image qu'ils avaient imaginé ou de n'avoir pas agi selon leurs attentes dans des circonstances précises.

Ils estimaient que leur conjoint sabotait ce qui, dans leur imagination, était essentiel à leur bonheur commun. En réalité, ils voulaient vivre un amour romantique qui ne laissait aucune place aux conflits ou aux échanges d'agressivité. Ils rêvaient d'une relation idéale empreinte de beauté et d'harmonie au lieu de la vivre ou de l'accepter comme elle était, jusqu'à ce que leur déception devienne trop intense pour qu'ils puissent continuer à l'ignorer.

Les meurtriers avaient aussi des idées précises sur la façon dont leur conjoint devait se comporter et sur les satisfactions qu'ils devaient trouver au sein de leur relation. Ainsi, une jeune divorcée, mère de deux garçons, s'était juré, avant de se remarier, qu'elle tuerait son nouveau mari s'il maltraitait ses enfants. Trois ans plus tard, elle le tua pour cette raison même. Ce comportement du mari déclenche fréquemment la haine chez les femmes divorcées qui convolent en deuxième ou en troisième noce.

Lorsque les meurtriers commencent à se rendre compte que leur conjoint ne répond pas à leurs attentes essentielles, ils s'accrochent néanmoins à leurs espérances et tentent de le manœuvrer pour qu'il se comporte comme ils le désirent.

Un amour qui tient à un fil

L'amour que portaient les meurtriers à leur conjoint tenait vraiment à peu de chose ; ils l'aimaient dans la mesure où il respectait un modèle de comportement bien défini. Nombre d'entre eux ont avoué qu'ils étaient arrivés à un tournant lorsque le comportement de leur conjoint, dans des circonstances très précises, avait bloqué chez eux toute possibilité d'aimer et de se laisser aimer. Ils avaient alors commencé à lui tendre des pièges secrets. « Je vais lui faire passer une épreuve. S'il réussit, je reste, sinon, je pars. S'il veut m'en empêcher, je le punirai. »

Les personnes qui veillent à toujours répondre aux attentes irréalistes de l'autre ont souvent tendance, au début de leur relation, à rêver d'un amour romantique et à idéaliser leur relation plutôt que de l'accepter telle qu'elle est. Elles accumulent ainsi des sentiments d'amertume et de rage qui risquent d'exploser violemment à un moment donné.

Un dentiste avait découvert que sa femme avait une liaison. En fait, c'est elle-même qui le lui avait avoué. Or, il la voyait comme un être très pur et très loyal et il ne s'apercevait pas que les autres hommes étaient sensibles à son charme. Même après son aveu, il tenta de nier le fait en se disant qu'elle avait inventé cette histoire pour le rendre jaloux. Il persistait à croire à son innocence. Quelque temps après, au cours d'une soirée, il la vit se rendre dans une autre pièce avec un homme ; il devint furieux et les poignarda tous deux. Il avait des idées très strictes sur ce qu'elle devait être et nia la réalité même lorsqu'il y fut confronté. Finalement, il la tua parce qu'elle avait gâché la merveilleuse relation qu'il croyait exister entre eux.

Les meurtriers faisaient preuve en général d'une grande réserve avec leur conjoint. Lorsqu'ils éprouvaient une déception ou une peine, ils ne la partageaient pas, ou rarement. Les quelques fois où ils avaient essayé de le faire, l'intensité de leur hostilité les avait embarrassés et effrayés.

Le rituel de l'oubli et du pardon

La grande majorité des personnes interviewées détestaient les conflits et les querelles et tâchaient de les éviter. La plupart des meurtriers masculins étaient du genre complaisant tandis que leurs homologues féminines étaient surtout maternelles. Lorsqu'ils éprouvaient de la frustration ou de la colère, ils évitaient de le montrer. Lorsqu'une querelle éclatait à la suite d'une contrariété, ils se repliaient sur eux-mêmes et ne se parlaient plus au lieu de la vider une fois pour toutes et d'en tirer une leçon.

Ils oubliaient ensuite ou ignoraient délibérément l'objet de leur querelle et faisaient l'amour pour se prouver mutuellement que tout était oublié et pardonné. La plupart des meurtriers ressentaient une grande attirance physique pour leur conjoint et ils avaient des relations sexuelles fréquentes. Ils se servaient du sexe pour éviter les conflits. Ils ignoraient la façon d'améliorer leurs relations conjugales et ne confiaient même pas leurs problèmes à d'autres personnes.

La dernière étape vers le crime était franchie lorsqu'un des conjoints au désespoir prenait la décision de quitter l'autre qui, invariablement l'en empêchait. À ce stade, les femmes démontraient une plus grande tendance que les hommes à tuer leur conjoint qui s'accrochait à elles. Si le conjoint réussissait à partir, l'autre trouvait son absence si intolérable, qu'il partait à sa recherche pour le tuer. Cela était spécialement vrai dans le cas où le conjoint abandonné avait décidé que tout espoir de réconciliation était nul.

Modèles de comportement des conjoints meurtriers

Les modèles de comportement suivants sont ceux qui décrivent le mieux les relations entre les meurtriers et leur conjoint :

1. *Fuite des conflits*
   Les conjoints craignent toute manifestation d'agressivité et sont incapables d'améliorer leur relation. La personne la plus réservée a tendance à tuer son conjoint plus ouvert dans une proportion de trois pour un.

2. *Attentes non évidentes*
   Les conjoints ne se communiquent pas leurs déceptions et leurs peines au fur et à mesure.

3. *Réconciliation sans tentative d'amélioration*
   Les conjoints font l'amour pour se réconcilier et dissimuler leurs sentiments, mais n'apportent aucun changement à leurs comportements.

4. *Différences extrêmes dans l'exercice de l'autorité*
   Souvent, un des conjoints exerce son autorité sur l'autre plus passif. Fait intéressant à noter, il y a plus de meurtriers chez les passifs que chez les tyranniques.

5. *Différences extrêmes dans le dévouement*
   Souvent, un des conjoints se montre insatiable dans ses exigences envers l'autre qui se croit de plus en plus dévalorisé et utilisé.

6. *Différences extrêmes dans les relations sociales à l'extérieur du couple*
   Un des conjoints est toujours plus sociable que l'autre. Le conjoint plus solitaire et introverti se sent de plus en plus menacé par les activités sociales de son conjoint plus libre dont on recherche la compagnie. Toutefois, les probabilités que le compagnon timide et isolé tue son conjoint plus sociable ou que ce dernier se débarrasse de l'empêcheur de s'amuser sont égales.

7. *Préméditation*
   La majorité des meurtriers ont admis, sous le sceau du secret, que l'idée de tuer leur conjoint les avait effleurés bien des fois avant qu'ils ne mettent leur projet à exécution, détruisant ainsi le mythe du crime passionnel spontané.

8. *Chosification*
   Avant de tuer leur conjoint, les meurtriers s'en sont fait une idée radicalement différente ; ils le voyaient non plus comme une personne humaine, mais comme un symbole déshumanisé, un saboteur de rêves ou un ennemi.

9. *Blocage de toute issue*

Lorsqu'ils affirment à leur conjoint qu'ils ne le laisseront jamais partir, les meurtriers ne lancent pas des paroles en l'air. En général, le nombre de conjoints abandonnés tués par le lâcheur est moins élevé que le nombre de lâcheurs tués par le conjoint qu'ils abandonnent.

Le but de la formation à la confrontation

Il y a beaucoup à apprendre de la violence mortelle entre intimes. Le comportement de ces derniers n'est qu'un exemple extrême de ce qui peut résulter de l'habitude de fuir les conflits, de la peur de tout comportement d'affirmation et de l'ignorance concernant la façon d'exprimer son agressivité, son ressentiment et sa colère au sein d'une relation.

Grâce à la formation à la confrontation, le couple détruit ses fausses attentes et ses idées romantiques de l'éternelle harmonie et il parvient à surmonter sa peur des conflits ouverts. Chaque personne doit avant tout reconnaître chez elle l'existence de ces sentiments et de ces impulsions agressives, aussi latentes qu'elles paraissent.

Voici quelques-uns des rituels auxquels doivent se plier les couples qui apprennent comment engager une confrontation constructive :

1. *Clarifier les attentes*

Au cours de cet exercice, amants et époux expriment leurs attentes mutuelles les plus importantes. Par exemple, Sylvie dit à Roger : « Je m'attends que tu n'aies jamais de liaison... sans m'en parler d'abord. Je m'attends aussi que nous ayons des enfants et que tu m'aides à les élever. Enfin, je m'attends que, chaque fois que tu rentres après toute une journée passée à l'extérieur, tu prennes le temps de me parler avant de t'installer devant ton journal, la télévision ou un autre travail.» On demande ensuite à Roger de confirmer ou d'infirmer son intention de répondre à ces attentes.

2. *Équilibrer les forces*
Comme un des partenaires possède toujours une plus grande force physique ou une personnalité plus forte que l'autre, on tente de niveler les différences de forces pour que chacun se sente libre d'extérioriser son agressivité sans craindre de représailles.

Sur le plan physique, nous utilisons des exercices comme le combat aux batacas ou la mise au mur, etc., décrits dans le chapitre intitulé «Rituels de décharge d'agressivité». Nous enseignons aux partenaires à égaliser leurs forces en recourant à des limites physiques. Ainsi, sur le plan verbal, l'exercice de «reflet» sert à ralentir un partenaire plus volubile et plus autoritaire, et à niveler les inégalités. En formant les couples à la confrontation, nous les incitons à s'affronter en présence de tiers pour compenser leurs inégalités physiques et verbales.

3. *Le refuge*
Le refuge est un lieu, une activité ou un territoire qu'une personne se réserve exclusivement et auquel les autres membres de la famille n'ont pas accès. Ces refuges ont pour but de lui rappeler que l'interdépendance psychologique peut être très exigeante et qu'il est essentiel de s'accorder régulièrement un répit. Les partenaires. qui n'avaient pas de refuge auparavant sont toujours étonnés de constater l'impérieux besoin d'indépendance qu'ils ont accumulé lorsqu'ils décident enfin de l'exprimer honnêtement. Nous engageons donc chaque personne à confier à son conjoint sa liste d'endroits ou d'activités qui lui

permettront de se retrouver seule et de récupérer et nous l'aidons à choisir les exutoires qui lui permettront d'échapper aux tensions provisoirement intolérables. Chaque partenaire s'engage à respecter les refuges de l'autre.

4. *Reconnaître et détruire les stéréotypes*
Beaucoup de personnes, au début d'une relation, tombent amoureuses de l'image de l'autre et réagissent violemment lorsque cette personne tente de montrer sa vraie personnalité. Ces exercices permettent à chaque partenaire de détruire les idées stéréotypées qu'il se fait de l'autre. On incite les couples à se communiquer des sentiments plutôt que des idées rationnelles. Les conjoints se renseignent mutuellement sur leurs défauts ainsi que sur leurs sentiments négatifs à l'égard de l'autre.

On utilise en outre les rituels et les exercices de formation à la confrontation décrits dans les autres chapitres et qui visent à éliminer les blocages et les malentendus qui peuvent mener un couple à la destruction et à l'homicide. Lorsqu'un couple a des enfants, ceux-ci prennent part à la confrontation et apprennent les exercices appropriés. Toutefois, il est essentiel que chaque personne admette qu'elle éprouve de l'agressivité envers ses proches et qu'elle possède en elle des impulsions violentes. En reconnaissant l'existence de ces sentiments et en ayant le courage de les exprimer au même titre que les sentiments positifs, les individus non seulement préviennent le meurtre, mais encore ils sont capables de nouer des relations profondément satisfaisantes.

Dans certains cas, on s'aperçoit, lors de la formation à la confrontation, que deux personnes déclenchent chroniquement l'une chez l'autre leurs pires comportements, retardant leur épanouissement plutôt que de le favoriser. On croit alors qu'il vaut mieux que chaque personne change de partenaire plutôt que de travailler sur leur relation de couple, ce qui assure au combat une issue plus réaliste. C'est pourquoi nous insistons sur le fait que nos programmes de formation à la confrontation s'adressent tant aux célibataires qu'aux couples mariés. Il serait amoral et improductif que les exercices de formation à la confrontation servent à catalyser la détérioration des relations d'un couple.

L'épidémie de violence dans les familles

Un agent des services secrets nous a révélé qu'environ un policier sur cinq tués en service meurt en intervenant dans un conflit familial. Ce genre d'intervention entraîne plus de voies de fait sur les policiers que tout autre genre de conflit violent. Dans les grandes cités, un policier qui patrouille dans un quartier résidentiel passe quarante pour cent de son temps à intervenir dans des querelles familiales. C'est pourquoi une partie importante de l'apprentissage du policier de nos jours est réservée aux aspects psychologiques de l'intervention familiale.

Si l'on en croit les statistiques, toutes les formes de violence familiale, que ce soit entre époux, entre parents et enfants ou entre membres de la parenté, ont pris des proportions épidémiques. Dans au moins vingt-cinq pour cent de tous les homicides rapportés, la victime est liée au meurtrier par le sang ou le mariage. En 1971 seulement, plus de deux mille Américains ont tué leur conjoint, ce qui représente douze pour cent de tous les meurtres commis cette année-là. Les probabilités que le meurtrier soit du sexe féminin ou masculin sont presque égales; en fait, les hommes ont légèrement plus de risques de tuer leur femme que le contraire (ces dernières années, le rapport était de cinquante-quatre à quarante-six pour cent). Il est donc faux de croire que seuls les hommes ont recours à cette sorte de violence conjugale. Les femmes sont, en général, moins enclines à tuer ; lorsqu'elles le font cependant, il y a de fortes probabilités que leur mari soit leur victime. Plus de la moitié des meurtres familiaux sont commis pendant le week-end ou un congé au moment où les membres de la famille sont réunis et privés de leurs exutoires habituels comme le travail pour l'homme, les tâches ménagères ou son emploi pour la femme et l'école pour les enfants.

Près de vingt pour cent de tous les cas de voies de fait se produisent entre époux, et ce pourcentage ne tient compte que des cas dénoncés. Par contre, quatre-vingt-dix pour cent de ces incidents, et en particulier les cas où le mari a battu sa femme, ne font même pas l'objet d'un rapport et n'entraînent aucune accusation. Le mari est l'agresseur dans plus des trois quarts des cas de voies de fait dénoncés. Il s'agit, la plupart du temps, d'une discussion banale qui a dégénéré en incident violent.

Le nombre d'infanticides et de châtiments corporels infligés aux enfants s'accroît graduellement et fait l'objet d'une attention considérable de la part des autorités. Le problème devient tellement crucial que depuis peu, les médecins traitant des enfants pour sévices corporels, sont tenus, de par la loi, de faire un rapport sur leurs cas. Des statistiques récentes révèlent que dans la seule ville de New York, il y a au moins deux infanticides par semaine. L'âge de la plupart des victimes se situe entre quelques jours et neuf ans. Leur fin est habituellement brutale : ils sont frappés contre un mur, ébouillantés, jetés dans un incinérateur, jetés d'une fenêtre ou d'un toit, étouffés, affamés à mort, battus à coups de pied ou de bâton, étranglés ou même décapités.

Une étude récente sur les mères infanticides a mis au jour des données psychologiques révélatrices sur leur personnalité. La majorité d'entre elles étaient de nature passive, souffraient d'indécision, avaient tendance à temporiser et à nier leur grossesse avec des arguments du genre «Je ne suis pas réellement enceinte». En conséquence, elles n'avaient pas préparé la naissance de l'enfant ni envisagé la possibilité d'un avortement jusqu'à ce qu'il soit trop tard. Elles avaient tué l'enfant lorsqu'elles avaient été confrontées à la réalité de leur situation[3].

Un nombre incroyablement élevé d'enfants commettent des homicides au sein de leur famille. Le patricide est habituellement commis par un fils qui veut protéger sa mère d'un père ivre ou en colère. Souvent le meurtre n'a pas de causes immédiates et peut même résulter d'une répression sévère et d'un abus d'autorité de la part des parents; l'enfant explose un jour et sa colère le pousse à commettre un acte meurtrier. Une étude psychologique récente laisse entendre que la conduite des enfants meurtriers pourrait leur être dictée inconsciemment par un des parents. Celui-ci inciterait sans le vouloir l'enfant à tuer, profitant ainsi du crime sans en endosser la responsabilité. L'enfant prémédite rarement son crime; il agit plutôt spontanément, l'adulte ayant ravivé son hostilité latente à l'égard de la victime[4].

Il n'est pas surprenant que le taux de violence familiale soit si élevé. Nul ne peut nous irriter autant que nos proches qui sont à la fois la source de nos plus grandes joies ainsi que de nos frustrations et nos souffrances les plus profondes. Ce qui surprend davantage, c'est que si peu de personnes savent exprimer leurs sentiments à mesure ou les empêcher de s'intensifier jusqu'à les pousser à la violence physique. On croit encore que la vie de famille doit à tout prix être harmonieuse et on fait tout pour fixer ce rêve au lieu d'apprendre à résoudre les conflits. On considère encore les querelles familiales comme honteuses; on les cache et quand éclate finalement une discussion, elle atteint souvent une violence maximale et destructive qui aboutit à des voies de fait.

Il est tragique de voir que de nos jours encore la naïveté et l'irréalisme dominent les relations conjugales et familiales. On se refuse à accepter les différences inhérentes à chaque personne, à en tirer parti et même à les apprécier, et on oublie aussi que les conflits peuvent contribuer à notre croissance personnelle. Nous croyons que plus on nie et plus on ignore cet aspect de l'intimité familiale et plus la violence risque de surgir au sein d'une famille. Toute mesure de prévention de la violence doit être fondée sur l'évidence suivante : les manifestations d'agressivité et les conflits sont inévitables entre personnes intimes et il est essentiel de prendre les moyens de les exprimer et de les résoudre.

CHAPITRE 4

Le psychothérapeute
« compréhensif »

« Les tigres de la colère sont plus sages
que les chevaux de l'instruction. »
WILLIAM BLAKE, *Le mariage du ciel et de l'enfer*, 1793

L e Dr Goldberg quitta récemment son bureau le midi pour aller casser la croûte au café du coin. Or, nombre de psycho-logues, de psychothérapeutes et de psychiatres ont pignon sur rue non loin de ce café. Le Dr Goldberg engagea la conversation avec une jolie dame loquace dans la quarantaine. Lorsqu'il la rensei-gna sur sa profession, elle mentionna incidemment qu'elle sortait tout juste de chez son psychothérapeute et qu'elle avait suivi diver-ses thérapies depuis l'âge de dix-huit ans. Elle avait d'abord consulté un analyste freudien, puis un jungien ; puis comme elle commen-çait à prendre conscience de son corps, elle s'était adressée à un thé-rapeute reichien ; actuellement, elle voyait un existentialiste et, dans la mesure du possible, elle passait ses week-ends dans des centres de développement personnel. Le Dr Goldberg réfléchit pendant plusieurs jours au cas de cette femme. Cherchait-elle vraiment à s'épanouir ou était-elle plutôt une sorte de victime, à la recherche d'un bien-être qui n'existait pas et dont on exploitait les besoins de dépendance?

Nous avons discuté du cas de cette femme et d'autres personnes qui suivaient une thérapie depuis cinq à dix ans. Nous avons commencé à nous rendre compte que, lors de la formation du thérapeute, on met l'accent sur la nécessité d'accepter totalement et inconditionnellement son client; cette insistance contribue davantage au confort du thérapeute qu'au bien-être du client. L'idée paraît très séduisante, mais elle crée une euphorie initiale, un effet semblable à celui que procure la drogue, et engage le client dans une relation fondamentalement destructive et entretient son besoin de dépendance. Cette relation reste irréaliste parce que la plupart des psychothérapeutes refoulent ou inhibent fortement leurs propres réactions agressives envers le client. Ils préfèrent la passivité car il est considérablement plus facile, plus satisfaisant et plus réconfortant pour eux d'aimer leurs clients et d'en être aimés que de mobiliser leur agressivité et de risquer de subir leurs accès de colère, leur résistance et même leur rejet. Toutefois, nous croyons qu'une interaction ouvertement agressive peut, dans bien des cas, aider le patient à s'épanouir plus rapidement et prévenir l'état de dépendance qui résulte des thérapies qui se prolongent.

Des études récentes ont laissé entendre que les psychiatres d'expérience ont *plus* de difficulté que les jeunes thérapeutes à faire face à la colère qu'expriment leurs patients face à eux. Certains thérapeutes, selon une de ces études, auraient même tendance à éviter les patients qui se montrent ouvertement hostiles à leur égard. Les patients qui veulent suivre une thérapie sont donc forcés, d'une certaine façon, de supprimer ou de diriger ailleurs leur agressivité de crainte d'aliéner leur thérapeute ou de le perdre.

Cette étude laisse supposer en outre que les thérapeutes tendent à rejeter leurs clients pour la même raison que leurs proches. Les gens suivent une thérapie en partie parce que leurs impulsions agressives ont été largement déviées. Beaucoup d'entre eux ont été élevés par des mères qui ne toléraient pas un comportement d'affirmation de soi et qui ont forcé leurs enfants à voiler rigoureusement leurs réactions émotives intenses et particulièrement à nier et à refouler leur propre colère. En conséquence, ces enfants ont appris à supprimer ces sentiments et ils se sentent maintenant déprimés et angoissés, craintifs et coupables.

L'enfant élevé dans un climat maternel sain se sent assez en sécurité pour haïr et aimer sa mère tout à la fois. Il apprend à s'accommoder de ses sentiments contradictoires et à être aussi à l'aise avec ses sentiments positifs qu'avec ses sentiments négatifs. La personne souffrant de troubles émotifs n'a pas habituellement cette souplesse et ressent une grande angoisse lorsque quelqu'un exprime ouvertement sa colère.

Pour réaliser une thérapie efficace, le thérapeute se doit donc d'encourager ses clients à lui exprimer ouvertement leur colère. Ils sont ainsi à même de constater que leur thérapeute peut survivre à ces crises et qu'il ne les rejettera pas. Lorsque le thérapeute entoure ses patients de soins et d'affection, il devient difficile, sinon impossible, pour ceux-ci d'exprimer des sentiments négatifs sans avoir en même temps l'impression de se conduire de façon inconvenante ou névrotique. En retour, il est tout aussi important que le thérapeute se sente libre de manifester sa colère au client sans avoir l'impression de déroger à son éthique professionnelle. Il convient donc aussi de réapprendre aux clients à quelle conduite ils doivent s'attendre de la part de leur psychothérapeute.

Le thérapeute vu comme un symbole

Compte tenu de leur insistance à éviter toute expression d'agressivité, certaines orientations thérapeutiques ressemblent à une forme de religion. Depuis toujours, il est de mise d'entrer dans une église ou une synagogue avec des sentiments d'affection, de compréhension et d'autres sentiments positifs. Le prêtre ou le rabbin réprime chez lui toute émotion négative et évite soigneusement tout affrontement et tout conflit avec ses fidèles de peur de les aliéner ou d'être taxé d'un manque de profondeur spirituelle. Nous demandons au lecteur de comparer notre orientation avec la description suivante du rôle de l'analyste tirée de l'ouvrage *Psychanalyse et analyse existentielle*, publié au début des années soixante par le Dr Médard Boss, psychanalyste suisse de renom :

> En d'autres mots, l'attitude sincère du psychothérapeute doit être toute d'oubli de soi, de retenue et de respect devant l'existence et la personnalité unique du patient. Cette attitude ne doit pas changer devant l'indifférence ou l'hostilité du patient ou son refus de collaborer. *Le psychothérapeute doit même aller plus loin que l'humilité chrétienne dans l'oubli de soi, la modestie et le triomphe sur l'égoïsme…* Un analyste mature doit être capable d'analyser ses patients de la manière exemplaire dont un certain ermite des Himalayas soignait les fleurs de son petit jardin. Lorsqu'on le complimentait sur l'extraordinaire beauté de son petit coin de jardin, il répondait simplement qu'il permettait aux fleurs de s'épanouir pleinement non pour son propre plaisir esthétique, mais seulement pour les délices de son Dieu. Les patients avec lesquels un analyste n'est pas capable d'établir cette sorte de relation, du moins dans une certaine mesure, devraient consulter un autre analyste[*1].

À notre avis, l'attitude que prône le Dr Boss dans son ouvrage manque à l'extrême d'authenticité émotionnelle et de réalisme. La pression à laquelle se soumet le psychothérapeute l'oblige à se conduire comme une image ou un symbole plutôt qu'une personne réelle.

Dans toutes les publications psychologiques professionnelles où l'on tente de décrire les traits d'un psychothérapeute efficace, on met l'accent sur ses qualités soi-disant positives et sur ses sentiments affectueux. On entend par là l'empathie, le respect inconditionnel du patient, la discipline personnelle et la sincérité. Carl Roger, psychothérapeute réputé ayant conçu sa propre méthode de psychothérapie, a été l'un des premiers et des principaux promoteurs du principe de l'acceptation totale et inconditionnelle du client. Des spécialistes dans le domaine de la psychologie sont même allés jusqu'à suggérer que n'importe qui, sans égard à son niveau d'instruction et à sa formation professionnelle, peut s'improviser psychothérapeute s'il possède ces qualités positives. Le «bon» client, que préfèrent nombre de psychothérapeutes, est reconnu pour sa douceur. Une personne qui résiste, s'oppose à l'autorité ou s'affirme ouvertement face à elle, pour la seule raison que cette autorité émane d'un docteur, et qui se sent mal à l'aise dans la soumission, n'est pas considérée comme un bon sujet pour la psychothérapie.

La psychothérapie est une science relativement jeune : elle existe depuis le début de ce siècle à peine. Elle n'a pas vraiment encore été aux prises avec les problèmes et la dynamique de l'agressivité. La psychanalyse, comme l'a développée Sigmund Freud à l'origine, s'appuyait fortement sur l'attitude distante et passive de l'analyste. Le patient idéal était intelligent, d'élocution facile, hautement dépendant, responsable, soumis et financièrement stable. Au cours de l'analyse, l'analyste assumait un rôle extrêmement autoritaire, et le patient suivait passivement tous ses conseils. Les rapports entre le psychanalyste et son patient étaient fondamentalement détachés et distants. L'analyste pesait soigneusement chacune de ses paroles pour étudier quelle répercussion elles pourraient avoir sur le patient. Traditionnellement, les analystes attribuaient la colère de leurs patients à leur égard à un transfert névrotique et leur propre colère à l'égard des patients au fait qu'ils n'avaient pas résolu les problèmes les concernant.

L'expression des émotions

Les psychothérapies contemporaines comme la bioénergie, le « rolfing » et le cri primal[2] facilitent une libération soudaine d'émotions très intenses, de nature souvent agressive. Les patients explosent de rage. Toutefois, ils revivent leur colère et leur agressivité par régression dans le passé, particulièrement dans la thérapie du cri primal. Le patient se bat contre des démons du passé. Notre propre orientation thérapeutique vise, par contre, à enseigner au patient comment exprimer son agressivité dans le présent au sein de ses relations actuelles et à l'encourager dans ce sens plutôt que de lui faire vomir le passé. Les gens qui ont suivi une thérapie par régression insistent sur la rapidité relative du changement profond qui s'est opéré en eux. D'après ce qu'on connaît des effets destructeurs de l'agressivité refoulée sur l'équilibre physique et émotionnel d'une personne, il n'est pas surprenant de voir que la thérapie donne des résultats aussi probants. Cependant, parce que ces thérapies visent surtout à libérer le patient des sentiments intenses d'hostilité qu'il nourrit à l'égard de personnes du passé qui ne sont pas présentes, nous croyons que le changement ou la guérison sera de courte durée et que le patient verra ses symptômes réapparaître une fois la thérapie terminée. En effet, comme le patient ne manifeste pas son agressivité d'une façon immédiate et personnelle au thérapeute et comme ces manifestations ne s'inscrivent pas dans le cours normal d'une relation personnelle, l'agressivité n'est pas intégrée à la vie présente.

Nous appuyons entièrement le Dr Alexander Lowen, un des maîtres créateurs de la psychothérapie appelée bioénergie, lorsqu'il insiste sur le fait que : « On *ne* peut *pas* considérer comme sincère l'affection d'une personne tant qu'elle n'a pas expulsé ses sentiments négatifs, car ses sentiments positifs peuvent servir à la protéger contre ceux-ci. Si on l'encourage à exprimer ses sentiments positifs, c'est-à-dire si on insiste pour qu'elle donne de l'affection et en reçoive, elle refoulera davantage son agressivité, qui, à la première déception, réapparaîtra sous forme de ressentiment. En outre, une personne ne peut réduire ou éliminer ses tensions physiques sans recourir à des formes d'expression plus violentes. Une bonne crise de colère ouvre souvent la voie à la tendresse[3]. »

Les clients de Lowen expriment leur agressivité avec force et libèrent leurs émotions violentes et hostiles en frappant sur un matelas de mousse et en criant sans arrêt « non » et « je ne le ferai pas » jusqu'à ce qu'ils soient capables de produire un effet convaincant en criant et en donnant des coups de pied en signe de protestation. Lowen affirme : « Rares sont ceux qui peuvent exprimer facilement leurs sentiments négatifs et hostiles. L'enfant apprend tellement jeune à refouler ces sentiments que, devenu adulte, il ne les manifeste qu'indirectement sous forme d'entêtement, d'amertume et de sarcasme[4]. »

La principale réserve que nous ayons à faire à l'endroit de ces thérapies touche à la façon indirecte dont elles incitent le client à exprimer son agressivité. La description suivante par le Dr Lowen d'une expérience faite par un groupe de thérapie bioénergétique reflète ce principe : « En thérapie de groupe bioénergétique, les membres n'expriment pas directement leurs sentiments négatifs et hostiles à une autre personne du groupe. On leur demande d'exprimer un sentiment «sans le mettre en acte». Bien sûr, il peut arriver qu'ils visent une personne en particulier, mais c'est toujours le lit qui sert de bouc émissaire. On tape sur le lit, on frappe le lit, mais jamais une autre personne[5].» Les clients expriment leur agressivité à des personnes absentes: ils n'apprennent pas alors à éprouver ces sentiments et à les exprimer de façon constructive au sein d'une relation personnelle.

En général, nous estimons que les thérapies modernes qui facilitent l'expression d'émotions intenses et agressives n'atteindront pas leur but si les manifestations d'agressivité s'adressent à des personnes absentes liées au passé du client; elles sont considérées comme partie d'un traitement plutôt que d'une relation personnelle normale, et le thérapeute se tient à l'écart au lieu de représenter une cible réelle vers laquelle le client peut diriger son agressivité.

Le client n'apprend donc pas à éprouver à la fois de l'affection et de l'agressivité à l'égard de la même personne; il tend plutôt à voir le thérapeute comme un dieu qu'il doit adorer et vénérer.

Opposez-vous à votre thérapeute

Le Dr Bach, qui a créé les groupes marathons de thérapie, encourage ses clients à lui exprimer ouvertement leur colère, et lui-même se sent toujours libre de leur exprimer la sienne. Il écrivait récemment:

> Il m'arrive de *perdre mon sang-froid* et d'engueuler presque rageusement le groupe tout entier ou une personne en particulier. Certaines personnes de divers groupes, qui n'aiment pas ces accès de colère «irrationnels» de ma part, me l'ont carrément fait savoir... Ma femme Peggy, appuyée en cela par une grande partie du groupe, m'a fait les remarques suivantes: «Georges, ta façon d'agir n'est pas toujours thérapeutique et tu es même parfois franchement méchant. Tu engueules surtout les personnes que tu

aimes parce que tu attends d'elles plus qu'elles ne peuvent donner. Lorsqu'elles ne répondent pas à tes attentes, tu deviens brusque. Tu te montres aussi très dur, je crois, envers ceux sur qui tu veux faire impression et dont tu veux t'assurer l'affection. Lorsqu'une personne pense que tu n'es pas à la hauteur dans une situation quelconque au cours d'un marathon, tu deviens furieux contre elle. Qu'une de ces personnes que tu estimes te trouve un défaut et tu fulmines! Ne me dis pas qu'il est thérapeutique de mettre les gens en pièces alors que toi tu n'es même pas capable de le prendre. Je pense que vous, les spécialistes de la thérapie d'agressivité, êtes très forts lorsqu'il s'agit de passer un savon aux autres, mais très susceptibles lorsque vient votre tour. Cela vaut pour toi et pour tes collègues. » Elle me nomma ensuite des amis et des collègues qui pratiquent une thérapie d'agressivité.

Pour ma «défense», j'ai répliqué que je n'avais jamais vu personne s'effondrer sous le coup de mes attaques ou de celles du groupe. J'ai insisté sur le fait que ma soi-disant rage «irrationnelle» est ma façon à moi et d'exprimer à la personne que je tiens à notre relation et de libérer ma propre tension. Je me sens mieux après avoir crié mon agressivité. Mon adversaire peut toujours me la retourner. Pouvoir m'insulter en retour est une bonne expérience pour quiconque et je *suis capable* de l'accepter. À l'occasion, une bonne volée d'insultes est ma façon à moi de sortir de mes gonds lorsque les personnes qui me tiennent à cœur agissent, parlent ou pensent à l'opposé de ce que j'attends d'elles! Lorsque, à l'occasion, elles assistent à une de mes crises de colère ridicules, elles comprennent une fois pour toutes que je suis loin d'être un dieu!

Je me charge de quiconque essaie de fuir une discussion avec moi ou avec le groupe. J'insiste fortement pour que les «fuyards» entrent en opposition avec les autres membres du groupe. Je suis allergique à ceux qui répondent «je ne sais pas» quand on leur demande d'exprimer leurs sentiments à l'égard du groupe, d'eux-mêmes ou à mon égard. Si *vous* ne connaissez pas *vos propres* sentiments, qui les connaîtra jamais, pensez-vous? Cessez de jouer au personnage mystérieux. Ne vous éclipsez pas! Je refuse d'essayer de deviner ce que vous êtes ou ce qui vous touche. C'est à *vous* de vous mettre en avant et d'exprimer librement et clairement vos sentiments.

Essayez au moins!

Quelquefois, lorsque les membres du groupe s'en prennent comme une meute de loups à un membre en particulier, il peut arriver que je reste à l'écart. Ils n'ont pas besoin de moi, et je ne protégerai pas le membre en détresse parce qu'il fera un grand pas en avant en faisant face aux pressions du groupe sur lui; je ne veux pas gâcher son expérience. Souvent, je laisse les membres s'affronter entre eux sans s'immiscer dans leur conflit. Comme je suis las parfois de me battre, je récupère tranquillement en laissant la place aux autres. Je fais part au groupe de mes sentiments à titre de spectateur un peu plus tard.

À mesure que les membres du groupe marathon s'épanouissent et deviennent plus authentiques et plus réels, je peux me permettre d'adoucir mon attitude *combative* et de laisser voir ma gentillesse et ma sollicitude. Cependant, nous devons tous réapprendre à nous affronter pour retrouver notre sincérité. C'est alors seulement que nous pourrons aimer. Vers la fin du marathon, il n'y a habituellement plus de conflit parce qu'il n'y a plus de colère[6]…

Le processus Z

Au cours des dernières années, on a expérimenté avec beaucoup de succès d'autres thérapies visant à favoriser l'expression de l'agressivité au sein de la relation thérapeutique. Le Dr Robert Zaslow utilise une technique, qu'il nomme processus Z, avec les enfants atteints d'autisme ou d'autres troubles affectifs. Il commence par maîtriser totalement l'enfant en le tenant dans ses bras comme un bébé, puisqu'il agit comme tel. Si l'enfant est trop grand, des assistants lui prêtent main-forte. Dans cette position, l'enfant se débat fortement et exprime sa rage et son hostilité à l'égard du thérapeute. La thérapie qu'applique ensuite le Dr Zaslow, trop complexe pour être décrite ici, incite l'enfant à décharger une somme considérable de colère, le force à faire face à ses sentiments et à ceux du thérapeute et détruit son comportement de malade agressif-passif qui est habituellement le sien. À mesure que progresse la thérapie, l'enfant passe de la colère à la rage violente avant d'adopter une attitude affectueuse et convenable. Le succès de cette thérapie renforce notre opinion à savoir que la libération de l'agressivité refoulée ouvre la voie à une affection sincère. Les thérapeutes qui n'utilisent avec les enfants que des techniques d'amour perdent un temps considérable, car l'enfant est vraiment incapable d'exprimer de l'affection en retour avant d'avoir expulsé sa colère.

Le Dr Zaslow fait observer avec *conviction* (et nous partageons son opinion) que « la plupart des méthodes thérapeutiques échouent précisément parce qu'elles ne prévoient pas de procédés efficaces et structurés permettant de faire face à la résistance du patient et à ses sentiments d'agressivité, de colère et de rage[7] ». En fait, il semble que bien des thérapeutes craignent les explosions de colère intense de leurs patients. Avant que ceux-ci puissent apprendre à se sentir à l'aise avec leur agressivité, les thérapeutes devront d'abord apprivoiser la leur et celle de leurs patients lorsqu'ils en sont la cible.

Nous estimons que le groupe de thérapie est le moyen qui favorise le mieux les interactions agressives constructives entre le thérapeute et le patient et entre les membres individuels. En fait, la présence des autres membres du groupe adoucit la peur de chaque membre de détruire les autres ou d'être détruit par sa propre rage et de perdre la maîtrise de ses sentiments. Le Dr Bach a été le pionnier des procédés de confrontation directe au sein de groupes marathons de courte ou de longue durée. Des études effectuées auprès d'environ deux mille personnes ayant participé à des groupes marathons de thérapie, ont révélé que les participants considéraient les affrontements comme les éléments les plus utiles et les plus générateurs de changements de toute l'expérience[8].

Nous avons employé avec beaucoup d'efficacité les rituels d'agressivité avec les couples mariés, les familles et les célibataires, ainsi qu'en milieux scolaire et professionnel. Ces expériences de groupe orientées vers la confrontation ont pour résultat remarquable le développement de la chaleur, de l'affection sincère et de l'intimité chez les membres ayant établi des relations d'agressivité constructive. Elles font mentir le principe répandu selon lequel l'expression des émotions négatives éloigne les personnes proches. Elles confirment plutôt les vues des psychologues qui ont écrit récemment que « la vie sans conflit peut devenir incohérente, passive et stérile[9] ». La personne qui ne fait face à aucune opposition tend à rester repliée sur elle-même.

Le procédé de confrontation

Grâce au procédé de confrontation directe, le thérapeute et le client établissent une relation plus réelle et plus immédiate entre eux et avec les autres membres du groupe. Au sein du groupe, ils sont tenus de résoudre les contradictions entre leurs paroles et leurs actes. S'opposer au client, au lieu d'être irresponsable ou indulgent, est la seule façon pour un thérapeute d'établir une relation authentique avec lui. Le thérapeute descend de son piédestal pour devenir la cible de son client.

Avec les drogués, ce procédé de confrontation directe a réussi là où la psychothérapie traditionnelle avait presque entièrement échoué. Le Dr George Bach a discuté avec M. Charles-E. Diedrich, guide spirituel et fondateur de Synanon, des avantages et des désavantages de cette méthode qui a reçu le nom de thérapie d'attaque[10]. Les participants s'engagent dans un affrontement intense et agressif qui produit souvent des résultats remarquables.

Feu Abraham Maslow, ayant pris part à un groupe marathon de thérapie d'attaque, observait :

> Tout ce que j'ai lu au sujet de Synanon et ce que j'ai vu hier soir et cet après-midi me fait croire que les notions selon lesquelles il ne faut pas « parler fort » à quelqu'un parce que cela pourrait le traumatiser ou le blesser et que les gens pleurent ou craquent facilement, se suicident ou deviennent fous si l'on crie après eux, sont peut-être des notions dépassées… Un ami à moi, qui s'intéresse beaucoup à Synanon, m'a raconté qu'un drogué avait vécu cette expérience et que, pour la première fois de sa vie, il avait connu une intimité, une amitié et un respect réels. C'était sa première expérience de l'honnêteté et de la franchise, et il a senti, pour la première fois, qu'il pouvait être lui-même sans qu'on veuille le tuer pour cela[11].

Le thérapeute : un agresseur indirect

Parce que de tout temps, le thérapeute a considéré comme de son devoir de se montrer affectueux, chaleureux et compréhensif à l'égard de ses patients et parce qu'il est mal vu d'exprimer directement son agressivité, les relations entre thérapeute et client sont contaminées par une agressivité intense et cachée qui se manifeste de façon indirecte. Les thérapeutes se donnent beaucoup de mal pour ne pas projeter une attitude de domination totale, de pouvoir absolu et d'autorité. Pourtant, un examen même superficiel des relations entre psychothérapeute et client révèle que le premier domine profondément sa relation avec son client et la mène à son gré. Son jeu est très subtil. Par ses signes de tête, ses commentaires, ses gestes et ses témoignages d'intérêt, il guide la relation dans la direction qu'il désire. Nous estimons qu'un thérapeute agit de façon particulièrement destructive lorsqu'il nie l'immense autorité qui est la sienne dans ses relations avec ses clients.

L'agressivité refoulée se manifeste sous bien d'autres formes. On peut interpréter l'attitude traditionnellement renfermée, impassible et réservée du psychanalyste comme une forme déviée d'agressivité. Le client angoissé, peu sûr de lui guette les réactions de l'analyste et cherche à deviner ses pensées. L'imperturbabilité et le silence de ce dernier augmentent l'angoisse du client. Souvent il a tendance à lire dans les pensées de l'analyste et à imaginer le pire. «Il pense probablement que je suis fou et ne veut pas me le dire» est une réaction typique.

La relation entre le thérapeute et le client reste très biaisée sur le plan de l'autorité, celle-ci se trouvant presque exclusivement aux mains du thérapeute. Si le client pense que son analyste lui est hostile, qu'il s'ennuie, qu'il ne s'intéresse pas à lui ou qu'il satisfait une curiosité morbide, et qu'il lui fait part de ses pensées, ce dernier peut toujours nier et lui renvoyer la balle en lui disant qu'il projette ses propres sentiments sur lui. Peu de thérapeutes sont prêts à admettre ouvertement qu'ils s'embêtent, sont en colère, ne s'intéressent pas à leur client ou satisfont une curiosité professionnelle.

Leur refus de partager leurs réactions et leurs sentiments agressifs sert davantage leurs besoins que ceux du client qui, de toute façon, lira dans leur attitude et dans leur physionomie. En niant qu'il s'ennuie, le thérapeute ne réussira qu'à empêcher le client d'établir une vraie relation interpersonnelle.

Le thérapeute n'est pas votre ami

Bien que le thérapeute fasse sentir à son client qu'il l'accepte totalement, le client sait bien que cette « acceptation totale » est reliée au paiement d'honoraires même si tous deux évitent de mentionner ce fait ou d'en admettre la nature véritable. Bien des thérapeutes cherchent à créer l'illusion d'une relation empreinte d'une affection et d'une intimité engagées. Toutefois, on ne paie pas à ses amis le temps qu'ils nous consacrent, pas plus qu'on ne confine l'amitié à une heure ou un jour particulier. En fait, le thérapeute n'est pas l'ami de son client, et il est peu probable qu'il le devienne. Leur relation est une transaction professionnelle limitée par des honoraires et un horaire précis et elle devrait être reconnue comme telle par le client. Parler d'amitié profonde entre le thérapeute et son client serait parodier la réalité et créer chez ce dernier une illusion destructive qui, à la longue, lui laisserait un sentiment d'amertume et l'impression d'avoir été trahi.

Les thérapeutes qui parlent en termes vagues des problèmes « profondément enracinés » du client, qui demanderont, selon eux, des années de traitement, ont recours à une forme d'agressivité cachée qu'on appelle mystification. Ils ne dévoilent presque jamais au client la nature réelle de ces soi-disant problèmes et ne leur promettent rien quant à l'issue d'un traitement échelonné sur plusieurs années. Cette attitude ne réussit qu'à entretenir chez le client une angoisse et une dépendance profondes.

La relation entre thérapeute et client reste biaisée sur un autre plan. En général, le thérapeute n'est responsable que des progrès du client mais non de son échec ou de sa résistance au changement. Ainsi, si le client progresse, c'est grâce aux aptitudes du thérapeute; par contre, s'il ne s'améliore pas, on le tient pour seul responsable en lui laissant entendre qu'il résiste au changement ou qu'il n'est pas prêt à suivre une thérapie.

En 1962, La Group Psychotherapy Association of Southern California organisait une conférence présidée par le Dr Bach sur le thème de l'agressivité en thérapie. Le Dr Carl A. Whitaker, éminent psychiatre à l'esprit innovateur travaillant auprès des psychiatres résidents, parla de quelques-uns des moyens spécifiques employés par les psychiatres pour tenter de cacher l'hostilité qu'ils ressentent, mais qu'ils craignent de manifester ouvertement.

«Il est typique de voir des psychanalystes ayant reçu une haute formation professionnelle cacher leur hostilité sous ce que j'appelle «d'obscurs diagnostics» auxquels le patient ne comprend pas un traître mot. Je ne suis même pas sûr que nous prenions toujours la peine d'en faire un: nous additionnons deux plus deux et donnons au patient nos conclusions sans plus d'explications. L'ennui est une autre manière des plus subtiles de masquer une hostilité profonde et amère[12].»

Le thérapeute: une victime

De bien des façons, le thérapeute est aussi une victime des tabous de la société concernant l'agressivité. Le thérapeute qui s'oppose ouvertement à son client peut se voir accusé d'un manque de professionnalisme. Le patient typique attend de son thérapeute une conduite professionnelle caractérisée par une attitude affable, une grande maîtrise de soi et une humeur égale, et la plupart d'entre eux fuiraient un thérapeute qui s'affirmerait ouvertement.

Le client qui craint de faire face à un thérapeute ouvertement agressif peut user envers celui-ci de représailles indirectes. Il peut jouer à la victime sans défense contre un être sans pitié. Il peut simuler une aggravation de son état ou menacer de couper court à la thérapie. La punition ultime que peut infliger un client à son thérapeute est une tentative de suicide visant à le culpabiliser ou à ternir sa réputation.

C'est pourquoi nombre de thérapeutes évitent de s'affirmer ouvertement avec leurs clients de peur de subir de telles représailles. Pour se libérer de ces contraintes, les spécialistes de la psychologie et de la psychiatrie doivent rééduquer leurs clients en agissant comme des personnes humaines lors des séances de thérapie ; ils doivent refuser de jouer le jeu des clients en se conformant à l'image que ceux-ci se font d'eux.

Les relations sexuelles entre thérapeutes et clients

Au cours des dernières années, l'incidence apparemment croissante des relations sexuelles entre le thérapeute et son client a suscité une attention considérable. Ce phénomène se produit presque exclusivement entre thérapeutes de sexe masculin et leurs clientes et non le contraire. Certains auteurs, tels le Dr Martin Shepard dans un ouvrage intitulé *The Love Treatment: Sexual Intimacy Between Patients and Psychotherapists*, soutiennent que, dans certains cas, l'intimité sexuelle peut faire partie du traitement thérapeutique d'un patient[13]. D'autres auteurs, toutefois, ont qualifié ce comportement d'« exploitation » attribuable aux problèmes émotifs non résolus du psychothérapeute. Sans aucun doute, les raisons de cette intimité sexuelle sont multiples et complexes. Cependant, on peut considérer ce comportement sous l'angle de l'agressivité cachée.

Un document de travail professionnel publié récemment sur la personnalité du thérapeute séducteur le décrivait comme un être «renfermé et introverti, appliqué, passif et timide[14]... » Fait intéressant, le Dr Phyllis Chesler, dans le livre qu'elle publiait récemment sous le titre de *Women and Madness*, décrivait les femmes ayant une liaison avec leur thérapeute de la façon suivante: «... toutes ne s'en prenaient qu'à elles-mêmes lorsqu'un homme ne se conduisait pas convenablement avec elles et elles *étaient très lentes à se mettre en colère*[15]. »[*]

Il ne faut pas être très ferré en psychologie pour reconnaître la forme d'agressivité que cache l'intimité sexuelle entre thérapeutes et clients. En général, leur relation en est une de maître à esclave, de domination totale (par le thérapeute) et de dépendance absolue (du client). Invariablement, c'est le thérapeute qui prend l'initiative des relations sexuelles; c'est lui qui décide du lieu, du moment et de leur fréquence et qui y met un terme quand il le désire. Si la liaison se révèle décevante, c'est la cliente qui en souffrira le plus et elle aura tendance à jeter le blâme sur elle-même. Si elle est satisfaisante, on en attribuera le succès aux vertus thérapeutiques de l'analyste. En outre, le thérapeute n'encourage pas sa cliente à exprimer ses besoins qu'il ne prend d'ailleurs pas en considération. La cliente n'ose pas révéler ses sentiments, car chacune de ses paroles peut être scrutée et analysée. Par exemple, si elle exprime son ressentiment face aux contraintes extrêmes qui pèsent sur leur relation, le thérapeute peut lui dire qu'il s'agit là d'une manifestation de sa névrose. Ou, si leur relation est du type agressif-passif, il peut refuser d'admettre l'existence de ce sentiment ou l'ignorer complètement.

En dépit de l'expérience intime qu'il vit avec sa cliente, le thérapeute peut considérer objectivement tous les sentiments qu'elle exprime comme de la «matière» à analyse plutôt que comme l'expression légitime de ses émotions face à lui. La cliente part vrai-

---

[*] Italiques nôtres.

ment perdante. Comme le soulignait Dahlberg : « ... il est trop facile de coucher avec nos patientes. Elles viennent chercher de l'aide et doivent nous faire confiance. Elles n'ont pas le choix. Si elles sont trop réservées, il n'y aura pas de relation thérapeutique, donc pas de thérapie. Toutes les cartes sont entre nos mains[16]. »

Un thérapeute qui a des relations sexuelles avec sa cliente sous prétexte de traiter sa frigidité ou d'autres problèmes sexuels est un exploiteur hypocrite et foncièrement hostile. Les problèmes sexuels ne sont fréquemment que des symptômes de problèmes sous-jacents liés à l'identité de la cliente ou à l'image qu'elle a d'elle-même ; ils sont peut-être aussi une façon pour la cliente d'exprimer indirectement ses sentiments agressifs ou ses angoisses infantiles. Lorsqu'il y a lieu de croire qu'on peut traiter ces problèmes, comme c'est le cas lorsqu'ils sont dus à une répression précoce ou à un trau-matisme, l'éthique professionnelle exige du thérapeute qu'il recom-mande un traitement suivant les principes de Masters and John-son[17]. Le thérapeute doit entrer en contact avec un partenaire de la cliente capable d'établir avec elle une relation plus complète, fondée sur la disponibilité et l'expression ouverte des sentiments ou avec un partenaire substitut ayant reçu une formation dans ce domaine.

Le thérapeute qui a des relations sexuelles avec une cliente sous prétexte de la traiter, est tenu, en vertu de son éthique profession-nelle, de mener le traitement à bon terme dans l'intérêt de la cliente, ce qui se produit rarement, sinon jamais. Au lieu de cela, le thérapeute met soudainement fin à la liaison ou, comme ce fut le cas pour un certain nombre de femmes interviewées par le Dr Chesler, il abandonne complètement la cliente et rompt toute communication avec elle. Invariablement, il en résulte une expé-rience douloureuse et traumatisante pour cette dernière qui se voit abandonnée et rejetée ; en outre, cette expérience confirme l'image peu reluisante qu'elle a d'elle-même.

Nombre de femmes se font une gloire personnelle d'avoir des relations sexuelles avec leur thérapeute. Elles ont le sentiment de se distinguer à ses yeux, de monter dans son estime; elles sont fières de l'avoir «conquis» et de l'avoir fait descendre de son piédestal. On ne peut nier que beaucoup de ces femmes ont d'abord usé de leur pouvoir de séduction, et en un sens, leur comportement est une forme d'agression. Elles se servent du sexe pour influer sur leur relation avec le thérapeute et la dominer davantage parce qu'elles sont incapables de s'affirmer autrement ou d'exprimer leurs besoins. Il se peut qu'un thérapeute qui traite ce type de femmes pendant une période prolongée trouve de plus en plus difficile de leur résister. Le Dr Chesler cite les paroles de l'une d'elles: «Je pense qu'à la fin, il ne pouvait plus me résister davantage. J'exerçais une trop grande pression sur lui... Je préparais mon jeu depuis le début[18]...»

Il y a des cas où les relations sexuelles entre un thérapeute et sa cliente sont justifiées. Toutefois, nous croyons qu'elles le sont dans la mesure où le message est clair de part et d'autre. Le thérapeute devrait prendre la responsabilité d'admettre qu'il a des désirs sexuels et de les exprimer clairement dans *son propre* intérêt et non dans celui de sa cliente. Toute liaison prétexte à traitement est une véritable fumisterie sauf si le thérapeute est désireux d'aider également tous ses clients — hommes ou femmes, jeunes ou vieux — qui ont des problèmes sexuels et de mener leur traitement à bien.

Comment choisir et évaluer son psychothérapeute

La manière dont les patients décrivent souvent leur psychiatre révèle bien l'obsession de la «gentillesse» qui caractérise notre culture. On entend souvent un patient recommander un psychothérapeute à son ami dans ces termes: «Il est vraiment gentil. Je sais que tu l'aimeras. C'est un type supersensible, très doux et très bon».

Ce type traditionnel du thérapeute « gentil » provoquera chez vous des crises hostiles et libératrices à l'endroit de figures absentes : un père distant, une mère méchante, un employeur ou un professeur injuste, un conjoint qui vous rejette et un ami qui manque de compréhension. Le « gentil » thérapeute prendra votre parti contre eux, se fera votre allié. Grâce à son attitude, vous vous sentirez « compris » et votre état s'améliorera temporairement.

Cependant, vous passez à côté du problème clef qui est de savoir comment exprimer vos propres sentiments d'agressivité, comment les mobiliser dans le moment présent au sein de votre relation avec la personne qui se trouve en face de vous. Pour être efficace, votre thérapeute doit mettre un terme à vos divagations hostiles et interminables à propos de personnes absentes en établissant avec vous une relation de personne à personne qui vous aidera à exprimer clairement vos sentiments hostiles et affectueux face à lui.

Méfiez-vous du thérapeute toujours « gentil ». Sa gentillesse et son affection constantes inhibent votre agressivité. À cause de son comportement, vous vous sentez coupable et perturbé chaque fois que vous tentez de vous mettre en colère ouvertement contre lui ; vous faites une « réaction de transfert », vous explique-t-il. Il y a certainement quelque chose qui cloche chez vous pour que vous soyez en colère contre quelqu'un qui vous aime, vous comprend et vous accepte aussi totalement. En conséquence, votre thérapeute vous aidera probablement à fouiller votre histoire personnelle pour trouver les causes névrotiques qui expliqueraient votre colère à son égard.

Il existe certaines questions que vous devez vous poser afin d'évaluer votre thérapeute à cet égard :

1. Votre thérapeute cherche-t-il à vous embrouiller ? Vous fait-il des critiques ? Vous laisse-t-il voir clairement son ennui ou son

irritation? Partage-t-il ses frustrations avec vous et vous invite-t-il à faire de même?

2. Votre thérapeute est-il toujours affectueux, bon, indulgent et gentil et prend-il des gants avec vous? Si la réponse est oui, demandez-lui ce qu'il fait de son agressivité. Demandez-lui s'il vous trouve parfait au point de ne jamais se fâcher, s'ennuyer ou se sentir frustré avec vous.

3. Votre thérapeute se prend-il pour un dieu distant, détaché et dépourvu de sentiments humains? Demandez-lui pourquoi il a peur d'agir comme une vraie personne humaine avec vous. Méfiez-vous de la réponse naïve et traditionnelle, à savoir que, à titre de client, vous n'êtes là que pour une heure, et qu'on doit la passer à discuter exclusivement de vos sentiments. Vous n'êtes pas seul dans la pièce et l'autre personne, avec qui vous êtes en relation, éprouve elle aussi des sentiments. Pourquoi a-t-elle peur de les exprimer? La relation thérapeutique idéale est celle qui existe entre deux personnes qui expriment mutuellement leur réalité émotionnelle.

4. Vous sentez-vous libre de vous mettre en colère contre votre thérapeute? Que se passe-t-il alors? Vous sentez-vous coupable ou «malade»? Votre thérapeute vous laisse-t-il entendre que ces sentiments résultent exclusivement de *votre* problème, ou partage-t-il honnêtement avec vous ses propres sentiments négatifs en vous invitant à faire de même?

En général, notre type constructif de thérapeute n'a pas peur d'essuyer les foudres de ses clients, il se sent libre d'exprimer ses propres sentiments d'agressivité et ne laisse pas toujours entendre à son patient que ses manifestations d'agressivité sont dues à sa «maladie». En résumé, citons encore une fois le Dr Carl Whitaker, qui a très bien décrit le comportement d'un psychothérapeute qui emploie son agressivité de façon constructive[19] :

> Laissez-moi vous donner quelques caractéristiques propres à un thérapeute qui s'affirme ouvertement et exprime sainement son agressivité. Le thérapeute doit défendre son droit à l'individualité au sein du groupe : il a le droit de se conduire comme une personne humaine. Ce qui me réjouit le plus, c'est lorsqu'un nouveau patient vient me dire après la première entrevue de groupe : « Je trouve que vous avez été franchement méchant, vous n'avez pas fait attention à moi, vous avez agi comme si je n'existais pas, vous ne m'avez pas présenté aux autres, vous ne leur avez rien dit sur moi, vous êtes odieux. » Je prends cela comme un compliment. Si je dois m'occuper d'un groupe, je dis au tout début aux participants que je me conduirai comme une personne réelle au sein du groupe. Je ne suis pas leur père et ils ne sont pas mes enfants. Nous faisons une table ronde, et je n'ai pas l'intention de diriger le groupe. C'est ainsi qu'un thérapeute doit défendre son propre droit à être une personne comme les autres au sein du groupe. Je pense qu'il s'agit là d'une forme d'agressivité très saine. Une des autres formes de saine agressivité consiste à empêcher les membres du groupe de nourrir des idées stéréotypées à l'égard du thérapeute et ils sont souvent portés à le faire. Ils s'imaginent que vous avez atteint la maturité affective complète dans votre vie personnelle. Si le thérapeute le dit, cela doit être vrai. Il doit déborder d'affection envers tous ses patients et envers tout le monde à l'extérieur et il doit mener une vie calme et non perturbée. Il ne peut pas avoir de problèmes personnels et il doit faire des rêves très sains. « Ce doit être merveilleux d'être mariée à un psychiatre. » Ce à quoi ma femme répond : « Dis-leur qu'ils viennent me voir… »

Pourquoi exprimer ses sentiments agressifs? Ne suffit-il pas de laisser le patient exprimer les siens et de lui montrer notre affection? Notre intimité, notre tendresse, notre chaleur, notre attention envers lui ne lui suffisent-ils pas? Il est écrit dans la Bible que la critique ouverte vaut mieux que l'amour secret et que celui qui cache sa haine derrière un sourire est un fou!

Les « gentils » aliénants

I l existe une forme particulière et insidieuse d'agressivité indirecte qui consiste à détruire lentement l'équilibre affectif d'une personne. Nous la désignerons ici par «aliénation» d'après le verbe «aliéner» qui signifiait autrefois «rendre fou». Il est vraiment très épuisant de se trouver en relation étroite ou sous la dépendance d'un «aliénant». Au plan physique, cela équivaut à être comme une balle de tennis en mouvement perpétuel dans une situation incontrôlable. Sur le plan émotif, cela équivaut à être tour à tour séduit, bercé par un sentiment de sécurité et de confort et aimé, avec la menace constante de voir cet «amour» se transformer en haine rageuse parce qu'il ne repose plus sur rien.

Les principaux éléments d'une relation «aliénante» sont les suivants:

1. Une dépendance affective chez une des personnes impliquées dans la relation, qui la rend plus vulnérable.

2. Un pouvoir inégal.

3. Une rage et une rancœur intenses que les aliénants ressentent et expriment rarement de façon directe. Toutefois, les répercussions indirectes de ces sentiments sont si puissantes qu'elles contaminent constamment les relations interpersonnelles par des messages irréels et destructifs qui déforment la réalité.

4. Une relation traditionnelle sur le plan social, qui cache ces interactions aliénantes derrière un masque de bonnes intentions, de sollicitude, d'affection et d'amour.

Les interactions aliénantes existent entre parents et enfants, mari et femme, employeur et employé, et entre amis. Les plus destructives sont celles qui existent entre parent et enfant parce que l'enfant est encore plus dépendant, plus vulnérable et qu'il a moins de pouvoir dans ce type de relation à laquelle il ne peut échapper.

En milieu de travail, l'employeur aliénant, qui détient le pouvoir, devient le «papa» tandis que son employé agit envers lui comme un enfant dépendant.

Les parents qui établissent une relation aliénante avec leur enfant éprouvent inconsciemment une somme considérable de rage et d'animosité à l'égard de leur rôle et de leurs responsabilités parentales. Comme ils ont été fortement conditionnés à jouer le rôle de parents «bons» et «aimants», ces sentiments négatifs ne subsistent qu'au niveau de leur subconscient.

La mère aliénante

La mère aliénante se sent amère et frustrée parce qu'elle fait face à des responsabilités constantes et qu'elle se croit contrainte de se montrer affectueuse et de répondre aux besoins de son enfant totalement dépendant. Elle a, elle-même, encore nombre de besoins infantiles insatisfaits qui provoquent chez elle des sentiments de frustration et de rage. Cependant, elle ignore leur existence parce qu'elle a une conscience stricte et une forte tendance à se culpabiliser. En effet, se dit-elle, seules les « mauvaises » mères au tempérament destructeur éprouvent ce type de sentiments, mais non les « bonnes » mères comme elle. En conséquence, elle n'exprime jamais clairement ce nœud de frustration, de conflit et d'animosité qui se trouve en elle et contamine sans cesse ses relations avec son enfant. Elle entoure celui-ci d'une attention et d'un dévouement coupables puis soudainement et presque par hasard, elle pique une crise d'hostilité, de rage, de cafard ou d'angoisse et de préoccupations maladives. Ce comportement peut être déclenché par n'importe quelle action ou réaction de l'enfant.

La mère cache tous ses gestes derrière une façade de bonnes intentions maternelles. Elle est persuadée que sa conduite est motivée par l'amour qu'elle porte à l'enfant ou le bien qu'elle lui veut. Ses réactions imprévisibles et soudaines embrouillent et désorientent l'enfant et lui font un tort considérable. N'importe quel comportement, ou presque, de sa part peut déclencher chez elle une réaction d'affection ou de rage. L'enfant devient affectivement perturbé et, pour protéger son équilibre, il apprend à se détacher de sa mère, à se replier sur lui-même afin d'échapper à ses caprices.

Le père aliénant

Comme la mère aliénante, le père aliénant essaie consciemment d'être à la hauteur des attentes sociales face à son rôle. Cependant, son comportement entre constamment en conflit avec ses propres désirs sous-jacents de divertissement et son besoin de dépendance, de soins et d'attention. Lorsqu'il a décidé d'avoir un enfant, c'était pour plaire à la société, à ses parents et à sa femme. Il s'attendait à gagner l'amour, l'approbation, et les louanges des autres et à affirmer sa virilité, mais maintenant que l'enfant est là, il accapare tout l'amour et toute l'attention de sa mère tandis que lui, le père, passe au second plan. Non seulement l'enfant lui vole l'amour de sa femme, mais il l'empêche de satisfaire son propre besoin de mener une vie impulsive et orientée vers le plaisir. Désormais, il ne se sent plus libre de faire la cour aux jolies femmes qu'il rencontre tous les jours, d'aller prendre un verre avec ses copains, de faire du sport ou de servir ses propres intérêts. Lorsqu'il le fait, il est rongé par la culpabilité d'être un mauvais mari et un mauvais père qui fuit ses responsabilités envers sa femme et son enfant. C'est pourquoi il se force à remplir ses « devoirs » conjugaux et paternels.

Il veille à se montrer assidu, attentionné et affectueux. Il reste à la maison tous les soirs, change les couches de bébé et réconforte sa femme tout en ressentant une frustration de plus en plus grande. Son ressentiment caché s'infiltre continuellement dans ses relations avec sa famille et les contamine. Son comportement passe d'un extrême à l'autre. Un jour, il se sent proche de sa famille, il caresse le bébé et exprime son amour à sa femme. Le jour suivant, sans raison apparente, il est détaché, préoccupé ou maussade, ou encore il pique une crise de colère et d'ennui. Il se plonge alors dans son journal ou son courrier ou reste rivé au téléviseur. Ou encore, il broie du noir ou sort de ses gonds pour une peccadille comme un évier sale, une chaussette introuvable ou un repas légèrement en retard.

L'employeur aliénant

En milieu de travail, le comportement aliénant prend une forme légèrement différente. En apparence, l'employeur aliénant jouit de l'approbation sociale que lui vaut son poste supérieur. Toutefois, au fond de lui, il souffre des pressions et des responsabilités qui y sont inhérentes. Il essaie de jouer au « bon » patron, mais il doit pour cela réprimer son penchant autoritaire. En conséquence, l'atmosphère du bureau change constamment de façon soudaine et imprévisible : le patron est tout sourires une journée et replié sur lui-même le lendemain ; c'est un « brave type » un moment, mais il a des exigences excessives et impossibles à satisfaire l'instant d'après. Il perturbe ses employés auxquels il n'explique jamais clairement ce qu'il attend d'eux ou qu'il traite comme des enfants inutiles et stupides.

Ces aliénants, qu'ils se trouvent en milieu familial ou professionnel, sont persuadés que leurs motifs sont purs, altruistes et bien intentionnés. Toutefois, leur agressivité refoulée se manifeste de plusieurs façons :

1. Leurs réactions sont imprévisibles et soumises à de fortes fluctuations. Sans préavis et pour les raisons les plus insignifiantes, du moins apparemment, ils sont attentionnés, affectueux et tendres un moment pour se mettre à critiquer, à rejeter, à punir et même à insulter les autres l'instant d'après.

   Les parents aliénants couvrent leurs enfants d'affection, de cadeaux et d'attention une journée pour afficher une attitude maussade, renfermée et distante le lendemain. L'employeur aliénant encourage les relations insouciantes, amicales et ouvertes une journée, puis se met en colère le lendemain parce que le travail n'avance pas assez vite.

2. L'aliénant exige souvent une perfection ou un rendement tellement irréaliste qu'invariablement, la victime ne se sent pas à la hauteur et finit par avoir l'impression que rien ne peut satisfaire son bourreau. Les parents aliénants comparent défavorablement le comportement de leur enfant à celui des autres enfants tandis que l'employeur persuade son employé qu'il est

incompétent et incapable de répondre aux « modestes » demandes qui lui sont faites.

3. L'aliénant affiche souvent une attitude inquiète et surprotectrice qui l'incite, au nom de l'amour et de la sollicitude, à traiter sa victime comme un enfant incapable d'agir de façon indépendante. Son comportement empêche celle-ci de progresser, de se réaliser et de devenir autonome.

Le comportement aliénant résulte d'une forme de blocage affectif défensif que Freud a appelé « formation réactionnelle ». Au cours de ce processus, le sujet transforme ses sentiments d'agressivité, qu'il juge inacceptables, en sentiments opposés. C'est ainsi que l'exaspération se change en gentillesse et qu'un souhait de mort à l'endroit d'une autre personne se transforme en sollicitude inquiète pour sa santé et sa sécurité. Cette réaction de défense permet à l'aliénant de préserver son image de personne bienveillante et aimante.

C'est elle qui incite les parents à manifester un souci constant et exagéré pour le bien-être de leur enfant. Ils veulent tellement le protéger et agir à sa place qu'ils l'empêchent de développer sa personnalité. Ils craignent constamment pour lui un enlèvement, un accident d'automobile, un refroidissement, les mauvais traitements, les influences sociales néfastes et une insuffisance alimentaire. L'enfant apprend à considérer le monde comme un endroit terrifiant et rempli de dangers. Au nom de son bien-être, les parents détruisent leur enfant.

Une mère aliénante dont le fils de vingt-trois ans était hospitalisé pour schizophrénie lui apportait à chaque visite de la nourriture, des vêtements chauds et des médicaments en quantité suffisante pour toute la salle. Elle lui demandait avec sollicitude s'il dormait assez et lui rappelait de porter ses couvre-chaussures lorsqu'il pleuvait et de prendre ses vitamines. Elle le traitait comme un enfant de neuf ans.

De la même façon, l'employeur aliénant craint de déléguer ses responsabilités et son autorité. Sous prétexte de se rendre utile, il empêche ses employés de progresser et les rend de plus en plus dépendants et passifs.

Un employeur de ce type, directeur d'un bureau d'architecture, s'informait chaque jour de la santé de chacun de ses employés et faisait souvent allusion à la mine défaite de l'un d'eux. En se comportant ainsi, il les encourageait indirectement à donner un rendement minimal. Il tirait parti de cette situation qui renforçait sa domination et supprimait tout esprit de compétition chez les employés de niveau supérieur.

La relation aliénante entre adultes prend généralement une forme différente de la relation entre parents et enfants. Toutefois, ses répercussions sont aussi répressives et sadiques (bien que le sujet *n*'en soit *pas* conscient) et elles se cachent derrière une façade socialement acceptable. En milieu de travail, l'employeur aliénant fait des demandes vagues ou irréalistes à son employé et le blâme ensuite d'avoir mal compris ses directives. Un photographe, qui appelait son modèle pour l'informer du type de vêtements qu'elle devait porter pour un travail qu'ils devaient exécuter conjointement, lui demanda de porter «des vêtements idiots». Elle lui demanda ce qu'il entendait par là, ce à quoi il répondit avec impatience «Tu sais bien, des vêtements *idiots*» avant de raccrocher. Par «vêtements idiots», elle comprit vêtements folichons et se présenta devant lui le lendemain, ainsi vêtue. Lorsqu'il la vit, il devint livide. Quand il fut un peu calmé, elle découvrit que par «vêtements idiots», il avait voulu dire une petite robe toute simple.

En d'autres occasions, il arrive que l'employeur encourage son employé à prendre une décision autonome puis l'accuse peu après d'avoir été «impulsif» et «stupide» pour avoir pris une décision incorrecte ou différente de celle qu'il aurait prise lui-même. L'employeur aliénant, s'il est d'humeur débonnaire, créera autour de lui une atmosphère d'insouciance, de détente et de gaieté et jouera au «chic type» pour mieux exploser quelques jours plus tard sous prétexte que ses employés manquent de respect et de discipline et «exploitent sa gentillesse» et que le bureau a l'allure d'un «club social». Dans les deux cas, l'employé est perdant. Qu'il se conforme aux exigences de l'employeur ou qu'il passe outre, il est fautif.

Il existe souvent une relation aliénante entre époux, surtout si l'un des conjoints est plus dépendant et plus vulnérable ou qu'il craint davantage d'être rejeté ou abandonné par l'autre. La femme qui crie qu'elle sait ce que son mari pense *réellement* ou qui hurle «Parle! Réponds-moi!» alors que sa fureur rend toute conversation impossible, démontre un comportement aliénant. Il en est de même pour le mari qui ne précise pas à sa femme ses désirs et ses attentes et qui s'emporte contre elle parce qu'elle n'a pas «deviné» son désir de voir telle ou telle tâche exécutée à un certain moment et d'une certaine manière. Le conjoint aliénant déclare son amour et son attachement une minute, puis affiche une froideur ou un détachement soudain lorsque son conjoint répond à son message et demande un peu de tendresse.

Une image socialement acceptable

Au fond, il se peut que l'aliénant veuille réellement être un dictateur absolu ou qu'il n'aime pas les responsabilités parce qu'il préfère qu'on s'occupe de lui plutôt que de s'occuper des autres. Les époux aliénants n'acceptent pas vraiment les contraintes du mariage et n'aiment pas être traités sur un pied d'égalité. Toutefois, ils se conforment à une image socialement acceptable et jouent le rôle de femme aimante et de mari empressé. Cependant, leur colère profonde et réprimée contamine sans arrêt leur relation et perturbe leur conjoint.

Voilà un autre aspect critique de ces relations aliénantes, qui résulte indirectement du fait qu'il n'est pas convenable dans notre société de clamer son autorité ou son besoin de dépendance et d'en jouir. Nous avons été conditionnés à avoir honte de nos désirs d'autorité et de domination ou de nos besoins de passivité et de dépendance. De nos jours, même les parents se sentent coupables de l'autorité dont ils jouissent envers leurs enfants et ils essaient, en conséquence, de les traiter comme des adultes ou des égaux. L'homme politique ambitieux illustre bien ce fait. Il sait qu'il doit cacher sa soif de pouvoir derrière des discours ampoulés sur le bien-être des citoyens et démontrer ses préoccupations sociales. On conditionne les individus à réprimer leurs besoins de dépendance et d'attention parce qu'il est mal vu de les exprimer ouvertement. Bien des hommes se sentent mal à l'aise ou embarrassés lorsqu'on veut les aimer ou en prendre soin, et aujourd'hui, beaucoup de femmes ressentent le besoin constant d'affirmer leur indépendance.

Ces tabous culturels à l'égard de l'autorité et de la dépendance créent des interactions aliénantes. Une personne puissante agit de façon aliénante lorsqu'elle parle d'égalité et d'humilité pour donner soudain dans l'arbitraire et l'autoritarisme. De même, la personne dépendante assure qu'elle n'a besoin de rien puis devient frustrée et courroucée parce qu'on ne s'occupe pas d'elle comme elle le voudrait. Elle émet dans ces cas, des messages équivoques d'amour et de haine, de tendresse et de rage.

Les interactions aliénantes sont particulièrement difficiles à reconnaître parce qu'elles entraînent des comportements en apparence sanctionnés en tous points par la société. En surface, les aliénants sont attentionnés, responsables, dévoués, justes, etc. Leurs voisins, leurs collègues et leurs amis les décriraient sans doute comme des personnes consciencieuses et bonnes. C'est là l'aspect le plus insidieux du comportement aliénant. Il cache une violente agressivité derrière un masque de bonnes intentions et de respectabilité, ce qui le rend impossible à déceler et encore plus difficile à affronter et à bloquer. Les dommages sont faits par l'intermédiaire de contraintes et de manipulations subtiles au nom de l'affection, de la sollicitude et des bonnes intentions.

Les relations aliénantes sont aussi particulièrement difficiles à mettre en lumière ou à modifier parce que les victimes ont tendance à être de connivence avec leurs aliénants. On peut se rendre soi-même fou en se condamnant à un isolement excessif, mais on ne peut rendre folle une autre personne sans sa pleine collaboration, même si celle-ci est inconsciente et non souhaitée. Bien qu'une relation aliénante soit très destructive pour la victime, qui devient de plus en plus détachée, instable et dépendante et qui souffre d'une angoisse chronique pouvant aller jusqu'à la dépression, celle-ci a tendance à s'y accrocher parce qu'elle se méprise et se croit médiocre. En outre, elle considère souvent cette relation comme critique et vitale. Ainsi, les jeunes gens dans les hôpitaux psychiatriques déclarent souvent avec vigueur que leurs parents étaient bons et aimants et qu'ils n'ont rien à voir avec leur folie. Ceux qui travaillent avec un employeur aliénant se convainquent fréquemment que celui-ci est bienveillant et aimant en dépit de ses quelques «défauts» mineurs. Les victimes apprennent à craindre et à se sentir écrasées par le monde extérieur «cruel et malfaisant», et leur relation aliénante, aussi destructive soit-elle, leur semble plus sécurisante que le monde «réel» et inconnu. Cette situation est comparable à celle des prisonniers libérés qui récidivent afin de retourner en prison où ils se sentent en sécurité et où l'on s'occupe d'eux; ou à celle des patients psychiatriques qui font de grands progrès puis se mettent à régresser à mesure que le moment de leur sortie approche.

Une relation prolongée avec un aliénant est épuisante tant physiquement qu'affectivement. Au contraire d'une relation vivifiante dans laquelle les deux parties expriment sainement leur agressivité, la relation aliénante est caractérisée par les fluctuations chroniques, l'imprévisibilité, la manipulation, les messages équivoques et les contraintes. Seule la dépression nerveuse, la maladie ou une crise violente peut aider la victime à s'en sortir. Même lors de brèves rencontres avec un aliénant, il peut arriver qu'une personne éprouve le désir de fuir, ressente de la fatigue ou le besoin de fumer ou de boire de l'alcool, ait mal à la tête ou s'endorme. Ce sont là des indications qu'elle a une conscience subliminale des messages empoisonnés qu'émet le « gentil » aliénant.

Deuxième partie

Une société
un peu moins « gentille »

CHAPITRE 6

Une société aisément terrorisée

C'est l'indignation et la colère qui nous ont poussés à écrire le présent ouvrage. Ces sentiments nous sont inspirés par le climat socio-affectif de notre époque où il devient de plus en plus dangereux de vaquer à ses activités quotidiennes ou de s'adonner à des plaisirs simples. Faire une promenade dans le parc ou dans les rues, laisser son appartement pour quelques jours de congé, faire l'amour toute une nuit ou dormir sur la plage, prendre l'avion, faire monter un autostoppeur pour rendre service, sortir seul le soir, laisser ses effets sans surveillance pendant un moment dans un endroit public, porter les bijoux auxquels on tient, se déguiser pour le mardi gras lorsqu'on est enfant, voilà quelques-uns seulement des plaisirs personnels ordinaires dont on ne peut plus profiter sans s'assurer d'abord une protection soigneuse. Le citoyen sensé a appris à prendre toutes ses précautions.

On peut voir partout des preuves de la méfiance et de la peur croissantes des gens face à leur milieu. Une famille, par exemple, habite un appartement dans une grande ville. La porte d'en avant a trois serrures, une chaîne de sûreté et un judas. On ne laisse entrer personne sans l'identifier d'abord à travers le judas. Un berger allemand dressé à attaquer les étrangers aboie méchamment à chaque bruit inhabituel. Cette famille ne sort jamais sans allumer ou sans laisser la radio ouverte pour simuler une présence dans l'appartement. Lorsqu'ils prévoient s'absenter pendant un week-end, ils donnent au concierge un petit pourboire pour qu'il surveille de plus près leur appartement. Bien qu'ils portent les cheveux longs et qu'ils soient plutôt pacifistes, leurs deux fils, âgés de douze et quatorze ans, ont appris à ne jamais parler aux étrangers et à toujours avoir une petite somme en poche pour apaiser la cupidité des voleurs éventuels. Le père, la mère et leurs deux fils prennent des cours d'autodéfense non pour leur plaisir ou leur forme physique, mais pour leur protection.

Est-il paranoïaque d'être paranoïaque ?

Cette famille ne fait pas exception. Partout dans les grandes villes, les citadins posent d'horribles grilles de métal devant leurs fenêtres et épient le monde à travers le judas de la porte principale. Les dispositifs de protection contre le vol et les chiens de garde dressés à attaquer se vendent en quantités énormes, à des prix exceptionnels. La police encourage les gens à marquer leurs effets d'un numéro d'identité secret grâce auquel ils pourront les récupérer au poste après un vol. Le karaté et les autres arts martiaux ont connu une popularité croissante au cours des dix dernières années. Ces formes d'autodéfense presque inconnues autrefois dans le monde occidental sont maintenant monnaie courante.

Ce climat de « paranoïa » qui prévaut pourrait bien n'avoir rien à voir du tout avec la paranoïa. Celle-ci, au sens psychiatrique du terme, se caractérise par une distorsion de la réalité. Or, la peur que nous éprouvons aujourd'hui face aux autres a un fondement relativement réel.

Aux États-Unis par exemple, plus de cent millions d'armes à feu appartiennent à des particuliers, et plus de la moitié des foyers en possèdent au moins une. Le taux d'homicides au moyen d'armes à feu aux États-Unis est plus de deux cents fois plus élevé que celui de la plupart des grands pays. Ainsi, à Tokyo, ville la plus peuplée du monde, seulement trois homicides avec arme à feu ont été commis en 1970. Cette même année, à New York, ville dont la population équivaut aux trois quarts seulement de celle de Tokyo, plus de cinq cents personnes ont été tuées avec une arme à feu.

Dans les villes américaines, l'homicide est devenu si courant et si impersonnel qu'il n'attire même plus l'attention, sauf si la victime est connue. De nos jours, on s'intéresse davantage aux massacres de plusieurs personnes ou d'une famille entière.

Une femme dans la trentaine avancée, mère de trois enfants, fut recommandée à un psychothérapeute parce qu'elle était à bout de nerfs. Cette femme légèrement obèse et très jolie avait l'air extrêmement inquiète. Elle avait été une enfant confiante, indépendante et intrépide, mais maintenant elle avait peur de tout. « Je ne fais plus confiance à personne. Je vérifie sans arrêt les fenêtres et je suis mon mari sur les talons. J'ai peur de promener le chien le soir. Tout le monde autour de moi semble si froid et si inhumain. »

Un psychothérapeute qui traite une personne habitant dans une grande ville, parce qu'elle éprouve de l'angoisse chronique, qu'elle se méfie de tout le monde et qu'elle se sent menacée, doit établir son diagnostic avec beaucoup de prudence. Il doit d'abord délimiter clairement dans quelle mesure ces sentiments constituent une réaction saine et normale aux réalités traumatisantes de notre société plutôt que des symptômes de troubles affectifs.

En fait, il se peut qu'une attitude «paranoïaque» à l'égard de son milieu soit de plus en plus normale et conforme à la réalité. De plus en plus, les attitudes ouvertes et confiantes sont jugées naïves, infantiles et autodestructrices, car elles sont trop souvent sources de souffrance et de déception. Il n'est pas surprenant que l'allure cynique et dégagée soit devenue la seule attitude valable et qu'elle soit même admirée dans les divers contextes sociaux. Bien qu'on fasse souvent l'éloge de la valeur et des joies de l'honnêteté et de la communication franche, la personne brillante et évoluée dans notre société est habituellement celle qui a appris à dissimuler son jeu, à cacher ses sentiments et ses motivations réels et à afficher une attitude défensive et réservée.

Nos attitudes puristes et naïves

Il n'entre *pas* dans nos intentions toutefois de nous lancer dans une diatribe contre le climat socio-affectif du monde actuel. Cet état de fait ne constitue même pas notre préoccupation principale et il n'est pas non plus l'objet de notre colère. Celle-ci vise plutôt la situation incroyable que nous vivons où, même la violence effrénée et l'atmosphère de méfiance et d'aliénation qui existent dans notre société n'ont pas transformé notre attitude puriste, moraliste et naïve face au phénomène de l'agressivité. Exprimer son agressivité en extériorisant sa colère, en manifestant franchement son ressentiment à l'égard d'autrui ou en s'opposant honnêtement à lui, est encore considéré comme un comportement au mieux embarrassant, de mauvais goût ou impoli et au pire, grossier, inconvenant, inacceptable et même «insensé».

Quiconque se livre à ces manifestations d'agressivité au cours d'une soirée ou d'une rencontre sociale est, à coup sûr, frappé d'ostracisme. Seules les conversations où les interlocuteurs se montrent «aimables», «gentils», «polis» et témoignent de l'intérêt sont tenues pour convenables. Il n'est pas étonnant que tant de gens trouvent les activités sociales de plus en plus ennuyeuses, factices et insupportables. L'absence d'agressivité, dimension importante des interactions sociales, les rend monotones, émotionnellement vides et irréelles. En conséquence, ceux qui y participent s'abrutissent invariablement dans l'alcool et la nourriture.

Les types de personnes dont on recherche la compagnie et les adjectifs qu'on leur accole sont très révélateurs de la crainte et du dédain qui existent dans notre société à l'endroit de l'expression franche de l'agressivité dans les relations personnelles :

1. «Elle ne se fâche jamais.»
2. «Il ne ferait pas de mal à une mouche.»
3. «Il est doux comme un agneau.»
4. «Quel couple formidable! Jamais de dispute ou de querelle.»
5. «C'est une perle! Il ferait n'importe quoi pour vous.»
6. «Jamais une critique ne sort de sa bouche.»
7. «Pas un mot plus haut que l'autre.»

Dans tous ces exemples, les qualités louées et admirées caractérisent un comportement non agressif.

Les exutoires de l'agressivité

Nombre d'institutions dans notre société fournissent des exutoires pour l'énergie humaine agressive refoulée. Les hommes politiques détournent une agressivité justifiée sur des «ennemis» désignés comme cibles; les médias véhiculent des idées violentes par l'intermédiaire de films, de programmes de télévision et de livres. La violence se trouve même au programme de beaucoup de concerts «pop» pour les jeunes. Les sports professionnels qui mettent en scène la plus grande brutalité gagnent en popularité sur les autres. Les journaux qui dénombrent les victimes de la guerre ou de la route ou qui impriment à la une des récits de meurtres violents s'assurent un tirage fantastique.

À notre avis, cette exploitation rentable d'exutoires impersonnels et anonymes pour l'agressivité reste possible surtout parce qu'il est inconvenant dans notre société d'exprimer ouvertement son agressivité face à autrui. D'une part, nous vivons dans une époque de violence sociale intense et insensée et d'autre part, il est mal vu d'exprimer même les émotions agressives les plus simples.

Cette mentalité a donné lieu à un système particulier de deux poids deux mesures : il est «bien» d'apprécier la cruauté et la brutalité de façon anonyme et indirecte, mais il est «mal» d'extérioriser sa colère au sein d'une relation personnelle.

De tout temps, on a eu recours à une gamme infinie de mécanismes pour arriver à maîtriser ses impulsions agressives. On a essayé de les faire disparaître par la prière, le vœu ou le jeu. Plus récemment, on s'est tourné vers la psychanalyse et la méditation. Certains ont essayé de les noyer dans l'alcool ou dans la drogue. *Mais ces émotions semblent ne pas vouloir disparaître !* Nous ne réussissons qu'à les donner en pâture à l'exploitation sociale. L'accroissement de la violence et de la brutalité dans notre société prouve que les tentatives traditionnelles pour canaliser l'agressivité n'ont pas donné de résultats satisfaisants ; nous estimons qu'il faut élaborer une nouvelle éthique concernant l'agressivité.

Une définition de l'agressivité

L'agressivité et ses diverses manifestations suscitent une grande crainte chez la plupart des individus qui l'associent à l'hostilité gratuite, insensée et nocive. Cette horrible définition de l'agressivité, qui déforme une manifestation possiblement constructive, reste profondément enracinée dans l'esprit de la plupart des gens.

Dans le présent ouvrage, le terme «agressivité» se rapportera à toute une panoplie de comportements, notamment: l'expression verbale directe de la colère, du ressentiment et de la rage; l'affirmation de soi; la confrontation directe et franche; la tendance à aller au-devant des autres et à provoquer les situations plutôt que de les approcher passivement; l'expression et la résolution des conflits; l'expression franche de ses désirs personnels de pouvoir; la protection de l'identité; l'affirmation de soi «négative», c'est-à-dire la capacité de dire «non» avec l'aisance et la franchise avec laquelle nous avons appris à dire «oui»; les manifestations physiques inoffensives. Nous sommes persuadés que l'énergie agressive peut ajouter une dimension essentielle à notre existence. Exprimée de façon constructive, elle peut intensifier la profondeur et l'authenticité de nos relations et de nos expériences personnelles et interpersonnelles.

Il est dommage que l'éthique traditionnelle nous ait empêchés de l'extérioriser et même d'en tirer parti. La répression commence lorsque les parents défendent à l'enfant d'élever la voix, de répliquer, de discuter, de crier ou de s'opposer. En bloquant et en inhibant leur agressivité au sein de leurs relations interpersonnelles, qu'elles soient passagères ou intimes, les individus s'engagent dans un échange malhonnête et non conforme à la réalité. C'est comme s'ils se disaient: «Feins d'ignorer l'existence de mes impulsions et de mes sentiments agressifs et je ferai de même pour toi.» Cette hypocrisie mutuelle, largement inconsciente, détruit alors la capacité de chacun de définir ou de maîtriser cette réalité importante en soi et d'en admettre l'existence chez autrui. Voilà pourquoi les individus de notre société sont si aisément terrorisés: ils craignent la confrontation directe et les autres manifestations agressives, ils éprouvent une difficulté nettement plus grande à faire la différence entre les vrais et les faux dangers de notre société. Les manipulateurs peuvent cacher leurs intentions derrière un sourire, une flatterie ou des manières amicales, ils sont pratiquement sûrs que personne ne les mettra au défi ou ne démasquera leurs intentions. C'est à cause de cette inaptitude à évaluer le potentiel agressif des autres que les individus sont «choqués» et «surpris» d'apprendre qu'un garçon ou une fille «aimable», «tranquille» et «serviable» du quartier a commis un meurtre de sang-froid. Cependant, il est encore plus troublant et plus pénible de voir l'élément considérable de fragilité qui s'introduit dans nos relations même les plus intimes lorsque nous refoulons notre agressivité. Il n'est pas rare dans notre société de voir une personne proche se transformer soudain en étranger. Le père se sent comme un étranger face à son fils avec lequel il est incapable de communiquer. Deux sœurs se retournent l'une contre l'autre. Des collègues, qui éprouvaient de l'affection l'un pour l'autre hier, se tournent le dos aujourd'hui parce que l'un d'eux a commis un impair. Après des années de vie conjugale, maris et femmes deviennent souvent des ennemis mortels «à cause» d'une petite crise.

Les sentiments agressifs qui ont été refoulés dans le cours normal d'une relation réapparaissent tout à coup sous des formes indirectes, intenses et incontrôlables. Des relations supposément «harmonieuses» tournent soudain au vinaigre à mesure que ressortent la rancœur et l'hostilité accumulées depuis longtemps.

Le refoulement de l'agressivité produit en outre une atmosphère d'aliénation qui, selon nous, est réellement une forme partielle de protection contre sa propre agressivité et contre celle d'autrui. Nombre de sociologues attribuent l'aliénation à l'avancement de la technologie, à notre société malade ou à la nature compétitive du capitalisme. Toutefois, on néglige une cause importante: la peur et l'inaptitude des individus à créer des relations authentiques et constructives, que tout être humain sainement agressif devrait naturellement pouvoir établir.

Au cours des années, nous avons remarqué qu'il existait trois façons distinctes d'éviter les confrontations directes. La première façon, et de loin la plus répandue, consiste à rechercher une consolation et une satisfaction personnelle dans les biens de consommation impersonnels qu'offre la société. On se drogue ou s'enivre, on regarde la télévision pendant des heures, on écoute la chaîne stéréophonique ou on cherche une évasion dans son automobile. La deuxième façon consiste à afficher un cynisme total dans ses relations avec les autres. Ceux-ci deviennent alors des objets dont on se sert pour sa gratification immédiate et qu'on laisse tomber lorsqu'ils sont devenus inutiles. On voit les autres en fonction des « services » immédiats qu'ils peuvent nous fournir. La troisième façon consiste à porter un masque de désespoir : les humains deviennent des créatures méprisables, et la vie devient laide et déprimante. Cette attitude de « détachement » mène droit au négativisme, à la dépression nerveuse et au suicide.

Nous devons à tout prix adopter une nouvelle façon de comprendre l'agressivité et d'y faire face, sinon une atmosphère encore plus cruelle et plus aliénante fera place au climat actuel. Nous devons avant tout reconnaître les effets destructeurs d'une agressivité refoulée et élaborer une nouvelle éthique pour remplacer les principes irréalistes et impossibles à respecter que nous avions établis dans le passé. Cette nouvelle éthique doit faire plus que libérer l'agressivité. Elle doit fournir des procédés, des méthodes, une orientation et une démarche permettant de comprendre et d'intégrer ce phénomène. Elle devra aussi servir à sensibiliser les individus aux nombreuses manifestations d'agressivité cachées et indirectes auxquelles ils se livrent chaque jour et dont ils sont aussi victimes.

Ainsi, bien des enfants schizophrènes ont été élevés par des mères apparemment «idéales». Or les recherches ont prouvé que ces mères n'étaient pas du tout conscientes de leurs impulsions agressives et destructrices. Elles éprouvaient, sans le vouloir, une rage et une rancœur qui détruisaient leur enfant, mais elles étaient sûres que leurs motifs et leurs sentiments étaient purs et bien intentionnés. Il importe que nous prenions conscience des nombreuses expressions indirectes d'agressivité qui se manifestent inévitablement chez tous les membres de notre société «agressophobe» afin de nous protéger contre l'hostilité destructrice et l'agressivité masquée qui sont devenues courantes de nos jours.

Une formation à l'agressivité créatrice

À travers notre expérience en psychothérapie, nous avons établi un cadre de référence théorique ainsi qu'un programme de formation à l'agressivité. Nous voulons, par l'intermédiaire de cette formation, poser les jalons d'une éthique réaliste de l'agressivité. Notre approche de l'agressivité, dont nous énonçons les principes dans le présent ouvrage, la représente comme une «bête féroce» qu'on peut apprivoiser et dont on peut utiliser l'énergie pour le bien-être des personnes et de la société. Nous sommes d'avis que la crainte qu'ont toujours nourrie les hommes face à l'agressivité découle d'une forme faussée de cette source d'énergie humaine potentiellement constructive.

Au cours des dernières années, nous avons assisté à la naissance de nouvelles formes de psychothérapie étonnantes, capables de transformer radicalement le comportement d'une personne en libérant ses impulsions agressives. Il aurait été impossible auparavant de provoquer des changements aussi radicaux. On a fait une découverte encore plus passionnante : en partageant ouvertement leurs sentiments agressifs, et en particulier leur colère, les gens s'épanouissent plus rapidement et ils établissent des relations inter-personnelles plus profondes et plus étroites. Les participants à nos sessions de formation à l'agressivité, qui apprennent à extérioriser ces sentiments de façon constructive dans leur milieu familial et professionnel, s'aperçoivent qu'ils atteignent un niveau de développement personnel étonnant. Ils découvrent en outre qu'ils peuvent exprimer ces sentiments sans se sentir coupables, sans blesser autrui inutilement et avec beaucoup de chaleur et d'humanité.

Une société qui réprime l'agressivité interpersonnelle de ses membres est aisément terrorisée. Lorsqu'un individu n'exprime pas ouvertement son agressivité face aux autres, il finit par ressentir une attirance perverse pour les comportements violents et par se sentir poussé indirectement ou directement à en adopter, que ce soit dans la rue, à la guerre, à la maison ou, par substitution, à tra-vers les médias d'information. Il cherche des cibles de remplace-ment sous forme de boucs émissaires, de stéréotypes, et d'ennemis politiques approuvés pour déverser son énergie agressive refoulée. Nous vivons dans un climat paranoïaque parce que nous projetons notre agressivité refoulée sur les autres, qui nous paraissent alors plus dangereux qu'ils ne le sont en réalité. Nos vies et nos relations personnelles deviennent aussi vulnérables, car nous ne sommes pas capables d'évaluer ou de maîtriser les conséquences de notre con-duite, pas plus que nous pouvons lire avec précision les messages émotionnels des autres.

De tout temps, la sexualité et l'agressivité ont été les deux sources principales de refoulement et de problèmes affectifs et interperson-nels chez l'homme occidental. La libération sexuelle est mainte-nant passablement engagée: la répression a considérablement diminué. Il subsiste toutefois une frontière psychologique que nous devons dépasser: celle de l'agressivité. Les tentatives pour libérer cette énergie se heurteront sans doute à une résistance plus grande encore que celle qui a entravé la révolution sexuelle. Car on associe l'agressivité à la souffrance tandis que la sexualité fait penser au plaisir.

Le choix que doit faire la société devient clair toutefois. Ou bien les gens commencent à courir le risque d'admettre qu'ils ont des impulsions agressives et apprennent à utiliser leur énergie de façon constructive, ou bien ils continuent à nier leur existence et à confier à d'autres la responsabilité de désigner des cibles et des exutoires sanctionnés par la société; dans ce cas, le climat de terreur et de paranoïa qui règne actuellement continuera de s'intensifier.

CHAPITRE 7

Les meurtriers « gentils »

« Les gens passent trop de temps à regarder la lune et
pas assez à faire l'amour. »

CHARLES MANSON (extrait du magazine *Life*, 19 décembre 1969).

Ceux qui les connaissaient personnellement ont décrit en termes très élogieux la personnalité de nombre de meurtriers dont les massacres ont fait la manchette des journaux. Leurs amis et leurs voisins ont utilisé des expressions comme « un bon gars », « un homme paisible et calme », « le chouchou de la classe », « un père exemplaire », « un bon chrétien », « une personne sensible et bien élevée », « respectueux envers ses aînés ».

Lors de la préparation du présent chapitre, nous avons passé au peigne fin de nombreux comptes rendus et entrevues sur les amis et les proches des tueurs de masses. La plupart d'entre eux étaient loin de soupçonner que le meurtrier allait commettre un acte violent, qu'il était perturbé ou qu'il pouvait seulement commettre un crime. Tous sans exception sont restés bouche bée devant le fait accompli. Certains d'entre eux étaient convaincus que la police avait appréhendé la mauvaise personne. D'autres cherchaient dans la vie récente du meurtrier ce qui «avait bien pu aller de travers» afin de prouver que «ce comportement n'était pas conforme à son caractère» et que le meurtrier n'était «pas lui-même» au moment du crime. Il est remarquable de voir précisément dans quelle mesure les amis et les proches du meurtrier associent un comportement «paisible» et «poli» à l'innocence. Leurs idées sur la personnalité du meurtrier ou sur le crime semblaient sortir tout droit des vieux films où le criminel est toujours le «méchant», une brute hargneuse, hostile et mal embouchée.

Cette idée fixe concernant les individus et les comportements violents pourrait bien s'expliquer ainsi : elle est très rassurante. Elle permet de croire que les meurtriers sont une race à part ; qu'ils sont différents des autres et aisément reconnaissables parce qu'ils sont tous des «chiens enragés» hostiles et agressifs. Les éléments que nous avons glanés tout au long de notre étude et de nos recherches psychologiques laissent croire que, plus souvent qu'autrement, c'est le contraire qui est vrai. Ainsi, le Dr Edwin I. Megargee, psychologue, qui a étudié de façon approfondie ce type de comportement, soutient qu'«un cas après l'autre, le criminel extrêmement violent est une personne plutôt passive n'ayant jamais commis une agression auparavant[1].» Il décrit plus en détail ces individus violents comme des personnes considérablement inhibées qui n'expriment *jamais* leur agressivité et qui n'extériorisent jamais, ou rarement, leur colère, peu importe la violence de la provocation qu'ils subissent. Ils refoulent plutôt leur ressentiment et font preuve d'une grande «maîtrise de soi». D'après nos données, non seulement les meurtriers ont un comportement très «civilisé» mais encore ils sont souvent le modèle même du stéréotype favori des personnes « gentilles » et « bien élevées ». Ils sont polis, tranquilles, sensibles et en apparence aimables.

Il est intéressant de noter que le gros de la population, qui ne connaissait les meurtriers qu'à travers les comptes rendus des journaux et les reportages télévisés, a réagi à l'opposé des amis et des proches de ceux-ci. Ils les tenaient réellement pour des « enragés », des brutes horriblement corrompues qu'on devait mettre à mort ou emprisonner à vie pour la sécurité du public. Dans leur esprit, les meurtriers sont automatiquement des objets de répulsion, des symboles de haine et des bêtes qui n'ont rien d'humain. Ni les proches des meurtriers ni le public en général n'étaient capables de les considérer comme des personnes entières. Les premiers se fiaient à l'image superficielle que donnait le meurtrier tandis que les seconds voyaient seulement sa violence, mais non les caractéristiques humaines qu'il avait en commun avec eux. Car, en réalité, le meurtrier n'est qu'un individu qui se conforme à l'extrême à l'éthique courante selon laquelle il faut garder pour soi ses sentiments agressifs. Il a une grande maîtrise de lui-même et refoule son agressivité comme nous, mais peut-être un peu plus que nous. Un jour, le couvercle de la marmite saute, et il adopte une conduite destructive. Contrairement à l'opinion publique, toutefois, les meurtriers n'agissent pas impulsivement et sans préméditation, et leur conduite n'est pas « étrangère à leur caractère ». En effet, comme l'affirme le Dr Megargee, et notre expérience clinique nous l'a prouvé, ces individus « calmes et renfermés » sont constamment préoccupés par des idées violentes.

Meurtres dans une banque

« Un représentant de la valeur et de la dignité de notre collège et de notre petite ville. »

Cela se passait dans la matinée du 4 juin 1967. Une voiture verte se gara près de la banque nationale. L'homme qui en sortit, Duane Pope, portait un complet sombre, une chemise blanche et une cravate rayée. Le chef de police, qui n'avait pas reconnu cet étranger, le prit pour un vérificateur parce qu'il était bien vêtu et portait une petite valise.

Duane s'approcha du bureau du directeur de la banque et demanda des renseignements sur les prêts agricoles. Lorsque le directeur lui répondit que la banque n'accordait pas cette sorte de prêt, Duane sortit un revolver de sa valise et le pointa calmement sur le directeur. Les caissiers commencèrent à vider leur tiroir-caisse et versèrent 1 598 $ dans la valise de Duane.

Duane ordonna à tout le monde de se coucher à plat ventre sur le plancher. Puis, avec un revolver Sturm-Ruger de calibre .22 muni d'un silencieux, il tua le directeur millionnaire âgé de soixante-dix-sept ans, son neveu de vingt ans, une veuve de trente-cinq ans, mère de deux garçons, et un caissier de cinquante-cinq ans. Il tira deux balles sur chacun d'eux; une dans le cou et une dans le dos pour atteindre le cœur. Trois d'entre eux moururent sur le coup mais le neveu survécut parce que le projectile avait manqué son cœur de peu. Duane prit l'argent, se dirigea vers la porte et souhaita poliment le bonjour à un fermier qui entrait. Moins de trente-six heures après le massacre, la police connaissait le meurtrier. C'était un garçon de ferme timide et souriant qui avait terminé ses études collégiales cinq jours plus tôt.

Les citoyens de sa ville natale étaient incrédules. Tous se souvenaient de Duane comme d'un jeune homme aimable et tranquille qui avait payé ses études en balayant les salles de cours et en transportant les déchets. Il était assistant capitaine de l'équipe de football de la classe terminale et «apparemment, il n'avait pas de problème». C'était une personne que le collège et la communauté voyaient comme le « représentant de la valeur et de la dignité du collège et de la ville ».

Le capitaine, qui avait été son compagnon de chambre pendant trois ans et demi, était persuadé que la police avait fait une erreur. « Il y a plusieurs Duane et ils ont dû se tromper. » Un autre de ses compagnons de chambre se rappelait qu'une nuit où il étudiait avec Duane, il avait vu une araignée sur le plancher. « Tue-la Duane, elle avance dans ta direction. » Duane n'avait pas voulu la tuer. « Et la sale bête est allée droit sous lui. » Duane n'aimait pas tuer. Il avait l'habitude de se tenir au milieu de la chambre et de frapper les mouches avec un aviron, mais seulement pour les étourdir, pas pour les tuer.

Duane était le quatrième d'une famille de neuf enfants. S'il tranchait sur les autres quand il était plus jeune, c'est seulement parce qu'il se conduisait mieux que la plupart des garçons de ferme. Un de ses professeurs se rappelait qu'il « y avait des garçons méchants qui cherchaient toujours la bagarre. Mais pas Duane. C'était un des meilleurs ».

Dans l'annuaire de son école secondaire, Duane apparaît comme le président de la classe terminale et membre du conseil étudiant. Il est photographié à titre de capitaine de l'équipe de basketball, la jolie « reine » de l'année à son bras. « Vous voulez savoir ce qu'on pensait de Duane dans sa ville natale ? » demanda un de ses anciens compagnons de chambre. « Ils souhaitaient tous que leurs enfants lui ressemblent. »

Son compagnon de chambre était le seul à savoir que Duane pouvait ressentir de la colère. Au collège, Duane cachait son ressentiment derrière son masque souriant de garçon de ferme. Il n'était pas capable de faire autrement. « Il ne se révoltait jamais contre qui ou quoi que ce soit. »

Duane manifestait aussi de stricts principes moraux au collège. Il ne touchait pas au vin italien que son compagnon de chambre fabriquait et qu'il refilait en douce aux autres étudiants. Il se déshabillait toujours face au mur et tenait à se ceindre les reins d'une serviette plutôt que de marcher nu dans sa chambre.

La nuit après le massacre, Duane prit place au bar d'une boîte de nuit et se vanta auprès du propriétaire qu'il pouvait chanter et faire un spectacle de rodéo. Il chanta et dansa avec une serveuse du bar. Lorsque quelqu'un raconta cela à son entraîneur de football, celui-ci répliqua : « Duane danser et chanter ? C'est impossible ! Ne m'en dites pas plus. Plus j'en entends et plus je suis confus. »

L'avocat de la défense allégua une perte de raison temporaire, ce dont se gaussa le procureur. « C'est un gars calme, froid, réfléchi et bien équilibré. Il comprenait tout ce qui se passait et m'a regardé droit dans les yeux. Non, ce ne sont pas des meurtres qu'il a commis, mais des exécutions[2]. »

Un tireur d'embuscade

« Un bon gars. »

Charles Whitman était scout à l'âge de douze ans. Il avait été en outre servant de messe et membre de l'équipe sportive de sa paroisse. De plus, c'était le camelot qui avait le plus long itinéraire en ville. Un voisin se souvient que Charles était « un gentil petit garçon, devenu un bel homme… la taille élancée, les épaules larges et les cheveux coupés courts ».

Plus tard, Charles devint soldat dans la marine, fit ses études d'architecture et épousa une jolie jeune fille. Il cumulait en outre les fonctions de chef scout. Le père d'un de ses protégés se rappelle que « l'année dernière (soit un an avant le massacre), son fils pleurait parce que Charles devait s'en aller ».

Au cours de l'été 1966, Charles sortit de l'observatoire de la tour de calcaire de vingt-sept étages de l'université. Il avait déjà tué sa mère et sa femme. Il visa à travers la lunette de sa carabine semi-automatique de calibre .30 et fit feu. Il tira encore et encore. Quand il s'arrêta, il avait tué quatorze personnes et en avait blessé trente, sans compter sa mère et sa femme.

Lorsqu'on descendit son cadavre de la tour, ses amis n'en crurent pas leurs yeux. Un garçon svelte et sérieux, qui avait suivi des cours avec Charles, le décrivit comme « un bon gars », grand, fort, de belle apparence, un travailleur acharné dont on appréciait la compagnie et la conversation. Il avait obtenu les plus hautes notes l'automne précédent et sa moyenne était presque aussi élevée au printemps. Il avait un bon sens civique, se faisait un plaisir d'aider ses camarades de classe, admirait ses professeurs et n'avait pas d'ennemis.

Même son psychiatre à l'université, que Charles avait consulté à la demande de sa femme avec laquelle il avait été violent à plusieurs occasions, a dit de Charles qu'il semblait être un « homme bien ordinaire ». Il reconnut que Charles « suait l'hostilité par tous ses pores » à travers les fantasmes qu'il lui avait décrits, mais qu'il ne s'était pas inquiété outre mesure lorsque Charles lui avait confié, quatre mois plus tôt, qu'il était hanté par l'idée de monter en haut de la tour avec une carabine et de tuer tout le monde. Selon le psychiatre il s'agissait là d'un fantasme très répandu parmi les étudiants du campus.

Même son père, pour qui Charles avait avoué sa haine mortelle devant ses amis, ne pouvait admettre que Charles le détestait. Il aurait dit : « Charles me haïr ? Pourquoi ? Je l'ai vu il y a à peine deux semaines et il m'a dit qu'il m'aimait. »

Charles cachait sa vraie personnalité derrière un visage heureux, une bonne nature et une grande chaleur. Des tas de gens l'aimaient, et lorsqu'on descendit son corps de la tour, un de ses amis fit la remarque suivante: «Ce n'est pas le Charles que je connais. Lorsqu'il est monté là-haut, c'était déjà quelqu'un d'autre[3].»

Terreur à La Nouvelle-Orléans

«Un gentil garçon tranquille.»

Sa petite amie de dix-sept ans déclara: «Tout ce que je peux dire, c'est que ce n'est pas lui. Il est trop gentil. Si je l'avais vu faire, je ne l'aurais pas cru.»

Et pourtant Mark a tenu la ville dans la terreur pendant des heures, embusqué sur le toit d'un hôtel. Avant que son corps ne soit finalement criblé de balles, il avait déjà tué au moins six personnes et en avait blessé neuf, dont sept policiers. Mark était aussi lié à deux autres meurtres de policiers qui avaient été commis au début de l'année.

Certains attribuèrent sa conduite à sa haine des Blancs. Toutefois, ses proches ne lui connaissaient pas de sentiments racistes. De dire sa petite amie: «Il n'en a jamais soufflé mot. Il agissait de la même façon avec eux qu'avec tout le monde. Je ne l'ai jamais entendu parler contre les Blancs ou prendre parti pour les gens de couleur.» Un de ses copains affirma que «Mark était un gars comme les autres. Nous ne parlions jamais de politique lorsque nous discutions.»

À l'âge de vingt-trois ans, après avoir quitté la marine, Mark avait participé à un programme de perfectionnement financé par le gouvernement; il apprenait à réparer les machines distributrices. Le directeur du projet déclara que «Mark était probablement le meilleur stagiaire.» Tant ses instructeurs que ses camarades le décrivirent comme un «homme aux manières douces». Il ne fraternisait pourtant guère avec eux et s'asseyait seul à l'heure du déjeuner pour revoir ses notes.

Les habitants de sa ville natale le tenaient pour un « gars gentil et tranquille », « l'enfant moyen », « le genre de gars qui ne touchait pas à la drogue ou à des trucs comme ça », « un bon chrétien », « un gars comme les autres ».

Le curé de la paroisse avait senti que la marine avait changé quelque chose chez Mark, mais il fit son éloge en disant « Je suis convaincu que Mark était près de Jésus. Il ne se contentait pas de dire ses prières de façon machinale ; il les mettait vraiment en pratique lorsqu'il fréquentait cette église ».

Le commentaire le plus significatif nous vient de sa petite amie : « Quelquefois, je lui parlais, il n'écoutait pas et me priait de répéter. Il était tellement tranquille. Je lui disais : "Mark, dis quelque chose." Il me regardait en souriant et répondait : "Qu'est-ce que tu veux que je dise[4] ?" »

Meurtres en série

« Un père exemplaire et un bon chrétien. »

Juan Corona était un embaucheur agricole taciturne. Il pratiquait sa religion d'une manière obsessionnelle. Il disait le rosaire tous les soirs avec sa famille et allait à la messe trois fois par semaine. Il avait mérité récemment un trophée pour la décoration d'un char destiné à la procession annuelle en l'honneur de la Vierge. Marié et père de deux filles, il était membre actif d'un groupe appelé « Cursillistas » qui essayait de raviver la religion parmi les Chicanos (Américains de descendance mexicaine).

En janvier 1973, il fut accusé d'avoir massacré au moins vingt-cinq travailleurs itinérants qu'il avait recrutés parmi les ivrognes des quartiers mal famés de la ville. Il les avait poignardés au visage et à la poitrine à l'aide d'une lourde machette. À son lieu de travail et dans sa camionnette, la police avait trouvé un arsenal composé de deux couteaux de chasse, deux couteaux de boucher, une hache à double tranchant, un bâton de golf taché de sang, des balles de revolver et une machette. Les crimes n'avaient pas été commis par un homme devenu fou furieux tout à coup. Juan avait agi de façon systématique pendant une période de deux mois.

Le curé de la paroisse, qui connaissait Juan depuis six ans, en parlait comme d'un père exemplaire et un bon chrétien». Sa femme déclara : « Il était un bon mari. Il nous traitait bien, sans violence. Un si bon mari ou un si bon père n'aurait jamais fait une chose pareille. » Son frère affirma que « Juan lisait la Bible et écrivait tout le temps. » Il avait l'habitude d'aller s'asseoir au bar de son frère le soir, mais il ne buvait pas. « Il restait assis en silence et regardait tout le monde[5]. »

Charles « Tex » Watson : L'homme de main de Manson

Charles Watson fut reconnu coupable des principaux meurtres dans l'affaire Sharon Tate. Selon les témoins, il s'était annoncé ainsi : « Je suis le diable et je viens pour tuer. » Ce qu'il fit en effet. Il tua l'ami du gardien de la propriété, âgé de dix-huit ans. Il poignarda Sharon Tate qui criait « Laisse-moi avoir le bébé. » Il tua aussi Thomas John et, après avoir ordonné à Susan Atkins de poignarder Wojciek Frykowski, Watson le frappa à la tête avec le canon d'un revolver, lui tira une balle, le poignarda et lui donna un coup de pied sur la tête alors qu'il agonisait.

Les photographies de Watson prises au collège montrent un adolescent typique, aux traits enfantins, un jeune homme costaud et bien portant, un champion au football, au basketball et un athlète accompli. « Tex » récoltait les meilleures notes. Il fréquentait régulièrement l'église qui se trouvait près de la petite épicerie de son frère et il lui arrivait de diriger le service de la chaire du prédicateur.

À l'école, il était de toutes les activités. Il rédigeait la chronique sportive du journal. Il avait été nommé l'étudiant le plus populaire de sa classe. Il était membre du club espagnol, dirigeait les manifestations d'enthousiasme, jouait dans une pièce de théâtre, avait gagné un prix pour une pièce qu'il avait écrite ainsi qu'une distinction académique et il était membre d'un club social, d'une association de fermiers et du mouvement scout.

Il faisait la joie et la fierté de sa mère qu'il avait appelée en août pour lui annoncer sa joie d'avoir rencontré un « Jésus du nom de Manson[6] ».

Meurtres de sang-froid

« Un homme paisible et attaché à sa famille. »

C'était le 23 octobre 1967. Leo Held, père de quatre enfants et membre actif du mouvement scout, terrorisa deux groupes de personnes en tirant comme un fou pendant quatre-vingt-dix minutes au cours desquelles il tua six personnes et en blessa six autres avant d'être abattu dans la cour de sa maison.

Ce lundi-là, il se présenta à l'usine de pâte à papier où il travaillait et ouvrit soudainement le feu avec deux revolvers sur ses collègues de travail ; ses victimes « crurent qu'il blaguait jusqu'à ce qu'elles le vissent tirer ». Après avoir tué un certain nombre d'entre elles, y compris une femme qui était membre du même club automobile que lui, Leo revint chez lui et refit le plein de munitions en dévalisant son voisin de 27 ans qu'il tua dans son sommeil.

Les proches, les amis, les voisins et les collègues de Leo furent abasourdis. Ils étaient incapables d'expliquer son comportement. Son beau-frère, qui occupait un poste de direction dans une banque, le décrivit comme un « homme paisible et attaché à sa famille ». Le curé, qui avait œuvré auprès de Leo dans le mouvement scout, déclara : « Il m'est toujours apparu comme un citoyen bien équilibré et intègre, qui faisait face aux mêmes problèmes que nous tous, sans plus. C'était un bon père et un époux dévoué[7]. »

Les leçons à tirer de ces faits

Les faits précités sont très révélateurs des attitudes de notre culture face à l'agressivité et de sa perception de la violence. En réalité, les meurtriers que nous avons décrits ne représentent qu'une petite poignée de personnes qui font quotidiennement les manchettes et dont la violence soudaine a stupéfait leur famille et leurs amis. Dans une société technologiquement avancée, cette réaction d'étonnement de la part de ces derniers reflète de façon inquiétante la naïveté profonde de la plupart des individus face à l'agressivité. Tant que la société se bercera de l'illusion d'un monde dépourvu d'hostilité et préférera croire que la colère et l'agressivité n'existent pas sauf si elles sont exprimées ouvertement, elle sera frappée d'étonnement comme le sont leurs proches devant le comportement des meurtriers. Les individus prennent trop facilement le comportement socialisé d'une personne pour le miroir de ses sentiments intérieurs.

Bien que nous ne croyons pas qu'il faille toujours associer la « gentillesse » à la violence potentielle, nous voulons détruire le stéréotype selon lequel la gentillesse part nécessairement de sentiments authentiques et qu'elle est toujours souhaitable. Non seulement elle ne constitue pas une assurance contre la violence, mais c'est peut-être le pire comportement qu'une société, où règne la violence, doit encourager. En effet, le « gentil » meurtrier profite des tabous et des angoisses qu'entretient la société face à l'extériorisation de la colère et de la notion irréelle que ces principes engendrent, à savoir que l'innocence est synonyme de tranquillité, de politesse, de gentillesse et de manières douces et sensibles. Nous croyons qu'une personne qui n'exprime que des sentiments positifs n'est pas sincère et qu'elle se protège *contre* sa propre colère. Si elle extériorisait son agressivité, il serait au moins possible d'y faire face, ce qui n'est pas le cas lorsqu'elle la refoule et la cache derrière une façade de gentillesse. Une société convaincue que l'agressivité est le fait exclusif de certaines personnes dont il faut se protéger, s'expose à connaître des tragédies inattendues et très destructrices. Certains pays vivent dans la terreur pendant des années à cause de maniaques dont l'identité surprend toujours lorsqu'ils sont enfin capturés. Il ne fait aucun doute que si ces meurtriers réussissent à passer inaperçus pendant des années, c'est parce qu'ils ont intégré à leur comportement tous les symboles de la « gentillesse ».

Un remède préventif

Les explosions de violence inattendues chez des personnes soi-disant « gentilles » ont atteint des proportions significatives. Bien que nous ayons tendance à nier que cela puisse *nous* arriver ou arriver *autour* de nous, la violence est omniprésente dans notre vie quotidienne. Nous, auteurs, en jetons directement le blâme sur la dévotion pathologique que porte notre société à la discrétion et aux conventions sociales en vertu desquelles il est « gentil » et « sociable » de ne jamais s'opposer ouvertement à ceux que nous côtoyons, de ne jamais poser de questions sur leur vie privée ou de se fâcher contre eux à moins d'y être expressément invités. Ce respect excessif de la discrétion est un terrain propice pour les personnes potentiellement violentes qui cachent leurs sentiments derrière des sourires et des manières polies. Car celles-ci sont souvent des personnes solitaires et renfermées qui jouissent de l'anonymat et qui savent que nul ne mettra à jour leurs véritables sentiments ni ne s'opposera à elles tant qu'elles présenteront un masque aimable.

Nous sommes profondément convaincus qu'on ne peut pas établir une relation fondée sur la confiance et la sécurité avec une autre personne tant qu'on ne sait pas comment cette dernière manifeste son agressivité, et particulièrement sa colère, sa frustration et son ressentiment. Il faut se méfier surtout des personnes toujours gentilles, souriantes et essentiellement passives, parce qu'elles ne se comportent pas comme des êtres humains réels. Nous sommes beaucoup plus en sécurité avec quelqu'un qui se plaint ouvertement du chien de son voisin, qui crie après lui ou même qui lui donne des coups de pied lorsqu'il est particulièrement détestable: les risques qu'il l'empoisonne secrètement pendant la nuit sont beaucoup plus minces. De même, nous estimons qu'une personne qui se plaint ouvertement et qui s'oppose à nous est plus réelle et plus digne de confiance qu'une autre qui feint de tout accepter.

La première étape que doit franchir notre société pour se protéger contre la violence soudaine et imprévisible consiste à modifier sa définition traditionnelle de la «personne sociable». Dans notre société, une personne «sociable» est toujours aimable; elle ne s'immisce pas dans les affaires d'autrui, ne parle pas d'elle-même, respecte les conventions et on peut toujours prévoir son comportement éternellement gentil. Nous proposons un nouveau modèle de personne sociable, plus sûr pour la société: c'est une personne qui exprimera ses sentiments négatifs et ses frustrations, qui saura critiquer tout comme complimenter autrui et s'opposer à lui, qui fera connaître ses sentiments véritables et qui incitera les autres à révéler librement leurs sentiments tant négatifs que positifs.

En réalité, une société «agressophobe» qui incite ses membres à refouler leurs sentiments négatifs est plus susceptible de subir les explosions de violence bizarres qui font maintenant partie de notre culture. Pour supprimer ce phénomène, chacun devra abolir sa peur d'établir des relations profondes avec autrui et rejeter ses principes et son culte fanatique de la discrétion, de la gentillesse et des relations superficielles.

La société sera beaucoup moins vulnérable lorsqu'elle admettra qu'il est normal pour une personne d'accumuler de la colère et de l'hostilité et d'expulser ces sentiments de façon constructive. Plutôt que d'admirer celui qui a appris à réprimer ou à cacher ces sentiments derrière un masque de non-agressivité, la société favorisera ceux qui osent les exprimer et qui cherchent les moyens de le faire de façon positive.

Chapitre 8

L'agressivité cachée à la maison et au travail

L a nature de l'agressivité est telle que bien qu'on évite tout conflit ouvert en la refoulant, elle entraîne une forme d'interaction humaine confuse, destructrice et fausse. À la longue, si les deux parties continuent d'éviter inconsciemment toute manifestation d'agressivité, la relation devient profondément contaminée et perd beaucoup de sa spontanéité, de son attrait et de sa sincérité.

Les anecdotes suivantes illustrent bien les répercussions que l'agressivité cachée a sur autrui. Dans chaque cas, une personne en blesse une autre indirectement sous le couvert de l'amour ou de la gentillesse. Comme aucune des deux n'est consciente de l'agressivité que cache le comportement de l'autre, elles sont incapables de maîtriser la situation qui en résulte. L'hostilité cachée n'est visible qu'à travers les souffrances ultimes occasionnées par des paroles ou des actes bien intentionnés.

1. Le docteur informa Roger qu'il devait perdre quinze kilos, sinon il risquait fort de faire une crise cardiaque. Le jour de son anniversaire, cinq semaines après qu'il eut commencé de suivre un régime grâce auquel il avait perdu six kilos, sa femme l'invita à dîner à leur restaurant italien préféré. Roger commanda une salade et sa femme, des raviolis et une pizza. Elle s'arrangea pour n'en manger qu'une petite portion, puis elle dit à Roger qui lorgnait du côté de son assiette : « Vas-y, mon chéri, finis ma part. Après tout, c'est ton anniversaire ! Tu reprendras ton régime demain. Tu l'as tellement bien suivi ces derniers temps, tu mérites bien une petite récompense. » Roger, qui voulait bien croire que sa femme avait raison, mangea les raviolis, ce qui déséquilibra son régime ; il mit deux bonnes semaines avant de perdre du poids.

2. Sylvie et André étaient en train de faire l'amour. André qui dernièrement avait éprouvé des difficultés à rester en érection, était très excité, et son pénis était très dur. Sa femme en fut si heureuse qu'elle s'exclama : « André, comme c'est excitant ! Tu es merveilleux, tout ce que j'espère, c'est que tu pourras garder cette belle érection cette fois-ci ! » Le pénis d'André redevint flasque.

3. Catherine, une diplômée de vingt-quatre ans, timide, vivait chez ses parents, ne sortait jamais et effectuait un servile travail de comptabilité, qui ne rendait pas justice à ses capacités intellectuelles. Un soir où Catherine lisait un article sur la psychologie, elle mentionna incidemment qu'elle pensait avoir besoin d'une aide psychologique. Son père leva les yeux de son journal et dit d'une voix affectueuse et réconfortante : « Tu n'as vraiment pas besoin de ces foutaises, ma chérie. Tu tardes un peu à t'épanouir, mais ton temps viendra. De plus, il est très

difficile de trouver un psychothérapeute compétent et digne de confiance. La fille d'une amie de ta mère est allée en voir un et, crois-le ou non, il a essayé de la violer. »

4. Claude et Annie devaient partir pour une excursion de pêche la semaine suivante. Claude n'avait pas eu de vacances depuis plus d'un an et se faisait une fête de ces deux semaines de pêche. Annie détestait en secret la pêche, mais elle ne voulait pas gâcher les projets de Claude. Elle simula donc un enthousiasme débordant afin de lui prouver son affection. Deux jours avant le départ, elle fit une chute dans la cuisine et se cassa la rotule. L'excursion dut être complètement annulée.

5. Le propriétaire d'une série d'immeubles d'appartements, un homme inconstant et revêche, faisait face à des difficultés financières parce qu'une grande partie de ses locataires payaient régulièrement leur loyer en retard. Il informa les gérants de ses immeubles qu'à partir de ce jour, ils devaient envoyer des avis d'expulsion aux locataires qui ne réglaient pas leur loyer à temps.

Un des gérants, qui pensait bien connaître son patron, décida de le défendre contre lui-même. À son avis, le propriétaire n'avait pas vraiment l'intention d'expulser les locataires; il piquait simplement une crise de mauvaise humeur. En outre, s'il exerçait lui-même une pression de la sorte sur les locataires à ce moment-là, il en insulterait un grand nombre qui partiraient. Il ne fit donc rien et falsifia les comptes afin de couvrir les retardataires. Il continua ainsi pendant huit mois jusqu'à ce qu'un jour, le ministère du Revenu décide de vérifier ses livres et de porter une accusation contre le propriétaire à cause des comptes falsifiés. Certains locataires furent très étonnés lorsqu'ils reçurent une note d'expulsion sans préavis.

6. Laurent travaillait pour une chaîne importante de magasins de chaussures depuis huit ans. Selon lui, il était un des vendeurs les meilleurs et les plus travailleurs.

Lorsque le poste de gérant devint vacant à la succursale où Laurent était employé, on le confia, à son détriment, à un nouveau venu au sein de la compagnie. Laurent s'en plaignit amèrement auprès de sa femme qui, à son insu, téléphona au vice-président pour l'engueuler et l'accuser, lui et sa compagnie, d'être « des salauds et des ingrats ». Peu après, Laurent reçut un avis de congédiement.

La femme de Roger, Sylvie, le père de Catherine, Annie, le gérant d'immeubles et la femme de Laurent ont tous cru agir pour des motifs affectueux et positifs. Dans chaque cas, toutefois, le résultat de leur conduite « gentille » et attentionnée fut néfaste. Roger a été détourné de son régime. Nous pouvons supposer qu'inconsciemment, sa femme se sentait menacée par le régime de son mari. C'est en le nourrissant qu'elle lui prouvait son amour et sa valeur en tant qu'épouse. Son régime lui donnait l'impression d'avoir perdu une grande part de sa domination sur lui.

André perdit son érection lorsque Sylvie commença de s'en extasier. Nous pouvons avancer sans crainte l'hypothèse que la réaction joyeuse de Sylvie cachait un besoin de garder André impuissant. De la sorte, elle pouvait continuer à se dire qu'elle avait une grande ardeur amoureuse et que tous les problèmes sexuels venaient d'André. En outre, l'impuissance de celui-ci donnait à Sylvie un avantage affectif sur lui, ce qui était très valorisant pour elle à un niveau inconscient.

Le père de Catherine la découragea de consulter un psychothérapeute après qu'elle se fut péniblement rendu compte que quelque chose clochait dans sa vie et qu'elle avait besoin d'aide. Il agit ainsi parce qu'il éprouvait le besoin inconscient de garder Catherine sous sa dépendance et qu'il se sentait menacé par son désir de changer et de s'épanouir.

Claude n'effectua jamais l'excursion de pêche tant attendue. Annie, qui ne voulait pas manifester son ressentiment à l'égard de ce voyage parce qu'elle voulait prouver à Claude son affection, l'en empêcha finalement par un accident autodestructeur. Ainsi, elle n'eut pas à se sentir responsable de la déception de Claude, ce qui eut été le cas si elle avait mentionné qu'elle ne voulait pas y aller.

Le gérant de l'immeuble crut qu'il agissait dans l'intérêt du propriétaire. Or, en voulant le «défendre contre lui-même», il ne réussit qu'à le mettre dans de beaux draps. Inconsciemment, il souffrait depuis longtemps des manières autoritaires et arbitraires de son patron. Il provoqua donc «sans le vouloir» une situation où il pouvait exercer son autorité tout en nuisant indirectement à son patron. Non seulement ce dernier souffrit du geste «bien intentionné» de son gérant, mais en outre plusieurs locataires qui n'avaient jamais eu vent de la situation furent expulsés.

Enfin, l'indignation justifiée de la femme de Laurent et son désir conscient d'être une épouse affectueuse et aidante entraînèrent le congédiement de son mari. En téléphonant au vice-président, elle laissait entendre qu'elle voyait réellement son mari comme un faible, incapable de défendre ses propres droits. En venant à son aide, elle le mit dans une position de faiblesse et prit le haut du pavé au sein de la relation. Son mari était maintenant sans emploi et elle pouvait se tenir à ses côtés solide comme un roc pour l'aider à traverser les moments difficiles.

Dans chaque cas, une des deux personnes a exprimé son agressivité de façon indirecte et socialement acceptable et a évité tout conflit ouvert. Aucun de ces agresseurs qui s'ignorent n'aurait pu être pris en faute par un observateur de l'extérieur. Cependant, leurs motivations agressives inconscientes continueront de ressortir sous des formes cachées, de contaminer leur relation et même de la détruire.

C'est avec les meilleures intentions que la femme de Roger le pousse vers une crise cardiaque prématurée. L'impuissance d'André, confirmée par un nouvel échec, s'aggravera. Indubitablement, il se sentira de plus en plus médiocre et coupable et il souffrira de ne pas être capable de satisfaire les besoins sexuels de sa femme « aimante ». Le père de Catherine continuera de saboter ses efforts pour s'épanouir et devenir indépendante jusqu'à ce qu'elle devienne angoissée et renfermée au point d'être de moins en moins capable de travailler et de sombrer dans la dépression nerveuse. Claude et Annie continueront de jouer au « couple idéal », attentionné et compréhensif jusqu'à ce qu'une crise les force à constater leur manque total de communication et d'intimité véritables. Le propriétaire des immeubles aura des embarras avec le ministère du Revenu et encourra des dépenses inutiles ; en outre, il perdra toute confiance à l'endroit de ses employés. Les locataires expulsés souffriront eux aussi du geste du gérant. La femme de Laurent peut maintenant consoler son époux et le dominer pendant la crise pénible qui minera sans doute sa confiance en lui.

Depuis l'enfance, comme nous l'avons expliqué en détail au chapitre concernant les parents « gentils », le processus de socialisation renforce la tendance des individus à refouler leur agressivité. C'est ainsi que les enfants deviennent des agresseurs qui s'ignorent. Comme on ne leur permet pas d'exprimer ouvertement leurs sentiments agressifs, sauf dans certaines circonstances particulières, ils apprennent à les exprimer à travers la manipulation, la résistance passive et une foule de façons indirectes. Au nom des conventions sociales et de la politesse, on sabote toute communication authentique. Lorsqu'il parvient à l'adolescence, puis à l'âge adulte, l'enfant a appris depuis longtemps à refouler ses impulsions et ses sentiments agressifs et à les manifester sous des formes indirectes et socialement acceptables. Pas plus que sa victime, il n'a désormais conscience de ses motivations agressives profondes.

Les masques de l'hostilité

Nous avons choisi certaines des formes d'hostilité les plus prédominantes dans notre société qui, toutes, se manifestent de façon inconsciente et automatique. L'agresseur qui s'ignore n'a pas conscience des intentions que cache son comportement. Il y a agression lorsque le comportement d'une personne a des conséquences nocives ou blessantes pour la victime. Celle-ci, toutefois, est incapable de reconnaître l'hostilité que son agresseur cache sous des intentions en apparence nobles et bienveillantes.

Nous sommes convaincus de l'importance de définir clairement ces formes d'agressivité afin qu'il soit plus facile de les reconnaître. En fin de compte, il incombe à la victime de démasquer son agresseur en lui montrant la souffrance qu'il lui inflige au nom de l'«amitié». À titre de suggestion, nous avons assorti nos descriptions et nos exemples de conseils destinés à aider les victimes à se protéger contre toute agression cachée. Toutefois, nous ne sous-estimons pas la subtilité des interactions qu'elle entraîne, ni la difficulté à la combattre avec succès.

La collusion

Le père qui, par bonté de cœur, donne à son fils de vingt-neuf ans de l'argent pour qu'il s'achète des boissons alcoolisées et qu'il reste à la maison, est un agresseur qui s'ignore. Il renforce la résistance de son fils à devenir autonome et à assurer sa subsistance. Dans la même veine, l'employeur qui offre à sa secrétaire obèse une boîte de ses chocolats favoris pour son anniversaire est un agresseur qui s'ignore. Il maintient son habitude autodestructrice de trop manger. La mère qui laisse son portefeuille ouvert à la portée de sa fille droguée, se fait complice du comportement autodestructeur de celle-ci. Les «chic types» du comité du personnel universitaire enseignant qui louent sans arrêt les aptitudes d'un jeune professeur stagiaire sans le pousser à publier ses idées, s'associent à sa mollesse et à son apparente ignorance du fait que son poste dépend de ses publications autant sinon plus que de ses talents de professeur. Enfin, la secrétaire d'un service de publications techniques qui corrige en secret les grossières erreurs de terminologie d'un rédacteur novice porté sur la boisson, lui épargnant ainsi temporairement des critiques, encourage son comportement autodestructeur.

Un exemple extrême de collusion nous est fourni par un collègue qui eut à traiter ce cas pendant son internat dans une clinique psychiatrique publique. L'agression cachée était si manifeste que c'en était presque incroyable; et pourtant, la patiente ne voyait pas l'hostilité qui dictait sa conduite. C'était une femme de quarante-trois ans, mariée et mère d'une fille de dix-neuf ans. Elle venait à la clinique chercher une aide pour son mari, qui, selon ses dires, avait eu un comportement étrange ces derniers temps. En effet, il s'était montré tour à tour renfermé et violent. Il apparut, au fil des consultations, que le mari avait eu des relations sexuelles avec leur fille lorsqu'elle avait douze ans. Celle-ci en avait informé sa mère qui avait dénoncé son mari aux autorités. On l'enferma pendant cinq ans dans un hôpital psychiatrique pour criminels. Pendant ce temps, la patiente et sa fille se mirent à pratiquer le nudisme dans un club de la région. Lorsque le père sortit de l'hôpital, la mère l'incita à participer à leurs activités nudistes. Elle se comportait comme si rien ne s'était passé entre son mari et sa fille.

Il est évident, même aux yeux d'un observateur non initié, que la femme encourageait inconsciemment son mari à récidiver. En outre, comme elle était elle-même frigide et très moraliste, elle se servait des troubles émotifs et mentaux de son mari pour éviter d'avoir des relations sexuelles avec lui. Dans son for intérieur, elle aurait bien voulu qu'il disparaisse de sa vie, mais ses principes moraux l'empêchaient de le reconnaître. Au lieu de cela, elle le provoquait inconsciemment dans l'espoir qu'il se conduise de façon à être de nouveau enfermé.

Il existe d'autres formes de collusion moins profondément enracinées ou plus évidentes. Elles sont présentes dans la vie de tous les jours de la plupart des individus et portent le masque de la politesse, comme l'illustre l'exemple suivant: les Ferrier, qui sont Noirs, avaient invité les Desjardins, des Blancs, dont ils étaient les nouveaux voisins. Madame Ferrier avait préparé des mets typiquement noirs parce qu'elle pensait que les Desjardins seraient heureux d'y goûter. Ces derniers qui, en tant que Juifs, ne mangeaient que de la nourriture «casher», eurent du mal à finir leur assiette. Cependant, comme ils ne voulaient pas offenser leurs nouveaux voisins, ils firent semblant de se délecter et louèrent les talents de cordon-bleu de leur hôtesse. Au cours du repas, les Desjardins, qui cherchaient des sujets de conversation communs, exprimèrent leur admiration pour les défenseurs des Noirs, comme Martin Luther King dont on montrait alors la vie en feuilletons à la télévision. Les Ferrier, qui voulaient être considérés comme des êtres humains et non comme des symboles de la race noire, détestaient qu'on les stéréotype ainsi, mais ils simulèrent beaucoup d'intérêt et d'enthousiasme en retour. À la fin de la soirée, qui leur parut longue, les deux couples échangèrent des politesses et exprimèrent le désir de se rencontrer de nouveau. Ce qu'ils ne firent jamais, bien entendu.

Une jeune et talentueuse actrice, qui jouait dans les messages publicitaires télévisés, devait passer une audition avec sept autres compagnes devant figurer comme les femmes d'Henri VIII pour un message publicitaire important présentant des soupes en conserve. Elle se prépara du mieux qu'elle put, se vêtit d'une élégante robe victorienne et acheta une perruque très coûteuse. Le directeur des auditions vit tout de suite qu'elle avait les traits trop délicats pour le rôle ; mais comme il l'aimait bien et qu'il ne voulait pas la blesser, il lui dit : « Tu es parfaite et vraiment très belle ! Je t'aime beaucoup ! »

L'actrice rentra chez elle transportée de joie et convaincue d'avoir décroché le rôle. Elle ressentit beaucoup d'amertume et de frustration lorsque le directeur ne lui donna pas de nouvelles. Plus tard, elle refusa de passer une autre audition avec le même directeur.

Si les Desjardins et les Ferrier avaient risqué de paraître impolis, ils auraient peut-être jeté les bases d'une véritable relation. Cependant, pour éviter de paraître déplaisants, les deux couples se sont comportés d'une manière factice, détruisant ainsi toute possibilité d'établir une relation authentique. Cela, au nom de la politesse. De même, le directeur de publicité, en refusant d'être franc avec l'actrice, anéantit pour l'avenir tout espoir d'association professionnelle fondée sur la confiance.

Comment se protéger de la collusion

Les formes les plus inconscientes de collusion satisfont habituellement les deux partis impliqués, ce qui rend cette sorte d'agressivité d'autant plus difficile à combattre. En offrant des chocolats à sa secrétaire obèse, l'employeur se fait plaisir autant qu'à elle, du moins temporairement. C'est donc au destinataire ou à la victime (dans ce cas, la secrétaire) blessée au nom de « l'amitié », qu'incombe la responsabilité de refuser le présent. Son refus peut choquer le donateur, mais il peut aussi signifier le début d'une interaction honnête.

Les Ferrier et les Desjardins auraient pu s'affirmer avec modération et diplomatie en disant : « Nous avons une réserve à formuler à propos de cette soirée et nous aimerions que vous exprimiez les vôtres en retour.» Ainsi, les Ferrier auraient pu dire: «Nous avons l'impression que vous nous prenez pour des symboles noirs, et non comme des vraies personnes. Comme notre relation nous tient à cœur, nous insistons pour que vous nous traitiez uniquement comme des personnes.» Cette sorte de provocation comporte certains risques et suscite un peu d'angoisse. Toutefois, elle peut libérer des sentiments étouffés et permettre qu'une interaction ennuyeuse et fausse se transforme en relation dynamique.

Si le directeur de publicité avait simplement dit: «Je t'aime beaucoup et j'apprécie les efforts que tu as faits. Je souhaite travailler avec toi dans l'avenir, mais ton visage est trop délicat pour ce rôle-ci», il n'aurait pas rompu toute communication avec l'actrice et aurait préservé intacte leur relation pour le futur.

Les tyrans malades

Plutôt que de s'affirmer ouvertement et de faire preuve d'autorité, les tyrans malades se servent de leur maladie et de leurs malaises pour arriver à leurs fins. Ils émettent la sorte de message suivant, chargé d'agressivité cachée: «Comment pouvez-vous me parler ainsi, à moi qui ai mal à la tête? Vous allez aggraver mon état et je serai de nouveau malade.» Ou encore «Est-ce que vous voulez ma mort?»

Les malades ont réellement besoin d'attentions particulières. Toutefois, le tyran invalide qui est toujours ou malade ou en convalescence ou sur le point d'être souffrant de nouveau *se sert* de ses malaises pour manipuler les autres, les dominer et les culpabiliser. Un ancien patient d'un des auteurs vivait encore chez sa mère à l'âge de trente-deux ans sous prétexte qu'elle avait le cœur malade et qu'elle risquait de faire une crise cardiaque s'il la quittait. La mère utilisait sa faiblesse cardiaque pour dominer son fils.

Les tyrans malades semblent ne jamais se rétablir tout à fait. Ils ont besoin de leurs malaises pour dominer leurs relations avec autrui. Même lorsqu'ils se sentent bien, ils laissent indirectement entendre qu'ils craignent une rechute. Enfants, ils ont dû refouler profondément leur agressivité face à des parents extrêmement autoritaires qui les empêchaient de s'affirmer, d'extérioriser leur colère ou de rétorquer. Ils n'avaient aucune autorité, ni même un semblant de pouvoir. Par contre, lorsqu'ils tombaient malades, ils devenaient tout à coup importants; ils acquéraient une certaine autorité sur leurs parents qui étaient aux petits soins avec eux. Par la maladie, ils ont appris à exprimer leur agressivité sans s'attirer de réprimandes. Adultes, ils continuent le même jeu pour culpabiliser leurs proches et exercer sur eux une autorité tyrannique.

Comment se protéger des tyrans malades

Les personnes réellement malades veulent recouvrer la santé le plus rapidement possible. Il faut provoquer le tyran malade qui se complaît dans sa maladie et s'en sert aux dépens des autres. On éprouve bien sûr une certaine angoisse à s'opposer à un malade par peur de passer pour un sans-cœur ou d'être tenu responsable de l'aggravation de son état. Toutefois, pour leur santé mentale, ses proches doivent lui laisser entendre qu'ils ne seront par toujours à ses pieds et qu'ils ne le laisseront pas gâcher leur vie en les culpabilisant. Le tyran malade éprouvera certainement de la colère et du ressentiment, mais cette mise au point constituera peut-être le premier pas vers une relation humaine authentique.

Les agresseurs passifs

Les personnes qui ont été élevées par des parents répressifs et autoritaires qui les empêchaient d'extérioriser leur colère, sont particulièrement enclines à exprimer leur agressivité d'une manière passive. Il existe une foule de formes d'agressivité passive dont voici quelques-unes des plus importantes:

L'OUBLI: Il existe deux formes principales d'oubli qui cachent des sentiments agressifs. La première forme, et la plus évidente, a des répercussions sur les autres. Quelqu'un devant effectuer une tâche très importante pour vous oublie de le faire. L'«oublieux» chronique est souvent une personne excessivement passive et soumise, incapable de s'affirmer ouvertement en disant: «Je ne veux pas faire cela.» Elle acquiesce plutôt passivement à tout ce que vous lui demandez puis s'empresse d'oublier ses engagements.

Cette forme d'agressivité passive a pour résultat de vous mettre hors de vous. Après tout, que peut-on répondre à quelqu'un qui vous dit: «Je suis vraiment désolé, cela m'est parti de l'idée.» Cet agresseur sournois est aussi très sélectif dans ses oublis. Il ne semble jamais oublier ce qui est important pour lui ou ce qui lui fait plaisir. Il n'oublie que ce qui compte vraiment pour quelqu'un qui dépend de lui.

En fin de compte, l'oublieux chronique obtient indirectement ce qu'il est incapable d'exiger clairement; ses proches apprennent à ne plus compter sur lui ou à ne plus lui confier des tâches importantes pour eux parce qu'ils savent fort bien qu'il risque de les oublier. L'oublieux s'épargne ainsi l'effort de dire clairement non.

L'autre forme d'oubli est autodestructrice. C'est une sorte d'agressivité dirigée contre soi, qui incite la personne à oublier quelque chose d'important pour elle-même. «J'ai oublié de le rappeler pour ce rendez-vous d'affaires», «J'ai oublié mon billet d'avion et ma valise», «J'ai oublié où j'ai mis les clés de la voiture» ou «J'ai oublié de conserver les reçus dont j'ai besoin pour ma déclaration de revenu», sont des exemples typiques.

Cette forme d'agressivité tournée contre soi est directement liée à la première. Ainsi, une personne qui est incapable de s'affirmer ouvertement en disant : «Je ne veux pas faire ceci ou cela», parce qu'elle ne veut pas avoir l'impression de se dérober à ses responsabilités sociales, obtient le même résultat de façon passive en oubliant tout simplement de le faire.

Afin de comprendre la signification cachée de l'oubli, remplacez l'expression «J'ai oublié» par «Je ne voulais pas». Cela vous aidera à comprendre vos propres oublis et ceux des autres.

LE MALENTENDU : Cette forme d'agressivité passive porte le masque d'une grande sincérité. «Je croyais que vous vouliez ce rapport pour jeudi prochain» ou «Je pensais que tu m'avais demandé d'acheter une chemise à manches longues et non à manches courtes» ou «J'aurais pu jurer que tu *voulais* que je mentionne à ton patron que tu pensais quitter ton emploi.»

Les conséquences d'un malentendu sont souvent pénibles pour la victime. En milieu professionnel ou dans des situations sociales délicates surtout, les malentendus peuvent avoir des répercussions coûteuses et destructrices. Le responsable de la méprise affirme en toute innocence que «vraiment, il croyait…» tandis que sa victime se tord les mains de désespoir et de frustration.

Un psychiatre renommé de Chicago, spécialiste de l'hypnose, avait fondé une institution où il dirigeait des séminaires périodiques. Il avait retenu les services à temps plein d'une secrétaire pour coordonner ses activités. Au jour le jour, le psychiatre tyrannisait son personnel et en particulier la secrétaire à laquelle il confiait des tâches urgentes à la dernière minute. Cependant, elle avait trop peur de lui pour se fâcher ou pour s'opposer ouvertement à lui.

Une fois, le psychiatre décida à très courte échéance de donner un séminaire pendant le week-end. Il demanda à sa secrétaire d'envoyer cent cinquante avis le soir même. La jeune femme, qui avait l'impression qu'il abusait d'elle, se mit néanmoins à l'ouvrage afin d'expédier le matériel. Ce faisant, elle inversa « par erreur » les chiffres de l'adresse où devait avoir lieu le séminaire. Elle inscrivit 6029 au lieu de 6920. En lui attirant ainsi des ennuis, elle voulait rendre la pareille à son patron tyrannique.

LA TEMPORISATION : Le cheval de bataille du temporisateur est le suivant : « Ne vous en faites pas, je le ferai très bientôt. » Le temporisateur manifeste son agressivité de façon passive par ses retards exaspérants et son refus de s'engager formellement à agir à une date ou un moment précis. En outre, il culpabilise ses victimes en les admonestant avec des « Ne sois pas si impatient » ou « Détends-toi, tu vivras plus longtemps », puis il continue d'agir avec la lenteur d'un escargot.

Le temporisateur exprime souvent son mépris pour ses collègues en les faisant attendre ou en les obligeant constamment à lui rappeler l'heure d'une réunion. Son agressivité cachée se manifeste par le fait qu'il est très sélectif, en ce sens qu'il ne fait attendre que certaines personnes et dans certaines situations. Lorsque quelque chose l'excite ou lui tient à cœur, il est la ponctualité même, comme l'illustre l'exemple suivant. Un acteur sans emploi accepte un emploi à temps partiel dans un bureau de poste afin de gagner sa vie. À son travail, il avait la réputation de se tourner les pouces. Il fallait constamment lui rappeler les tâches qui lui incombaient. Par contre, chaque fois qu'il était convoqué à une audition pour la télévision ou le cinéma, il arrivait toujours en avance à son rendez-vous.

LES RETARDS : Auparavant, on considérait cette forme d'agressivité passive comme étant surtout l'apanage des femmes. On jugeait normal et acceptable qu'une femme vous fasse attendre. Cependant, les personnes qui arrivent toujours en retard à une réunion ou à un rendez-vous personnel ou professionnel expriment indirectement leur hostilité à l'égard de celui ou de ceux qu'elles font attendre. Certaines célébrités, qui veulent, consciemment ou non, affirmer leur supériorité, font souvent en sorte d'arriver en retard à leurs réunions et à leurs entrevues.

En d'autres cas, une personne qui se sent exploitée par ses collègues et qui est impuissante à changer la situation peut aussi manifester son ressentiment en étant constamment en retard. On a observé ce phénomène dans la relation entre trois associés d'une agence de publicité. Ils avaient fondé l'agence un peu plus d'un an auparavant et avaient signé un contrat de cinq ans qui prévoyait la répartition des profits en trois parts égales. Un des associés, qui s'irritait du fait qu'il abattait la plus grande somme de travail, exprimait secrètement sa colère en arrivant toujours en retard à la réunion bihebdomadaire des associés. Bien qu'il eût toujours une excuse valable, ses retards chroniques signifiaient : « Je suis plus important que vous, donc attendez-moi. »

L'exemple suivant illustre bien de quelle manière le retard chronique peut constituer une forme d'agression passive, une façon d'exprimer indirectement qu'on a l'impression d'être exploité. Vers le milieu des années soixante, le gouvernement fédéral avait financé un projet de plusieurs millions de dollars destiné à venir en aide aux minorités du pays. Dans une grande ville de la côte Ouest, il chargea un groupe de psychologues de mettre en œuvre un certain nombre de programmes d'aide aux enfants d'âge préscolaire d'une importante communauté noire.

Tous les psychologues, sauf un, étaient de race blanche. Ils étaient grassement payés pour ce travail et comme ils ne travaillaient qu'une journée par semaine, ils devaient planifier à l'avance les conférences et les réunions avec les professeurs. Invariablement, ils se présentaient à l'heure convenue pour constater avec un sentiment de frustration qu'une grande partie du personnel manquait. Les membres absents arrivaient en se traînant les pieds avec un manque d'enthousiasme évident pendant l'heure suivante.

Comme ils ne voulaient pas compromettre davantage des relations déjà assez fragiles, les psychologues répugnaient à soulever ce point. Par leur retard, les professeurs noirs exprimaient inconsciemment leur ressentiment à l'endroit du psychologue blanc qu'ils voyaient comme un intrus venu leur montrer comment éduquer leurs propres enfants. Leur message tacite était le suivant : «Comment un Blanc peut-il comprendre un Noir?» Lorsque, deux ans plus tard environ, les psychologues blancs furent remplacés par des aides sociaux noirs, le problème disparut.

Les retardataires ont habituellement l'imagination fertile en excuses de toutes sortes destinées à désarmer la colère de leur victime. C'est à travers son impact qu'on devine l'agressivité cachée. Il est irritant, frustrant et même humiliant d'attendre quelqu'un en retard, et c'est, à notre avis, ce que cherche justement le retardataire.

LA MÉMOIRE COURTE : Une femme récemment divorcée disait à propos de son mari : «Pendant huit ans, j'ai dû lui montrer chaque fois où se trouvait mon clitoris.» D'une fois à l'autre, il ne s'en souvenait jamais.

Ce type d'agresseur qui s'ignore exprime son hostilité en ne devançant jamais les désirs de ses proches ou en ne tirant jamais de leçon de ses expériences passées. Il force plutôt sa victime à renouveler sa demande chaque fois; ce manque d'égard finit par blesser et frustrer celle-ci. Toutefois, l'agresseur qui s'ignore est très habile à manipuler sa victime et à la désarmer avec des excuses comme «Je ne peux pas toujours penser à tout» ou «Ne sois pas si fâchée. Si tu veux quelque chose, tu n'as qu'à me le dire».

Les aspects humiliants et provocateurs de cette forme d'agression passive sont très révélateurs de l'hostilité latente qu'éprouve l'agresseur. Le mari, auquel sa femme doit sans cesse rappeler de ranger ses vêtements ou de sortir les ordures, exprime son ressentiment inconscient.

Un de nos participants à un séminaire sur l'agressivité en milieu professionnel, qui travaillait chez un cordonnier, devait, chaque vendredi, lui rappeler que c'était le jour de la paie. «Il me donnait l'impression de quémander.»

Comment se protéger des agresseurs passifs

Les personnes en étroites relations avec un enfant, un amant, un époux, un employé ou un associé qui manifeste de façon chronique une forme d'agressivité passive, doivent se poser deux questions. En premier lieu, suis-je si autoritaire que j'empêche cette personne (l'agresseur passif) de s'affirmer ouvertement? En d'autres termes, est-ce que je l'oblige à exprimer sa colère et son ressentiment de façon passive, en l'empêchant d'extérioriser ses sentiments? En second lieu, est-ce que je préfère subir une forme d'agression passive, même si cela me contrarie, plutôt que de faire face aux sentiments de cette personne?

Si le lecteur peut répondre non en toute honnêteté à ces deux questions et qu'il souhaite réellement modifier sa situation, il doit ensuite se demander de quelle façon il permet à la personne de manifester son agressivité de façon passive.

La victime répugne habituellement à provoquer un agresseur passif par peur de passer pour un querelleur. Après tout, elle peut rationaliser en se disant qu'il «n'a pas agi intentionnellement». L'agresseur passif peut être très manipulateur lorsqu'il fait valoir son innocence et la pureté de ses intentions. Son attitude culpabilise sa victime qui est forcée de s'amadouer et qui finit même parfois par s'excuser de s'être mise en colère ou d'avoir montré de la contrariété.

Lorsqu'on a affaire à un agresseur qui s'ignore, il faut à tout prix résister à l'envie de se sentir coupable. Ce sont les conséquences du comportement de l'agresseur qui importent et non ses intentions bienveillantes. S'il vous blesse, criez votre rage et n'ayez pas peur d'exprimer votre frustration. Il est certain que s'il ne modifie pas son comportement, c'est qu'il a des motivations agressives profondes.

La manière idéale de faire face à un agresseur qui s'ignore consiste à essayer de mettre au jour son hostilité et son ressentiment latents. Si c'est impossible, il faut prendre les mesures nécessaires pour qu'il n'oublie pas de faire ce que vous lui demandez, ne temporise pas ou n'interprète pas vos demandes de travers à l'avenir.

Pour éviter les malentendus, faites-lui répéter les instructions que vous lui avez données *avant* qu'il ne se mette à l'œuvre. Ne tenez jamais pour acquis qu'il a compris vos indications.

Pour l'empêcher de temporiser, ne fixez *jamais* d'échéances *vagues*; soyez précis. Prévoyez une pénalité que vous mettrez vraiment à exécution si un retard se produit.

De même avec les retardataires: entendez-vous clairement avec la personne. «Si tu es en retard et que tu ne m'as pas appelé après dix minutes, je pars.»

Lorsqu'on a pris des mesures pour combattre un agresseur qui s'ignore, il est désastreux de ne pas y tenir. L'agression passive est une manifestation indirecte d'hostilité. Si on ne s'oppose pas à l'agresseur, il est probable qu'il continuera d'agir à sa guise.

Le syndrome de la «bonne sœur»

Malgré tout le respect que nous portons aux religieuses, nous avons choisi cette expression colorée pour désigner une forme précise d'agressivité cachée. Nous appellerons «bonne sœur» la personne qui cherche la faiblesse, la dépendance et la vulnérabilité des autres, qui en a besoin ou qui la perpétue indirectement.

La «bonne sœur» cherche à établir des relations avec ceux qui souffrent ou qui ont des ennuis. Plutôt que de les aider à s'en sortir seuls, «bonne sœur» agit à leur place et affiche une attitude maternelle surprotectrice à leur égard. De plus, elle s'allie à ses victimes pour montrer un doigt accusateur sur le monde extérieur cruel plutôt que de les aider à prendre conscience que c'est à eux de prendre leur destinée en main. Il n'est pas rare de voir une «bonne sœur» se sentir menacée et s'aigrir lorsque sa victime est en passe de devenir autonome et forte. Elle se sent désormais inutile parce qu'elle trouve sa force et sa sécurité dans son «dévouement» pour les autres seulement.

La relation entre les époux dont l'un est alcoolique illustre ce phénomène de façon saisissante. La dépendance de l'alcoolique est la raison d'être de son époux qui, de façon masochiste, se plaint sans cesse de son sort. Le jour où l'alcoolique cesse de boire marque souvent la dislocation des relations entre les époux.

De même, nous avons souvent remarqué que bien des parents se montrent extrêmement affectueux envers leurs enfants perturbés; mais lorsque ceux-ci, avec l'aide d'un thérapeute, commencent à se conduire de façon autonome et dynamique, les parents s'empressent de les retirer de la thérapie.

Le président d'une petite imprimerie avait des problèmes avec ses employés à cause de son tempérament instable et de ses manières insultantes. Les employés démissionnaient sans préavis lorsque leur ressentiment à son égard devenait trop violent. Il avait toutefois un employé du genre «bonne sœur» qui travaillait quatorze heures par jour sans compter les fins de semaine, lorsqu'une crise se produisait, et qui appuyait son employeur lorsqu'il blâmait l'employé «ingrat». Par son «dévouement», il permettait à l'employeur de continuer d'agir de façon destructrice à l'égard de ses employés.

Comment se protéger des «bonnes sœurs»

Il est très gratifiant d'avoir quelqu'un pour s'occuper de soi quand on en a besoin. Toutefois, ceux qui sont en relations étroites avec une «bonne sœur» se servent souvent de cet agresseur qui s'ignore pour fuir les responsabilités en ce qui a trait à la santé mentale et physique. Les victimes des «bonnes sœurs» recherchent en quelque sorte cette forme de domination. La meilleure façon de s'en protéger consiste à faire face à ses responsabilités d'être humain autonome. Les «bonnes sœurs» tirent parti de la faiblesse de leurs ouailles. Or, si vous leur faites comprendre que vous pouvez vous passer d'elles ou bien elles rompront leurs relations avec vous ou bien elles s'affirmeront davantage en s'appuyant sur votre faiblesse plutôt que sur votre force.

Le moraliste

Derrière son attitude «moi-je-suis-meilleur-que-toi», le moraliste cache un secret désir d'autorité. Son message réel est le suivant: «J'ai atteint un plus haut niveau de conscience que toi.»

Il existe des moralistes dans beaucoup de domaines. En politique, les pacifistes, qui se considèrent comme d'authentiques amoureux de la paix par opposition aux «faucons» ou aux «meurtriers» avides de guerre sont des moralistes. À l'autre extrémité se trouvent les moralistes de droite qui se considèrent comme les seuls vrais partisans de la démocratie et pour qui tous les autres sont des communistes. En religion, l'adepte du yoga, du bouddhisme ou du christianisme qui pense avoir atteint un état de conscience supérieur, être illuminé ou avoir établi un lien privilégié avec Dieu et la Vérité est aussi un moraliste. Le végétarien qui ne «tue» pas pour se nourrir ou le «communard» qui s'est élevé au-dessus de la cupidité des masses et de son désir de propriété privée sont aussi des moralistes.

Loin de nous l'intention de mettre dans le même sac tous ceux qui cherchent des modes de vie plus significatifs et de leur coller l'étiquette d'agresseurs qui s'ignorent. Nous voulons plutôt souligner un aspect de ce comportement moralisateur susceptible de masquer une certaine agressivité : les moralistes se sentent supérieurs aux autres et expriment leur mépris à travers un masque de spiritualité, de justice et de vérité. En leur présence, on tend à douter de soi-même et de ses propres valeurs et à se sentir un peu moins estimable et pur qu'eux. C'est précisément dans ces répercussions de leur attitude sur autrui que résident l'agressivité et l'hostilité latentes du moraliste, et non dans leurs intentions.

On peut citer en exemple le jeune qui devient adepte d'une secte religieuse ou autre, au grand désespoir de ses parents. Le fanatisme avec lequel il tente de les convertir cache toujours une arrogance et un mépris à travers lesquels il cherche à exprimer son hostilité à leur égard et à les aliéner. C'est à cause de ses répercussions sur autrui que nous jugeons le comportement du moraliste, porté à se sentir supérieur, comme une forme indirecte d'agression.

Depuis peu, le culte de la psychothérapie a donné naissance à une nouvelle sorte de moralistes. On retrouve à l'origine de ce phénomène les patients qui, ayant terminé une analyse freudienne, se jugent, d'une manière ou d'une autre, plus conscients et affectivement plus sains que les autres. À la suite d'une psychanalyse, un homme divorcé prétendait que parce qu'il était maintenant « supérieur sur le plan psychologique », il avait de la difficulté à trouver une compagne convenable. Au cours des dernières années, une foule de psychothérapies à la mode ont créé chez leurs adeptes un sentiment de supériorité ; ils ont l'impression d'avoir davantage conscience de leurs émotions profondes ou d'être plus authentiques que les autres. On peut analyser ces prétentions à la lumière de leurs conséquences sur autrui. Si, en se prenant pour un être supérieur, le moraliste « psychologique » suscite chez ses proches des sentiments d'infériorité, il révèle ainsi, à notre avis, ses intentions agressives véritables.

Comment se défendre des moralistes

Lorsqu'une personne est en relation avec un moraliste, elle est portée rationnellement à acquiescer à ses principes puristes, tout en éprouvant sur le plan émotif une certaine résistance et de l'animosité. De plus, elle se méprise d'éprouver du ressentiment à l'égard d'une personne qui s'efforce d'être si pure. À notre avis, il s'agit là d'une réaction profonde et saine au message implicite de supériorité du moraliste. Acceptez-la, faites-vous confiance et exprimez-la. Ne vous sentez pas coupable ou méprisable de ressentir ce que vous éprouvez. Elle constitue la meilleure défense contre un moraliste.

Les parents qui ont perdu leur enfant au profit d'une secte religieuse seront tentés de le ramener au bercail en le suppliant; en outre, ils se culpabiliseront parce qu'ils ne verront que le message religieux explicite de l'enfant, ce qui leur donne l'impression d'avoir raté son éducation. Seule une famille capable de percevoir l'agressivité cachée à travers l'attitude de l'enfant peut arriver à comprendre la situation et à réagir de façon appropriée.

Les intellectualistes

Dès le début, nous tenons à distinguer entre l'intelligence et l'intellectualisation. L'intelligence sert à faciliter l'existence et à l'améliorer. Quant aux intellectualistes, ils se servent de leurs mots et de leurs idées pour éviter de s'engager affectivement avec autrui et de vivre l'expérience de leurs sentiments.

Dans leurs relations avec autrui, ils passent le plus clair de leur temps à juger, à expliquer, à analyser, à philosopher et à disséquer. Leur attitude froide et mécanique frustre leurs proches et les bloque dans leurs tentatives d'établir un contact affectif. L'intellectualiste est un agresseur qui s'ignore et qui exprime son hostilité en ne manifestant jamais ses émotions, provoquant ainsi des sentiments de frustration et de privation chez ses proches. Son agressivité se manifeste à travers son détachement et ses prétentions intellectuelles. Son hostilité latente est évidente à travers ses rationalisations et l'étalage qu'il fait de ses connaissances.

Dans notre société où l'on masque son hostilité et évite les conflits ouverts, ce phénomène d'intellectualisation est bien illustré par le recours à des techniques pour résoudre les problèmes interpersonnels. Par exemple, un couple ayant des problèmes sexuels achètera des ouvrages sur les techniques amoureuses afin de trouver ce qu'il «fait de travers», évitant ainsi de faire face à son ressentiment latent et aux conflits qui sont probablement à l'origine du problème.

Au sein d'une petite entreprise de produits chimiques, la communication était rompue entre les employés du département de recherche et ceux de la mise en marché à cause de l'animosité accumulée par les deux parties. Le président décida de régler le problème en invitant des « experts » de la psychologie et des sciences sociales à venir donner des cours et des conférences sur le sujet. C'était une façon d'intellectualiser le problème plutôt que de l'aborder de front.

Dans un autre cas, une employée qui était constamment à couteaux tirés avec son employeur prit rendez-vous avec lui pour discuter de leur problème. Il lui laissa entendre que ce dernier était imputable au violent ressentiment qu'elle couvait à l'égard des figures d'autorité masculines. En plaçant le problème à un niveau intellectuel et en interprétant le comportement de son employé à la lumière de la psychologie, l'employeur évitait une mise au point profonde sur leur ressentiment mutuel.

Comment combattre les intellectualistes

Comme notre société tient en haute estime l'intellectualisme, nous avons tendance à nous laisser intimider par les déclarations, les explications, les abstractions et les ruminations «profondes» des intellectualistes, même s'il est parfaitement ennuyeux et frustrant d'établir des relations avec ce type de personne. Moins conditionné que l'adulte, l'enfant qui bâille et s'agite en présence d'un intellectualiste réagit d'une façon spontanée et authentique à son manque intrinsèque de vitalité émotionnelle. Peu d'adultes cependant sont capables de dire carrément à un intellectualiste : «Tes ruminations intellectuelles m'ennuient, et nous nous éloignons du problème : quels sont nos véritables sentiments l'un envers l'autre? Tu m'intimides avec tes intellectualisations et je n'aime pas cela.»

Pour combattre l'intellectualiste, il faut accepter de ressentir de l'ennui et de l'impatience en sa présence. Faites confiance à vos réactions et ne vous méprisez pas d'éprouver du ressentiment face à l'attitude dépourvue d'émotions de l'intellectualiste. Plutôt que de vous laisser entraîner dans un jeu de dérobades intellectuelles, mettez l'intellectualiste au défi d'exprimer ses émotions. Vous pouvez engager la discussion en disant : «Laisse tomber ces foutaises intellectuelles et dis-moi ce que tu ressens.»

L'indifférent

Que ce soit à titre d'employeur, d'époux, de professeur, d'ami, d'associé ou d'amant, l'indifférent exprime son agressivité en n'ayant pratiquement jamais de réaction positive et en ne manifestant pas d'appréciation. Il ne dit jamais : «Ça c'est du bon travail!», «J'ai réellement aimé cela», ou «C'était fantastique», ce qui tend à provoquer de l'angoisse et de l'insécurité chez les personnes qu'il côtoie. Inévitablement, la personne qui dépend de lui ou qui recherche son appréciation a l'impression de lui avoir déplu ou de l'avoir offensé d'une manière ou d'une autre. Ne jamais apprécier reste une façon de tenir les autres à distance, de les empêcher d'exprimer leurs exigences et de devenir trop intimes. Les femmes de maris indifférents aboutissent souvent dans le cabinet d'un thérapeute ou le lit d'un amant, en quête du renforcement positif qu'elles ne trouvent pas à la maison. Les amis frustrés finissent par s'effacer et, en milieu de travail, les employés apprennent à compter sur leur propre estime de soi pour continuer à effectuer leur tâche en toute quiétude.

Comment se protéger des indifférents

L'indifférent n'est habituellement pas conscient du fait que son détachement donne aux autres l'impression d'être rejetés. Il est essentiel, lorsqu'on a affaire à un indifférent de le provoquer ouvertement en lui demandant de formuler des commentaires négatifs ou positifs et en lui posant des questions comme «Que penses-tu de ce que j'ai fait?» Cela est particulièrement essentiel en milieu de travail où il est important de savoir comment l'employeur nous évalue pour se sentir en sécurité et avoir confiance en ses aptitudes.

Le sceptique

Sous le couvert de la sollicitude, les sceptiques créent de l'angoisse et de l'insécurité chez leurs proches à des moments critiques, où ils sont le plus vulnérables. La femme qui dit à son mari: «As-tu remarqué comme ton patron avait l'air fâché hier soir au dîner? Je me demande si tu n'aurais pas dit quelque chose…» Ou un ami à un autre: «Peut-être devrais-tu apprendre un métier plutôt que d'aller à l'université comme tu le pensais. J'ai entendu dire que les diplômes ne valent plus grand-chose et qu'il est presque impossible d'être admis dans les facultés spécialisées.» En général, les sceptiques sèment le doute chez les autres sous prétexte de leur rendre service.

Après la mort de son père, le fils s'associa à sa mère pour continuer d'exploiter le restaurant familial. Bien que nombre d'occasions se soient présentées dans le passé pour agrandir le commerce au maximum, les craintes et les doutes de la mère avaient toujours retenu le père de prendre les mesures nécessaires. En conséquence, c'est au prix d'une lutte constante que la famille réussissait à joindre les deux bouts.

Ambitieux, le fils vit tout de suite les vastes possibilités qui existaient et proposa à sa mère un projet d'agrandissement concret, réalisable et relativement prudent. Elle lui répondit: «Tu n'as jamais connu la crise économique, tu ne sais même pas ce que c'est. Il y en a peut-être une autre qui nous attend. Il est difficile de trouver de la main-d'œuvre fiable. Un plus grand nombre d'employés, cela fait seulement plus de monde à surveiller pour ne pas se faire voler. Tu ne veux pas mourir d'une crise cardiaque à trente-cinq ans, n'est-ce pas? Ce que j'en dis, c'est pour ton bien.»

Sous le couvert de la sollicitude et du désir de rendre service, le sceptique sème la crainte et le doute dans l'esprit de ceux qu'il côtoie. Il perçoit constamment les individus et les situations de façon négative. Ses conseils «bienveillants» cachent un désir hostile de voir les autres partager son cynisme et sa frustration et échouer là où il n'a pas réussi.

Comment désarmer le sceptique

L'attitude du sceptique a des répercussions empoisonnées au niveau émotionnel. Il cherche un réconfort pour ses propres sentiments d'incompétence et ses doutes en instillant ces mêmes sentiments aux autres. Il ne veut pas être surpassé ni voir un de ses proches atteindre une trop grande sécurité ou réussir. Son attitude est très négative; on doit l'ignorer ou se fâcher ouvertement contre lui et lui dire carrément que sa sollicitude n'est d'aucune aide.

L'« incapable » agresseur

L'«incapable» agresseur brandit sa faiblesse, ses larmes, sa vulnéra-bilité, sa souffrance et sa fragilité pour culpabiliser les autres, les manipuler et fuir ses responsabilités. Il leur laisse entendre: «Tu es si habile et je suis si maladroit, il faut que tu m'aides.» Or, une fois qu'il a mis la main sur sa victime, il la saigne à blanc en se montrant possessif et exigeant, et en la culpabilisant. C'est une façon très effi-cace d'abuser des autres et de les manipuler. À la longue, au sein d'une relation de ce genre, l'«incapable» apparaît comme le plus dominateur des deux. Son attitude vulnérable couvre un désir tenace de dominer et d'écraser les autres.

Comment se protéger des « incapables » agresseurs

Ceux qui cherchent sans cesse à être rassurés sur leur force et sur leur valeur sont les plus vulnérables face à l'«incapable» agresseur. En d'autres termes, les personnes doutant fortement d'elles-mêmes et sensibles à la flatterie se laisseront plus facilement entraîner dans cette sorte de relation.

Pour ne pas tomber dans le piège, les personnes qui ont ten-dance à prendre les autres sous leur protection et à agir à leur place ont à réagir avec circonspection face à l'«incapable» agresseur. La façon dont ces derniers s'y prennent pour confier aux autres leurs propres responsabilités est certainement très attrayante.

Pour percer à jour la puissance et la rage réelles d'un «inca-pable» agresseur, faites l'expérience suivante. La prochaine fois que le «pauvre petit» jouera au faible en pleurant ou en pre-nant un air blessé, dites-lui: «Je ne te crois pas. J'ai l'impres-sion que tu me manipules et que tu es vachement plus fort que moi.» Il est à prévoir que le «pauvre petit» écumera de rage ou se réfugiera dans un silence glacial. Vous pourrez enfin prendre à partie la vraie personne qui se cachait derrière l'être faible et sans défense.

Les formes d'hostilité cachée décrites dans le présent chapitre ne sont qu'une petite poignée d'une infinie variété de modes d'agression directe et indirecte. Ces manipulations sont toutes des conséquences d'abord du refoulement de l'agressivité au sein des relations interpersonnelles, et ensuite de notre idée romanesque de la nature humaine que nous nous entêtons à voir comme un être altruiste et paisible qui ne devient agressif que si on le provoque ou pour le bon motif. Il est difficile de s'opposer à un agresseur qui s'ignore, car il aura tendance à répondre : «Je ne pensais pas vraiment» ou «Je ne suis pas fâché». Son image de soi l'empêche de se percevoir comme un agresseur et encore moins comme un agresseur sournois.

On ne peut efficacement reconnaître l'agression cachée, la comprendre et y réagir qu'à travers ses répercussions sur ses victimes. L'agresseur sournois manipule ses victimes, les punit, les culpabilise et les rend dépendantes et, en général, il cache des intentions agressives derrière un masque socialement acceptable.

À court terme, l'agressivité cachée permet d'éviter un conflit. Toutefois, le tribut à payer pour cette pseudo-tranquillité est lourd. La communication entre les êtres devient confuse et déformée. La relation humaine perd sensiblement de sa vitalité, qui cède le terrain à l'aliénation émotionnelle, à la stagnation et à la futilité. Mais ce qui est pire, en forçant l'agressivité dans des voies obscures, on finit par ne plus en avoir conscience, par ne plus l'orienter, et on devient, par conséquent, plus étonné de ses répercussions imprévisibles et désastreuses.

Chapitre 9

Les « danses autour de la bête »

Contrairement à la sexualité, on peut difficilement faire disparaître l'agressivité en la masquant ou en prétendant qu'elle n'existe pas. Ses fruits sont trop apparents pour qu'on puisse feindre de les ignorer. Les guerres, les crimes, les querelles familiales et autres sont là pour attester l'existence de la « bête » laide et gênante qu'est l'agressivité. Jusqu'à présent, on n'a pu que nier son existence en soi-même et en jeter le blâme sur les autres. L'histoire fourmille d'exutoires, de rituels et de jeux sanctionnés par la société et destinés à dépersonnaliser l'agressivité et à la canaliser.

Tous ces rituels ont fondamentalement les mêmes buts, dont le principal, cela va de soi, est de fournir aux individus un nombre suffisant d'exutoires pour leur permettre de refouler leur agressivité ou de la nier en eux-mêmes. En jetant l'interdit sur l'expression personnelle de l'agressivité, la société permet à chacun de conserver son image de personne altruiste, paisible, affectueuse et serviable. En même temps, elle perpétue la dichotomie entre *nous*, les êtres

«bons» et «altruistes» et *eux*, les individus «hostiles» et «destructeurs». Encore de nos jours, peu d'individus sont capables de
déterminer avec précision l'origine de leur agressivité lorsqu'ils
vivent un conflit intérieur. Par contre, ils sont très habiles à reconnaître la source de l'agressivité des autres.

Nous avons choisi l'expression «danser autour de la bête» pour
désigner les nombreux rituels, jeux, comportements et conventions
sociales que l'homme a développés afin d'éviter de faire face à son
agressivité, ce sentiment indissociable de l'ensemble de ses émotions personnelles. Le but de ces «danses» est d'institutionnaliser
l'agressivité personnelle et de permettre à l'homme de la libérer de
façon impersonnelle sous une forme hypocrite, socialement acceptable et anonyme.

Certaines «danses» sont sérieuses, d'autres joyeuses et beaucoup
sont destructives. Abstraction faite de leurs répercussions, elles
jouent toutes le même rôle fondamental. Elles permettent à chacun
de nous de nier l'existence de l'agressivité en nous-mêmes et dans nos
rapports avec autrui; elles contribuent à maintenir les tabous concernant l'expression personnelle de l'agressivité et elles nous aident à
préserver notre image de personnes altruistes. Parmi les «danses» les
plus importantes dans notre société, nous étudierons entre autres
dans le présent chapitre la «danse du spectateur», la «danse religieuse», la «danse policière», la «danse sportive», la «danse militaire», la «danse pacifiste» et la «danse de la recherche scientifique».

Périodiquement, ces «danses» se détraquent, et leur essence la
plus profonde et la plus destructrice apparaît temporairement.
C'est le cas en temps de guerre lorsqu'on découvre soudain que
«nos soldats», dans un élan de haine, ont stupidement brutalisé les
habitants non armés et innocents, y compris les femmes et les
enfants d'un village ou d'une ville. Il semble qu'on ait permis, sans
raison valable, un acte d'agression, légitimé parce qu'il fait partie

d'une «danse militaire» hypocrite. Tout le monde est «étonné». Ce dérèglement peut aussi se produire dans le cas de la «danse sportive». Nous éprouvons de la colère et de la répugnance lorsqu'un boxeur est tué au cours d'un match.

Il nous faut donc rationaliser ces faiblesses dans le rituel afin de préserver nos illusions face à nos motivations justes et idéologiquement pures et notre absence de motivations agressives personnelles. On peut imputer les massacres militaires stupides aux conditions de combat, à la baisse du moral des troupes, à la fatigue ou à une défaillance temporaire. Dans les cas extrêmes, lorsque notre sentiment de culpabilité est trop grand, nous jetons le blâme sur quelques soldats qui servent alors de boucs émissaires.

La mort d'un boxeur soulève habituellement un tollé et on s'empresse de réclamer l'abolition de ce sport ou des réformes. Dans chaque cas, on trouve un bouc émissaire, on montre une indignation décente, tout le monde se sent mieux et la «danse» continue.

La «danse du spectateur»

«En mars 1964, pendant la nuit, au moins trente-huit personnes d'un immeuble d'appartements à New York assistèrent au meurtre d'une jeune femme, poignardée brutalement et de sang-froid par un maniaque. Bien que celui-ci ait mis plus d'une demi-heure à commettre son crime, aucun des témoins ne fit un geste pour appeler la police. Les cris de terreur de la victime et la façon dont elle se débattait ne laissaient aucun doute sur ce qui se passait. Il était trois heures du matin, mais personne ne vint à son secours[1].»

Voilà un cas très évident où la «danse du spectateur» s'est détraquée, elle est allée trop loin. Les étapes usuelles de cette «danse» sont les suivantes: l'individu cherche avec avidité dans le journal, à la télévision ou à la radio les récits du dernier viol ou du dernier meurtre et les statistiques de guerre. Puis, il se dit quelque chose comme «La ville commence à être dangereuse. Il y a beaucoup de maniaques en liberté» ou «La moralité publique est à la baisse» ou «Quand apprendront-ils que la violence ne mène à rien?» Il n'est aucunement conscient du plaisir que lui procure la lecture des récits de meurtres et de crimes.

La «danse du spectateur» revêt aussi d'autres formes: le spectateur peut regarder un film violent à la télévision ou assister à un match sportif brutal. Vers le milieu des années soixante, au cours des émeutes qui éclatèrent à Los Angeles, nous avons été réellement surpris de voir les hordes d'individus qui tentaient de se rendre en voiture sur les lieux afin d'assister de plus près aux événements. Malgré le danger que cela comportait, la violence, vue de près, exerçait un attrait irrésistible sur nombre d'entre eux.

Rien n'assure autant la popularité d'un quotidien que les récits à la une de meurtres étranges et sanglants. Pendant des mois, les journaux et les magazines ont débordé de détails sur les meurtres de Sharon Tate et du président Kennedy et du massacre des athlètes israéliens à Munich. L'appétit du public semblait insatiable.

La «danse du spectateur» fournit un exutoire aux individus, tout en leur donnant l'impression rationnelle que la fascination et l'intérêt qu'ils ressentent sont motivés uniquement par la curiosité ou le désir de se renseigner ou d'en renseigner d'autres. Rares sont ceux qui peuvent s'avouer, et se l'avouent réellement, qu'ils aiment être témoins d'actes violents, de bagarres ou de meurtres même, et que cela satisfait un besoin réel chez eux.

Le cas du meurtre de la jeune femme de New York est inhabituel surtout à cause de l'aspect destructeur que cachait l'attitude des spectateurs. S'ils avaient ressenti consciemment de l'agrément ou de l'excitation en assistant à ce spectacle cruel, ce qui n'est le cas pour aucun des témoins, ils ne l'auraient sûrement pas avoué. Ils ont plutôt, de façon rationnelle, attribué leur paralysie soudaine à la «peur», la «gêne» ou le désir de ne pas être mêlé au crime.

Il était absolument essentiel pour les témoins de préserver leur image de soi altruiste en rationalisant le plaisir qu'ils ont ressenti à décharger ainsi leur hostilité par personne interposée; c'est pourquoi ils ont invoqué des motifs plus valables, plus rassurants et plus susceptibles d'attirer la sympathie comme: «Le cas des maniaques relève de la police ou du psychiatre» ou «Cela ne me regardait pas» ou «Je me disais que quelqu'un avait dû appeler déjà» ou «C'était trop horrible, je n'étais plus capable de penser.»

Dans cette danse, c'est en observant que l'individu libère son hostilité. Le spectateur n'a même pas besoin d'être conscient de ressentir du plaisir et, en fait, il l'est rarement. Lorsqu'il est pris sur le fait, c'est-à-dire lorsqu'il est absorbé par l'action et qu'il ne fait rien pour l'empêcher, comme dans le cas du meurtre de la jeune femme, il invente les explications rationnelles précitées[2].

La «danse religieuse»

«Présente l'autre joue…»

Tous les dimanches, des millions de gens écoutent les prédicateurs religieux à la radio. Un de ceux-ci disait récemment: «Savez-vous quel est le tueur numéro un de l'homme?» Puis, d'une voix impérative et empreinte de sagesse, il répondait à sa propre question: «Le ressentiment est le premier facteur de destruction de l'âme humaine.»

Le prédicateur, chorégraphe de la «danse religieuse», cherche à exorciser le démon de l'agressivité. Le premier pas de cette «danse» consiste à voir l'œuvre du démon dans les sentiments comme la colère ou l'animosité. Le deuxième pas consiste à nier en soi-même l'existence de ces sentiments et de ces impulsions en soi et à «s'élever au-dessus d'eux». Enfin, convaincu qu'il les a annihilés en lui, l'individu religieux entreprend d'aider les autres à devenir aussi purs. S'il fait un faux pas et trahit l'existence de ces sentiments tabous en lui, il trouve des justifications rationnelles du genre «Je n'étais plus moi-même», «C'est le diable qui m'a poussé à agir de la sorte», «Je ne me suis probablement pas encore donné entièrement à Jésus».

Le principe sous-jacent de la «danse religieuse» veut que les personnes croyantes ou religieuses n'éprouvent pas d'agressivité personnelle. La haine, la soif d'autorité, le ressentiment et la jalousie sont l'apanage des profanes. Le croyant refoule constamment ces sentiments de peur de commettre un péché, de se sentir coupable et de brûler dans les flammes éternelles. Il nie donc l'existence en lui d'un élément important de son essence humaine, ce qui lui permet de rejeter la responsabilité de certains de ses actes. Ainsi, s'il se laisse aller, ne fut-ce qu'un instant, à éprouver des sentiments agressifs, il se rassure en se disant que ce n'était pas vraiment lui qui agissait, mais le démon à travers lui.

On peut partir du principe que la religion a acquis une grande partie de son pouvoir en fournissant à ses adeptes un moyen de maîtriser leur agressivité par l'adoration d'un Dieu capable, semble-t-il, de contrôler tous les éléments diaboliques et les mauvais démons, et par le fait même, les impulsions agressives. Lorsqu'une agression est commise, les leaders religieux décident, au nom de Dieu, quelles en seront les victimes. On fait souvent mention des innombrables guerres et massacres commis au nom de la religion et de la sainteté. Les guerres du Pakistan et de l'Irlande ne sont que deux exemples très récents.

Les leaders religieux semblent dotés d'un talent mystérieux pour s'allier aux structures agressives du pouvoir. Même si le pape prononce chaque année une prière en faveur de la paix, l'Église ne prend jamais, ou rarement, position contre les efforts de guerre des pays particulièrement puissants. Au contraire, elle leur trouve toujours des raisons valables grâce à une méthode de rationalisation vague. Le révérend Billy Graham s'entendait sans doute mieux à sermonner le Président au petit-déjeuner et à jouer au golf avec lui qu'à faire cesser la guerre en cours au Vietnam et les bombardements dans le Sud-Est asiatique.

À titre de psychothérapeutes, nous sommes à même de constater les effets néfastes des attitudes religieuses conservatrices traditionnelles sur la communication humaine. Au cours d'un récent marathon de thérapie, un homme de vingt-quatre ans très impliqué dans une religion, ne cessait de répondre aux participants qui lui demandaient ce qu'il ressentait à leur égard, qu'il les aimait tous et n'avait de sentiments négatifs envers personne.

Il est assez intéressant de noter que ces déclarations d'amour aliénaient les autres participants plutôt que de favoriser la confiance et l'intimité. Ils sentaient que l'«amour» du jeune homme n'était pas réel et qu'il était même déshumanisant parce que celui-ci établissait une relation identique avec chacun. Son amour cachait une certaine arrogance qui signifiait : «Je ne m'embarrasse pas d'émotions ridicules comme la colère ou le ressentiment. Je suis au-dessus de tout cela.»

L'Église commence à s'humaniser sous l'influence de ses éléments radicaux. De nombreux leaders religieux étudient la psychologie et participent à diverses expériences d'évolution personnelle. En conséquence, beaucoup d'entre eux sont davantage capables d'avouer leurs véritables sentiments et leur agressivité. Toutefois, tant que la religion perpétuera la dichotomie entre les «bons» et les «méchants», ceux qui agissent sous l'influence du «démon» et ceux qui agissent sous celle de «Dieu», elle contribuera à maintenir la phobie de l'agressivité qui caractérise notre société.

La «danse policière»

Dans la «danse policière» on considère les individus agressifs comme des «chiens enragés», ce qui engendre le mythe selon lequel «si nous capturons ces brutes infectées par le virus de l'agressivité et que nous les isolons, nous serons en sécurité».

Quelqu'un a dit que «la société déteste ses criminels, mais qu'elle aime ses crimes». En effet, dans les cultures «agressophobes», et c'est là une de leurs caractéristiques frappantes: les crimes exercent une intense fascination sur le public. Les massacres les plus étranges assurent aux mass media un auditoire fantastique. Les films où un crime succède à un autre et où les criminels de la pire espèce apparaissent sous un jour romanesque rapportent les plus grosses recettes du cinéma commercial.

La danse du «chien enragé» contribue en outre à déshumaniser les individus, à les aliéner et à créer une dichotomie affective irréaliste entre eux. On place d'une part les «criminels» et d'autre part les «citoyens respectueux des lois», les «bons» et les «méchants». De temps en temps, un scandale politique éclate, et on découvre que de hautes figures d'autorité et des symboles de la «loi et de l'ordre» ont commis des actes criminels. Rien n'est aussi fascinant ni ne suscite d'aussi agréables ragots qu'un «bon» qui passe du côté des «méchants». Nombre d'Américains suivaient l'affaire Watergate comme une série télévisée en attendant avec impatience les derniers rebondissements et les nouvelles intrigues. Comme dans tous les dérèglements extrêmes d'une danse destinée à préserver les tabous, les rationalisations abondèrent autour de ces crimes politiques. On attribue le comportement criminel des personnes haut placées à un manque de jugement, à un excès de zèle, ou même à une vengeance forgée de toutes pièces par la presse.

En compartimentant la société en « bons » et « méchants », en « criminels » et en « citoyens honnêtes », nous courons le risque de perdre toute sensibilité au potentiel agressif réel d'autrui. Voilà pourquoi nous sommes surpris lorsque nous découvrons que le « gentil » petit gars d'à côté est en réalité un violent meurtrier. Ce phénomène est de plus en plus courant dans notre société. Après une étonnante affaire de meurtre ou de massacre, les amis et les voisins du meurtrier, lorsqu'on les interroge, sont incrédules. « Il était si paisible et si honnête », disent-ils, ou « Ils se sont trompés de personne ». Quelle faille de notre personnalité nous rend insensibles aux ondes criminelles d'une personne jusqu'à ce qu'elle commette un crime ? Les auteurs croient que la cause de cette lacune réside en partie dans la façon irréaliste dont on persiste à diviser la société en individus « agressifs » et « non agressifs » et dans notre inconscience des nombreux degrés de potentiel agressif qui peuvent exister en chaque individu.

Il est peut-être banal d'affirmer que nous sommes tous des criminels en puissance. Toutefois, on peut dire d'une façon simpliste que la plupart des individus commettent des actes criminels au sens de la loi, qu'il s'agisse de voler des fournitures de bureau, de fumer de la marijuana, de fausser ses revenus dans sa déclaration de revenu, d'utiliser en secret des techniques sexuelles illégales ou de contrevenir aux règlements de la circulation en l'absence d'un policier. Le vrai crime dans notre société consiste à se faire pincer ou être trop pauvre pour se payer un bon avocat qui vous sortira du pétrin.

Les sociétés qui répriment l'agressivité personnelle de leurs membres semblent avoir besoin de leurs criminels pour servir de cibles ou d'exutoires pour leur colère légitime car, en fait, elles contribuent à promouvoir la criminalité de façon indirecte. L'attitude de notre société face au problème de la drogue en est un exemple évident. Bien que des personnages respectables aient admis ouvertement prendre du LSD et même de la cocaïne et fument joyeusement de la «mari» ou du haschisch au vu et au su de tous, chez eux et à des soirées d'amis, on continue de juger ceux qui se font prendre comme des criminels.

La société est particulièrement dure à l'endroit des trafiquants, qu'elle considère comme des rebuts sociaux alors qu'ils se contentent de satisfaire une demande réelle. En outre, en refusant de légaliser l'usage des drogues, elle oblige les drogués à agir clandestinement et à mener une vie criminelle pour satisfaire leur besoin. Tout en déplorant le nombre croissant de cambriolages et de voies de fait, on oblige littéralement les drogués à commettre ce type de crimes en refusant de prendre des mesures spéciales à leur égard. De plus, jusqu'à tout récemment, l'avortement étant illégal, la société traitait en criminels des femmes enceintes désespérées et des médecins souvent bien intentionnés et courageux. La prostitution et le proxénétisme continuent d'être considérés comme des crimes malgré une très grande proportion d'hommes admettant ouvertement avoir protégé une prostituée à un moment donné dans leur vie.

Tous ces exemples montrent bien qu'au niveau inconscient, la société pourrait bien créer les conditions voulues pour la prolifération des actes criminels. De cette façon, on peut continuer de désigner des cibles pour son indignation et sa colère légitimes.

Il arrive à l'occasion que la «danse policière» se dérègle de façon manifeste. Ainsi, on découvre qu'un très haut pourcentage des policiers sont corrompus, qu'ils acceptent des pots-de-vin, se rendant ainsi coupables d'un acte criminel. On apprend également que les services secrets emploient des méthodes illégales. Lorsque nous entendons parler de la brutalité outrageante de la police ou de l'arrestation ou du meurtre impulsif d'un innocent, c'est un signe que la « danse policière » a dépassé les bornes. Quelquefois, dans des cas extrêmes, on poursuit un policier en justice, mais la plupart du temps, on considère que ces comportements font partie du jeu et on n'en tient pas compte.

À l'heure actuelle, la « danse policière » est une méthode nécessaire et souvent utile pour capturer les criminels les plus violents et les plus notoires. À la longue cependant, il faut voir les criminels un peu comme des boucs émissaires ou des cibles sur lesquels les parasites « agressophobes » déversent leur agressivité ; ils obtiennent stabilité et gratification en étiquetant certaines personnes comme des criminelles et en les poursuivant en justice. Une société qui favorise une saine expression de l'agressivité finira par connaître les effets polarisants et déshumanisants de la « danse policière », qui fait de nous tous des hypocrites au niveau affectif.

La « danse sportive »

Nous exigeons des champions de boxe qu'ils soient des bêtes féroces dans le ring et de parfaits gentlemen dans la vie quotidienne. Nous avons besoin de croire que leur comportement sportif n'a aucun lien personnel avec leur conduite ou leurs sentiments habituels. Lorsqu'un boxeur se montre aussi agressif en privé que dans le ring, comme c'est parfois le cas, les gens sont choqués par ce manquement à l'éthique professionnelle.

De même, au football, au rugby, au hockey ou dans d'autres sports violents, la société encourage les joueurs à manifester beaucoup d'agressivité sur le terrain de jeu et à redevenir des agneaux, la partie terminée. En théorie, la « danse sportive » a pour but de permettre aux participants de « lâcher de la vapeur » et de défouler leur agressivité d'une manière impersonnelle à travers le rituel sportif. En tant qu'exutoire pour l'énergie et l'agressivité personnelles des spectateurs, la « danse sportive » peut être l'une des plus agréables «danses autour de la bête». Toutefois, c'est un moyen déplorable de faire face à ses conflits intérieurs et à son agressivité.

L'esprit de compétition chez les athlètes les incite à percevoir l'adversaire d'une façon déshumanisée et stéréotypée. Nous «aimons» notre équipe et «détestons» l'équipe adverse. La partie devient une guerre miniature au cours de laquelle nous dirigeons notre agressivité sur des objets détestables, les joueurs de l'équipe adverse, qu'il faut «tuer» ou «anéantir». Nous libérons notre agressivité en dehors d'un contexte interpersonnel authentique. L'adversaire est un symbole, et nous nous engageons dans une interaction agressive impersonnelle avec lui. Tout le monde est bouleversé lorsque à l'occasion l'interaction devient personnelle et qu'une personne se fâche ouvertement contre une autre. Si une bataille ou une querelle survient, on dit que les participants se sont laissés emporter et on leur colle une punition. De cette façon, on préserve le caractère impersonnel de la «danse».

Les spectateurs des «danses sportives» dans une société «agressophobe» exigent de leurs athlètes une haine et un esprit destructeur de plus en plus grands. Dans la société américaine, par exemple, le baseball perd peu à peu de sa popularité parce qu'on le juge trop lent et trop fade. Par contre, le football américain et le hockey, deux sports ayant un fort potentiel agressif, gagnent constamment en popularité. Le succès des matchs de boxe se mesure proportionnellement à la brutalité des boxeurs.

Assister aux événements sportifs a toujours été considéré comme une façon saine de décharger son agressivité. Toutefois, les joutes télévisées de football et de hockey ont une influence aliénante sur l'individu qui reste rivé au petit écran pendant des heures, manifestant ainsi indirectement son agressivité à l'égard du reste de la famille. Ce peut être pour lui une façon de s'isoler et d'ignorer les besoins de sa famille ou de ne pas s'engager émotionnellement avec elle.

La « danse militaire »

La « danse militaire », à l'instar de la « danse policière », favorise une dichotomie de la société en termes de « bons » et de « méchants ». On voit la partie adverse comme une force démoniaque composée d'individus hostiles, méchants et malveillants. Notre camp, bien sûr, est bienveillant et pacifique ; nos intentions sont les plus pures, et c'est l'inconséquence de nos adversaires qui nous force à faire la guerre.

La « danse militaire », une des plus anciennes formes culturelles de défoulement de l'agressivité, a, depuis toujours, apporté des avantages secondaires aux cultures « agressophobes ». Habituellement, le taux de crimes et de suicides diminue considérablement pendant la guerre. La lutte contre un ennemi commun semble avoir pour effet de rapprocher les individus d'un même peuple. C'est là, en fait, une des conséquences ironiques et tragiques de la guerre. En temps de guerre, les peuples manifestent une solidarité et une chaleur réciproque qu'ils semblent incapables de ressentir en temps de paix. La guerre semble rapprocher les individus d'un même peuple comme la tragédie rapproche les membres divisés et aliénés d'une famille.

En outre, la « danse militaire » présente d'autres aspects positifs. Elle crée des héros, stimule l'économie, donne un sens à la vie de nombreux individus désorientés et sans but et assure des avantages financiers et éducatifs secondaires aux participants. Cependant, elle n'est d'aucune utilité pour maîtriser l'agressivité d'un peuple comme le laisse croire le proverbe « Si tu veux la paix, prépare la guerre ». Pour prendre part à une guerre, il faut voir l'ennemi d'une façon stéréotypée et déshumanisée ; il faut le considérer comme un « objet » et non comme une personne afin de pouvoir le tuer de façon impersonnelle. Chaque participant, peu importe le degré de brutalité de son action, agit rationnellement au nom de la justice. Chaque partie voit le camp adverse comme l'agitateur et elle-même comme la victime. La «danse militaire» exploite l'impersonnalité et la distorsion de l'image de l'ennemi. À ce titre, elle est totalement démodée et inutile pour préserver la paix et la sécurité. Elle ne fait qu'intensifier le processus d'aliénation et de déshumanisation qui existe au sein de la société.

La «danse pacifiste»

La «danse pacifiste» est une variation de la «danse religieuse»: elle favorise aussi une division marquée entre les «bons» et les «méchants» qui n'ont pas encore compris la beauté et la signification de la vie et de l'amour. La philosophie pacifiste veut que l'agressivité engendre l'agressivité et soutient qu'il faut briser cette chaîne destructrice à un certain point. C'est justement là qu'interviennent les pacifistes.

L'idée que l'agressivité engendre l'agressivité implique qu'il est possible de l'éliminer entièrement. Nous considérons cela comme une idée farfelue créée par les pacifistes pour se défendre psychologiquement contre leurs impulsions agressives qu'ils craignent et détestent. Il n'existe aucune preuve qu'il est possible d'éliminer entièrement sa propre agressivité. Il vaut mieux plutôt admettre ouvertement son existence, éliminer les tabous qui nous empêchent de l'extérioriser et apprendre à le faire de façon constructive. Le pacifiste confond ses propres défenses passives contre l'agressivité avec la tranquillité de l'esprit.

On peut même démontrer que le pacifisme peut être à la longue très destructeur dans sa naïveté et son irréalisme. L'Inde, nation longtemps pacifiste, a abandonné ses principes lorsqu'elle a constaté leurs implications sur ses relations futures avec les pays voisins. Aux États-Unis, l'histoire des Noirs nous donne une leçon à ce sujet. Le mouvement de libération des Noirs fit un grand pas en avant lorsque ses adeptes abandonnèrent les idées pacifistes de Martin Luther King.

La « danse pacifiste » est aussi une forme d'agression déguisée. En reconnaissant l'existence des « bons », elle crée automatiquement leur contraire, les « démons », les « bellicistes » ou les « meurtriers ». Le message tacite des pacifistes est teinté d'arrogance. *Ils* ont trouvé la lumière. *Ils* ont évolué vers un état de conscience plus élevé, plus spirituel. Ce sont les vrais amoureux de la paix. Les autres évoluent encore dans le noir.

La « danse pacifiste » se détraque lorsque le conflit et la dissension éclatent en son sein. Certains pacifistes ne sont pas assez purs aux yeux des autres, ce qui entraîne la formation de groupes dissidents. Les pacifistes se font la « guerre » sous prétexte qu'un petit nombre d'entre eux ne « comprennent » pas vraiment la « vraie signification » de leur philosophie et les façons de la mettre en pratique ou n'ont pas suffisamment évolué. Le pacifiste ne reconnaît pas du tout ses propres impulsions agressives, aveuglé qu'il est par ces disputes idéologiques rationnelles.

La « danse de la recherche scientifique »

La « danse de la recherche scientifique », dont les chorégraphes sont les sociologues, est une approche plus récente de la « bête ». Leur objectif consiste à apprendre comment contenir la « bête » en accumulant des données sur elle, en l'étudiant et l'analysant.

Une des récentes livraisons d'une importante publication de recherche en sciences sociales illustre certaines des limitations de cette « danse ». Le numéro était entièrement consacré à l'étude des formes « prosociales » ou soi-disant « aidantes » de comportement social comme l'altruisme, la sympathie et la charité. Les auteurs estimaient qu'on avait déjà consacré trop de temps à étudier les conduites négatives ou antisociales. Cette approche renforce donc la perception de deux sortes de comportement, dont l'un est altruiste et l'autre agressif.

Des chercheurs en sciences sociales ont laissé entendre qu'on peut maîtriser l'agressivité en conditionnant le comportement verbal ; ce qui sous-entend qu'en éliminant le vocabulaire de la violence et de l'hostilité, on peut abolir aussi en quelque sorte les émotions qui l'accompagnent. La «danse de la recherche scientifique» est enveloppée dans un langage sophistiqué, mais son approche envers l'agressivité demeure considérablement primitive.

Dansons avec la bête

Les «danses autour de la bête» ont toutes un élément en commun. Elles nous incitent à considérer l'agressivité comme une énergie destructrice qu'il faut canaliser dans des rituels impersonnels afin d'éviter de se détruire mutuellement. Ces «danses» ont peut-être joué un rôle bénéfique à un moment donné, mais désormais elles ne sont plus utiles pour contenir la «bête» agressive ou la rendre inoffensive. La société a besoin d'une nouvelle façon de faire face à la «bête» et nous proposons l'affrontement direct. «Dansons avec la bête.»

Pour ce faire, chaque individu doit avant tout reconnaître l'existence en lui de la «bête». Cela contribuera à abolir les tabous qui entourent toutes les façons non violentes d'exprimer son agressivité, et d'employer des procédés et des rituels constructifs dans ce but. En séparant les éléments destructeurs des éléments constructifs, nous pourrons employer à bon escient l'énergie vitale et dynamique de notre agressivité.

CHAPITRE 10

La sexualité refoulée, réprimée et les tabous

L'attitude répressive de l'époque victorienne à l'égard de la sexualité présente des ressemblances frappantes avec notre attitude à l'égard de l'expression de diverses formes d'agressivité.

1. *Autrefois*, il était obscène, mauvais et même dangereux d'avoir des relations sexuelles sauf dans des circonstances bien précises approuvées par la société.

   De nos jours, il est grossier, mauvais et même dangereux d'exprimer son agressivité sauf dans des conditions clairement définies et sanctionnées par la société.

2. *Autrefois*, il n'était pas convenable de s'adonner librement et avec insouciance à des activités sexuelles. On faisait une distinction entre les jeunes filles «bien» et les femmes «de mauvaise

vie». Les premières préservaient leur virginité jusqu'à leur mariage tandis que les secondes avaient des aventures préconjugales ou des relations sexuelles simplement pour leur plaisir. Les hommes épousaient les femmes «bien» et tiraient parti des femmes «de mauvaise réputation».

De même, les hommes «comme il faut» ne se masturbaient pas et n'exprimaient pas leurs désirs sexuels. De ceux qui le faisaient, on disait qu'ils se conduisaient comme des «animaux».

De nos jours, les gens «bien» en général ne se battent pas, ne perdent pas leur sang-froid et ne se querellent pas. Ils ne se montrent jamais impolis ou désagréables afin de ne pas mettre les autres mal à l'aise ou de ne pas les blesser. Par-dessus tout, ils évitent les conflits et les manifestations d'agressivité et ils fréquentent des personnes «gentilles». Seuls les «méchants» sortent facilement de leurs gonds, exhalent librement leur colère ou remettent les autres à leur place.

3. *Autrefois*, la sexualité occasionnait de poignants dilemmes. Les femmes, au supplice, se demandaient: «Devrais-je coucher avec lui ou non? Si je couche avec lui, il va penser que je suis une putain. Par contre, si je refuse, il va se désintéresser de moi.» Les hommes, eux, étaient aux prises avec des problèmes comme: «Pensera-t-elle que je suis trop pressé et l'insulterai-je si je l'embrasse dès la première sortie?» ou «Je voudrais me masturber, mais je sais que c'est défendu.»

De nos jours, nos sentiments agressifs nous causent aussi des conflits déchirants dont voici quelques exemples typiques: «Puis-je dire à mon employeur qu'il se montre trop exigeant envers moi? Si je le fais, je le fâcherai et il me congédiera. Si je me tais, je vais le détester ainsi que mon travail et il continuera de profiter de moi.» «J'en ai assez de leur compagnie et je veux les laisser, mais si je le leur dis, je vais les blesser. Si je me tais, je sens que je vais devenir fou.» «Si je lui dis non la prochaine fois qu'elle me demandera une faveur, elle se mettra en colère. Par contre, si je dis oui, je me détesterai de la laisser abuser ainsi de moi.»

4. *Autrefois*, on gardait pour soi nombre de sentiments et d'expériences sexuelles parce qu'ils nous embarrassaient. Par exemple : «Ne dis à personne que nous avons des relations sexuelles», «J'espère qu'il ne s'apercevra pas que je suis frigide», «Je ne peux parler à personne de mes fantasmes homosexuels.»

De nos jours, on cherche aussi à cacher les sentiments agressifs qui nous gênent. «Ne lui dis pas que j'étais contrarié par la façon dont il s'est occupé de cette affaire.» «Je ne veux pas que quelqu'un sache que je me suis mis en colère pour cela» ou «Ne leur parle pas de notre querelle.»

5. Autrefois, on croyait que les hommes et les femmes avaient des besoins sexuels opposés. Les hommes, supposément, avaient une grande énergie sexuelle tandis que les femmes n'éprouvaient pas, ou peu, de désir sexuel et trouvaient le sexe dégoûtant et pénible.

De nos jours, seuls les hommes sont supposés avoir de fortes pulsions agressives. On dit des femmes agressives qu'elles se comportent de façon masculine. On suppose en général que les manifestations d'agressivité dégoûtent les femmes et les effraient. La femme qui s'affirme, comme la femme de carrière aujourd'hui, est considérée plutôt comme un homme que comme une femme et traitée comme telle.

6. *Autrefois,* on était gêné et angoissé à l'idée d'exprimer ouvertement ses désirs sexuels à l'endroit d'une personne ; on les gardait donc pour soi. On se sentait coupable d'éprouver des sentiments «lascifs» et on craignait d'être rejeté si on les exprimait.

   De nos jours, on éprouve de la gêne et de l'angoisse à l'idée d'extérioriser sa colère ; on la ravale donc. On se sent coupable d'éprouver de la haine, de la jalousie ou du ressentiment et on craint d'être rejeté si on extériorise ces sentiments.

7. *Autrefois,* lorsqu'on manifestait impulsivement ses sentiments sexuels sous l'effet de l'alcool ou dans d'autres circonstances parce qu'on se «laissait emporter» momentanément, on éprouvait après coup de la culpabilité et de la honte.

   De nos jours, on se sent coupable et honteux d'avoir exprimé spontanément son agressivité, d'avoir perdu son sang-froid, de s'être fâché ou d'avoir dit une parole blessante. « Je me suis conduit comme un idiot » ou « J'étais vraiment hors de moi. »

8. *Autrefois,* les hommes ne se laissaient aller sans contrainte à leurs penchants sexuels et n'exprimaient leurs fantasmes qu'avec les prostituées ou les amantes d'une nuit, mais rarement avec leur épouse qu'ils ne voulaient pas «utiliser» ni «avilir» ainsi. Quant aux femmes, elles ne voulaient surtout pas que leur mari les prenne pour autre chose que des «dames».

   De nos jours, on ne se laisse aller à exprimer son agressivité et à la manifester ouvertement qu'avec des cibles anonymes et impersonnelles comme ses «ennemis», les étrangers ou les groupes, mais jamais avec ses proches. On fait le raisonnement suivant: « Je t'aime beaucoup, alors pourquoi devrais-je me quereller avec toi ? »

9. *Autrefois*, lorsqu'une personne laissait voir son corps ou se vêtait de façon nettement érotique, les gens détournaient les yeux et/ou regardaient à la dérobée parce qu'ils étaient gênés.

   De nos jours, lorsque deux personnes se disputent, se battent ou se mettent en colère, les gens sont gênés et évitent de les regarder.

10. *Autrefois*, l'ignorance, les mythes, les idées préconçues étaient très répandus à propos de la sexualité. On croyait que la masturbation rendait fou, que les femmes n'avaient pas de besoins sexuels et qu'une activité sexuelle excessive drainait son énergie.

    De nos jours, l'ignorance, les mythes et les idées préconçues entourent l'agressivité. «La colère est destructrice», «les gens tranquilles et doux sont inoffensifs», «si nous apprenons à communiquer, nous résoudrons à jamais les conflits interpersonnels», «les bébés modèles pleurent moins que les autres.»

11. *Autrefois*, la répression des désirs sexuels était vue comme la principale cause de nombreuses maladies psychosomatiques, comme les maux de dos, les migraines, les crampes et divers autres malaises.

    De nos jours, la répression de l'agressivité entraîne bien des maladies psychosomatiques comme l'hypertension, l'arthrite, l'asthme et les éruptions cutanées.

12. *Autrefois*, on attribuait surtout à l'inhibition et à la répression de la sexualité les troubles affectifs et mentaux. Les psychanalystes y voyaient la cause principale de l'angoisse, de la culpabilité, de la dépression et de l'hystérie. Une sévère répression entraînait de graves troubles mentaux.

De nos jours, on attribue principalement à la répression des sentiments agressifs comme la colère, la rage et diverses formes d'affirmation de soi de nombreux troubles mentaux et affectifs. On peut dire que l'angoisse, les sentiments de culpabilité, la dépression, etc. résultent du refoulement de l'agressivité. Poussé à l'extrême, celui-ci peut entraîner de graves troubles de la personnalité.

Ces analogies entre la répression de la sexualité et le refoulement de l'agressivité peuvent sembler inappropriées. La société craint les manifestations d'agressivité tandis qu'elle considère l'expression de la sexualité comme une chose agréable et essentielle.

Un temps viendra, nous le croyons, où elle reconnaîtra les aspects agréables et essentiels de l'agressivité, et les idées répressives qui ont cours actuellement paraîtront alors aussi démodées et destructrices que celles qui s'appliquaient autrefois à la sexualité.

CHAPITRE 11

Les dangers psychologiques d'une agressivité refoulée

L'agressivité refoulée, source importante de troubles affectifs, est à la société contemporaine, ce que la sexualité inhibée était à l'époque de Freud. À ce moment-là, les psychanalystes freudiens commençaient à découvrir le rôle énorme joué par la sexualité dans le développement de troubles personnels. Freud élabora cette théorie après avoir soigné de nombreux patients souffrant, à cause d'elle, de symptômes hystériques comme la paralysie, la perte d'acuité sensorielle et d'autres troubles physiologiques. Pourtant ces malaises semblaient dépourvus de fondement psychologique.

Il découvrit que, par l'intermédiaire d'un grand nombre d'entre eux, l'individu se défendait inconsciemment contre certains désirs sexuels tabous comme la masturbation, les sentiments incestueux, les aventures passagères, l'exhibitionnisme, le voyeurisme ou simplement les relations sexuelles préconjugales ou extraconjugales. Il supposait, par exemple, que le «bras paralysé» d'un patient le protégeait inconsciemment contre son envie de se masturber tandis que la «cécité» d'un autre était imputable à ses tendances voyeuristes. Freud avait découvert que les penchants homosexuels étaient à l'origine des plus graves formes de troubles mentaux comme la paranoïa. Il formula sa théorie sur le complexe d'Œdipe en étudiant le cas d'un petit garçon qui avait la phobie des chevaux alors qu'il n'avait jamais eu d'expériences malencontreuses avec eux dans le passé. Selon lui, l'enfant projetait sur le cheval, la peur qu'il éprouvait face à ses désirs incestueux. En général, dans ses études psychanalytiques Freud mettait l'accent, nous le savons, sur le rôle important que jouait la répression sexuelle sur le développement de la personnalité et de nombreuses formes de troubles mentaux.

Depuis l'époque de Freud, la libération sexuelle s'est fortement ancrée dans la conscience de notre culture. Les sexologues et les éducateurs sexuels détruisent rapidement les idées préconçues à cet égard. La grande popularité du best-seller *La femme sensuelle* illustre bien le changement radical qui s'est produit dans notre société. Dans cet ouvrage, l'auteur recommande la masturbation aux femmes pour les aider à développer leur potentiel sexuel et faciliter leur vie sexuelle au jour le jour[1]. Il y a à peine vingt ou trente ans, on croyait que la masturbation, pratiquée régulièrement, rendait fou. Nous avons fait un grand pas en avant en épurant notre conception de la sexualité de ces idées fausses et destructrices. De nos jours, les relations préconjugales et extraconjugales, l'avortement, la masturbation, la nudité en public et la pornographie font partie intégrante de notre conscience culturelle et sont acceptés dans une large mesure. En conséquence, le rôle joué par le refoulement de la sexualité dans le développement de troubles affectifs a grandement diminué.

Toutefois, la maladie mentale et les problèmes personnels sont encore répandus, bien que leurs formes et leurs causes diffèrent. La dépression, l'angoisse et l'incapacité d'exprimer ses sentiments ont remplacé en partie les symptômes hystériques. Nous croyons que tous ces problèmes de santé mentale cachent une grande part d'agressivité refoulée, comme l'ont mis en lumière les études publiées dans de nombreuses revues psychiatriques et psychologiques modernes. Nombre de nouvelles psychothérapies incitent l'individu à décharger sa colère et sa rage. Ces innovations vont de pair avec le fait que les psychologues croient de plus en plus que ces sentiments refoulés jouent un rôle important dans l'étiologie de beaucoup de troubles émotionnels graves.

La dépression

Il existe une relation entre l'agressivité refoulée et la dépression, comme l'illustre le cas de Charles et de Rachel, un couple marié dans la cinquantaine. Charles éprouvait un violent ressentiment à l'égard de sa femme tout en étant dépendant d'elle. Il avait aussi l'impression qu'elle le dominait et lui dictait sa conduite et il bouillait intérieurement de frustration et de rage. Par exemple, Rachel était profondément bouleversée chaque fois qu'il manifestait le désir de passer la soirée seul avec un copain pour causer et prendre quelques verres. Elle tempêtait et le menaçait jusqu'à ce qu'il capitule et annule sa sortie.

D'autres fois, il lui arrivait, lorsqu'il marchait en sa compagnie, de laisser son regard s'attarder un moment sur une jolie femme. Sa femme l'accusait alors de se conduire «comme un animal» et de ne pas prêter attention à elle. Il passait souvent ses soirées devant le petit écran parce qu'il s'ennuyait et qu'il craignait de s'affirmer en jouant aux cartes avec des amis ou en assistant à un match de football ou de tennis, comme il aurait voulu le faire. Lorsque Rachel se mettait à crier après lui et à le traiter d'empoté parce qu'il n'avait pas de passe-temps plus actif, il trépignait intérieurement de rage. Quoi qu'il fasse, elle n'était jamais contente, et lui arrivait de souhaiter secrètement sa mort.

D'une manière très soudaine, Rachel, pourtant vigoureuse en apparence, fut atteinte d'un cancer du cerveau. On l'opéra, mais le chirurgien ne put enlever la tumeur au complet. Elle reçut une série de traitements au cobalt, puis devint de plus en plus faible, craintive et désorientée. Elle mourut huis mois après l'opération.

Charles sombra dans une profonde dépression. Il répétait sans arrêt que c'était lui qui aurait dû mourir, et non elle. Il parlait d'une voix à peine audible et appelait Rachel son «ange» tout en redisant à quel point elle avait été affectueuse et attentionnée. Il se voyait comme un salaud, pour qui seuls comptaient ses propres besoins et ses plaisirs. Il allait même parfois jusqu'à se sentir responsable de sa maladie. «Je lui ai donné si peu et elle faisait tout pour moi. Je l'ai épuisée jusqu'à la mort», avait-il coutume de dire.

Envolées l'animosité, la colère et la rage qu'il avait éprouvées quand sa femme le dominait et l'étouffait de son vivant. En fait, Charles ne se rappelait même plus la moitié de ce qu'elle avait l'habitude de dire ou de faire et qui le fâchait tant. Il se blâmait pour le peu dont il se souvenait. Il n'avait en mémoire que sa «douceur» et sa «gentillesse».

Les mois passèrent et Charles était toujours aussi déprimé. Il devint de moins en moins actif. Sauf lorsqu'il se rendait à son travail, ce qui lui demandait un effort considérable, il restait assis le regard dans le vide à ressasser ses remords. En désespoir de cause, et sur la recommandation du médecin de famille, sa sœur l'emmena chez un psychiatre qui ordonna douze traitements aux électrochocs pour le sortir de sa dépression.

À la mort de Rachel, Charles avait été envahi de remords pour tous les sentiments agressifs qu'il avait nourris à son égard. D'une façon magique, il croyait que sa colère, son ressentiment, son désir et ses tentatives de s'affirmer ouvertement ainsi que l'intérêt occasionnel qu'il avait porté aux autres femmes avaient hâté sa mort. Il oublia totalement les nombreuses choses irritantes qu'elle avait coutume de dire ou de faire.

Dans notre société «agressophobe», il a toujours été mal vu d'éprouver de la colère ou du ressentiment, ou de s'affirmer ouvertement au sein des relations conjugales; mais il est pire d'éprouver ces sentiments ou encore du soulagement, du plaisir ou de la satisfaction après la mort d'un proche. On jugerait ces sentiments «hostiles» et «horribles» s'ils étaient exprimés à haute voix. Il n'est pas étonnant que tant de gens fassent de graves dépressions après un décès ou un divorce. Ils se laissent étouffer par leur colère refoulée et leurs remords.

La réaction de Charles, quoique extrême, n'est pas exceptionnelle. La dépression, de la plus profonde à la plus légère, est un phénomène fréquent dans notre société et intimement lié aux remords ainsi qu'au ressentiment, à la colère et à la rage refoulés. Les gens sont de connivence pour masquer ces sentiments. C'est ainsi que les amis de Charles se gardèrent bien de lui rappeler les plaintes et les disputes incessantes dont ils avaient été témoins pendant des années, ni le besoin de Rachel de le dominer, ni son tempérament critique, ni les humiliantes querelles dans lesquelles elle avait l'habitude de l'entraîner devant leurs amis. Ils essayèrent plutôt de rendre service à Charles en le persuadant qu'il n'avait pas été un salaud, mais un mari affectueux et tendre. Ils ne le contredirent jamais lorsqu'il parla de Rachel comme d'une femme parfaite, d'un «ange». Cela aurait semblé de très mauvais goût. Charles ne pouvait donc d'aucune façon décharger son agressivité refoulée. Malgré leurs intentions louables, ses amis le laissèrent croupir dans sa dépression, par peur de le bouleverser. Ils se bornèrent à lui conseiller gentiment, pour améliorer sa situation, de partir les fins de semaine, de boire du vin ou des liqueurs ou de manger la nourriture qu'ils lui apportaient.

Les bienfaits de la colère

Il est à la fois intéressant et révélateur de constater que notre conception culturelle de la façon d'aider quelqu'un fait appel au soutien moral, à la gentillesse, à la douceur et à l'optimisme. Nous ne sommes pas conditionnés socialement à voir l'aspect constructif ou utile d'une interaction agressive qui permet de s'opposer à l'autre, de se fâcher contre lui ou de l'aider à exhaler sa colère en acceptant qu'il se fâche en retour.

Paradoxalement, la seule chose qui aurait pu aider vraiment Charles et lui épargner les électrochocs, aurait été de l'encourager à revivre les sentiments effrayants, mais très humains, de rage qu'il avait éprouvés à l'égard de Rachel du vivant de celle-ci, à les exprimer et à les accepter. D'après l'état actuel des connaissances sur la dépression, nous pouvons affirmer que la rage étouffait Charles qui avait trop de remords pour l'accepter et l'exprimer de sorte qu'il la tournait contre lui-même sous forme de haine de soi et d'auto-accusations. Dans son esprit, il se voyait comme *le seul* responsable de tous leurs problèmes conjugaux. C'était *lui* le salaud, *lui* le coupable. Bien qu'entouré d'amis «compréhensifs» et «affectueux», Charles était en train de sombrer de plus en plus profond en lui-même. C'est pour éviter qu'il ne se suicide qu'on lui fit subir des électrochocs. Il est clair que pour Charles l'amitié ne suffisait pas.

Les psychothérapeutes qui soignent des individus déprimés doivent d'abord se poser les questions suivantes: «Contre qui la personne déprimée est-elle en colère, sentiment dont elle se sent tellement coupable qu'elle est incapable d'en admettre l'existence ou de l'exprimer?» Dans les cas de graves dépressions doublées de pulsions suicidaires, le psychothérapeute doit se poser la question suivante: «Qui cette personne veut-elle tuer?» (bien qu'elle soit inconsciente de cette pulsion) ou «Qui cette personne espère-t-elle punir en se blessant elle-même?» Il est reconnu que les profondes dépressions cachent souvent d'intenses sentiments de rage et de haine.

À titre de psychothérapeutes, nous insistons surtout pour que les personnes déprimées à la suite d'un décès, et particulièrement du décès d'un conjoint, épanchent leur colère contre ce dernier. En effet, dans notre culture occidentale, les rites funèbres ne permettent pas aux personnes en deuil de libérer leur agressivité qui, pourtant, a de nombreuses raisons d'être. Ainsi, on peut éprouver une vive colère d'avoir été abandonné par le défunt ou un violent ressentiment parce qu'il est trop tard désormais pour résoudre les conflits en suspens ou débattre les questions importantes. La dépression qui suit un deuil est donc souvent entremêlée de sentiments de rage.

Dans le cadre de notre programme thérapeutique, nous incitons les personnes veuves à établir d'abord une «liste de rancunes»: elles doivent y relater en détail les paroles et les actes de feu leur conjoint qui les ont blessées et irritées, mais pour lesquels elles n'ont jamais pu ou voulu le confronter. Puis, nous leur demandons de déverser toute leur rage sur une personne substitut ou, dans certains cas, de bourrer de coups de poing ou de pied un mannequin de chiffon ou de le battre avec un bâton recouvert de mousse tout en criant leur rage à l'égard du défunt. L'intensité de la rage et du soulagement qu'elles éprouvent et la rapidité avec laquelle elles sortent de leur dépression après ce rituel, prouvent qu'il existe vraiment un lien entre la dépression et la colère refoulée à propos de problèmes restés «en suspens».

Décharger sa haine de soi

Les légères dépressions ou les crises de cafard qui affligent tant de personnes dans notre société sont, à notre avis, liées étroitement à une habitude invétérée d'accumuler des sentiments agressifs à l'égard de soi-même. Nous recommandons aux personnes enclines à se mésestimer d'exécuter un exercice de «colère contre soi et de pardon» chaque soir avant d'aller au lit. On doit d'abord se rappeler tout ce qu'on a fait ou omis de faire durant la journée et ce pour quoi on s'en veut. Ensuite, on doit se réprimander physiquement et verbalement en s'infligeant de petites tapes et en se proférant des insultes comme «Toi, stupide! Imbécile! Espèce de casse-pieds irresponsable et sans cœur!» On doit continuer de s'insulter jusqu'à ce qu'on en ait assez et qu'on commence à penser qu'on n'est pas si méchant après tout et qu'on s'est assez puni. On doit ensuite se pardonner en se caressant le visage et en disant: «Tu es humain et tu as le droit d'agir comme un humain!»

La punition des enfants qui extériorisent leur agressivité fait partie de notre processus de socialisation, surtout au sein de la classe moyenne. On réprimande sans cesse l'enfant parce qu'il crie après ses aînés ou qu'il réplique; on lui répète qu'on veut bien le voir, mais ne pas l'entendre. Ces réprimandes ont parfois un effet particulièrement inhibant et destructeur sur son équilibre affectif. «Si tu réponds comme cela à ta mère, elle tombera malade et ce sera de ta faute», «Si tu parles ainsi à ta grand-mère, elle s'en ira pour toujours», «Si tu n'arrêtes pas de te quereller avec ta sœur, nous te donnerons à quelqu'un d'autre» ou «Nous appellerons la police pour qu'elle vienne te chercher». À presque tous les stades de la socialisation, on réprime l'agressivité de l'enfant en le menaçant de le punir ou en lui instillant des remords et de la honte. Les parents particulièrement répressifs et culpabilisants exposent l'enfant à souffrir de troubles personnels graves plus tard.

On peut donc affirmer avec certitude que les individus plus ou moins perturbés sont incapables d'exprimer leur agressivité ou d'y faire face puisque leurs parents les ont punis et culpabilisés lorsqu'ils tentaient de l'extérioriser durant leur enfance. En conséquence, nombre d'individus, perturbés ou non, n'ont même plus conscience de l'existence de ces sentiments en eux parce qu'ils ont appris à les associer à une ou à plusieurs des conséquences désastreuses suivantes:

1. *Abandon.* Lorsqu'ils étaient jeunes, leurs parents les menaçaient de les abandonner ou de les donner à d'autres s'ils essayaient d'extérioriser d'une façon ou d'une autre leur agressivité. «Si tu cries comme cela, maman s'en ira et elle ne reviendra plus jamais» ou «Nous te donnerons à quelqu'un d'autre et nous ne te reprendrons jamais.»

2. *Punition excessive.* Dans ce cas, les parents menacent de punir sévèrement l'enfant en lui administrant une fessée ou en le privant de quelque chose qu'il aime. «Si tu me réponds encore ainsi, je te donnerai une fessée dont tu te souviendras» ou «Si tu contredis encore ton père, tu n'auras plus la permission de jouer dehors après l'école pendant un mois» sont des exemples de menaces faites à l'enfant.

3. *Conséquences néfastes.* Ce type de menace incite l'enfant à croire que sa conduite agressive peut entraîner des conséquences néfastes pour la personne vers qui il la dirige. Bien sûr, on exagère le lien de cause à effet devant l'enfant, comme en témoignent les exemples suivants: «Si tu cries après ta mère, elle tombera malade et ce sera de ta faute» ou «Veux-tu que grand-papa fasse une crise cardiaque parce que tu te querelles sans arrêt avec lui?»

4. *Destruction.* Ce type de menace, qui se rapproche des menaces précédentes, laisse croire à l'enfant que sa conduite agressive aura des effets destructeurs sur les relations interpersonnelles de ses proches. Par exemple, «Parce que tu n'écoutes pas, maman et papa se querellent tout le temps. Un jour, nous divorcerons à cause de toi» ou «Si tu n'es pas gentil avec grand-maman, tu la blesseras et elle ne reviendra plus jamais.»

5. *Mort.* Les parents «agressophobes» les plus perturbés et les plus destructeurs ont recours à ce type de menace. «Arrête de te quereller avec maman ou elle va se tuer» ou «Un jour, lorsque papa et maman seront morts, tu regretteras d'avoir parlé comme cela.»

L'expérience clinique des auteurs coïncide avec les observations d'autres psychologues et psychiatres : les parents d'enfants perturbés ont toujours fait peser sur eux des contraintes aliénantes face à leur agressivité. D'une part, les parents provoquent chez l'enfant de la colère et du ressentiment en l'insultant, en bloquant son développement affectif et en lui infligeant des punitions excessives. D'autre part, ils menacent de le punir s'il exprime sa colère en retour, le privant ainsi d'un exutoire sain pour décharger des sentiments parfaitement normaux. Afin de préserver son équilibre émotionnel, l'enfant se replie sur lui-même et n'est plus du tout conscient de ces sentiments, qu'il a appris à considérer comme dangereux. Pour s'en protéger, il les refoule au point de ne plus les reconnaître en lui. Devenu adulte, il doit se préserver de plus en plus de toute relation intime afin d'éviter les interactions qui le forceraient à exprimer des sentiments qui, dans son esprit, ont pris des proportions effrayantes et entraînent des conséquences désastreuses.

La schizophrénie catatonique

Chez l'adulte, l'agressivité refoulée peut être à l'origine de toutes sortes de troubles émotionnels qui se traduisent par des symptômes allant de la migraine à la dépression ou, dans des cas extrêmes, à une forme de psychose appelée schizophrénie catatonique. Léonard M., un ingénieur en aéronautique à l'emploi d'une importante compagnie, fut une de ces «victimes»! Auprès de ses collègues, il avait la réputation d'être un individu créateur et digne de confiance.

Homme paisible aux manières douces, il devint de plus en plus replié sur lui-même et taciturne. Un mois plus tard, sa femme téléphona à la compagnie pour annoncer que Léonard était très malade et qu'il devait être «opéré».

La vérité était tout autre. Léonard avait brusquement refusé de faire le moindre mouvement. Il restait assis, aussi raide qu'une statue, le regard dans le vide, les yeux à demi fermés. Il refusait toute nourriture et ne permettait à personne de l'alimenter. Il fallut le conduire à l'hôpital psychiatrique où on diagnostiqua «une réaction schizophrénique de type catatonique». Il continua de rester assis sans bouger ni réagir pendant plusieurs jours. Lorsqu'un médecin ou une infirmière déplaçait sa main, il la laissait dans sa nouvelle position. Lorsqu'ils essayaient d'ouvrir sa bouche pour le nourrir, il serrait fortement les mâchoires.

Après plusieurs jours, il explosa tout à coup d'une violente rage et tenta de s'attaquer à un infirmier qui s'occupait de lui. Il fallut trois personnes pour le retenir, et à partir de ce jour, son état s'améliora; il commença à se déplacer et à s'occuper de lui-même.

Plusieurs semaines plus tard, grâce aux soins intensifs d'un psychothérapeute, il se rétablit complètement et put parler de sa maladie. Il déclara qu'il s'était replié sur lui-même et immobilisé parce qu'il se sentait destructeur et coupable face à son travail lié à la défense militaire. Ses fantasmes et ses accusations envers lui-même avaient continué de prendre de l'ampleur jusqu'à ce qu'il cessât tout mouvement. Il en était rendu à croire que le fait de bouger, même un doigt, pouvait déclencher une explosion qui détruirait le monde.

Ces fantasmes liés à la destruction du monde sont fréquents chez les schizophrènes catatoniques. Ils illustrent d'une façon extrême la fausse idée que se font nombre d'individus de leur pouvoir d'agression. Léonard M. avait été élevé dans une atmosphère hautement intellectuelle. Son père était professeur de théologie tandis que sa mère enseignait la géométrie au niveau secondaire. Chacune de ses tentatives de s'affirmer ou d'extérioriser son agressivité se heurtait à des menaces très sévères de punition et à de terribles réprimandes de la part de ses parents. Il finit par passer presque tout son temps enfermé dans sa chambre à lire des ouvrages scientifiques et à travailler des problèmes de mathématiques. Il ne laissait jamais paraître ses émotions, positives ou négatives, jusqu'à ce qu'il tombât malade. Plus tard, sa femme avoua avec ironie qu'elle se réjouissait de sa maladie parce que la personnalité introvertie de son mari la rendait folle au point qu'elle avait pensé sérieusement à le quitter.

Les problèmes psychologiques les plus répandus

En perdant conscience de leurs sentiments agressifs, en niant leur existence en eux-mêmes et en les refoulant, les individus se coupent d'une grande part de leur réalité émotionnelle et de celle qui existe au sein de leurs relations interpersonnelles. Comme nous l'avons souligné plut tôt, nombre de troubles affectifs parmi les plus répandus dans notre société moderne, résultent de l'inhibition de ces sentiments. Le tableau suivant décrit la relation qui peut exister entre le refoulement de l'agressivité et le développement de troubles psychologiques.

Troubles psychologiques	*Relation possible avec le refoulement de l'agressivité*
1. Dépression	Agressivité dirigée contre soi-même plutôt que vers la cible réelle de l'entourage de l'individu ou du monde extérieur. Les individus déprimés ressentent souvent une vive colère qu'ils sont incapables d'extérioriser.

2. Compulsion *(certains cas)* Modèles de comportement rituels et répétitifs possiblement destinés à maîtriser un sentiment agressif. Par exemple, la personne qui, de façon compulsive, vérifie le four une demi-douzaine de fois avant de partir pour s'assurer que le gaz est bien fermé peut ainsi maîtriser une pulsion ou un désir destructeur latent à l'endroit d'un membre de la famille. De même, une personne qui n'arrête pas de faire du ménage peut vouloir contrôler son désir sous-jacent d'envoyer ce travail au diable parce qu'elle le déteste.

3. Obsession *(certains cas)* Par ce comportement l'individu intellectualise une impulsion agressive afin de la dissocier du sentiment original et d'éviter de passer à l'acte. Par exemple, une mère qui se répète d'une manière obsessionnelle qu'elle ne doit pas échapper son bébé au moment où elle le tient dans ses bras, contrôle, par le biais de son obsession son désir latent de laisser tomber l'enfant. De même, la personne qui, lors d'une réception ou d'une rencontre officielle, est obsédée par la peur de se mettre soudain à proférer des jurons et des insultes à l'endroit des autres invités, contrôle ainsi un désir inconscient d'agir justement de la sorte.

4. Angoisse *(certains cas)* L'angoisse, dans ce cas, résulte d'une peur inconsciente de la personne d'éprouver un

sentiment agressif qui l'effraie, et de l'extérioriser. Par exemple, l'extrême angoisse du futur marié peut trahir sa peur de ne plus maîtriser son désir inconscient d'échapper au mariage. Il se peut que celui qui souffre d'angoisse chronique contrôle, par ce biais, sa rage à l'endroit d'une personne ou d'une situation parce qu'il trouve ce sentiment trop épouvantable pour en être conscient.

5. Neurasthénie
(fatigue chronique)

Une personne qui refoule son agressivité, son exaspération ou sa rage à l'égard de son rôle social peut finir par se sentir vidée de toute énergie. Cette fatigue chronique peut trahir une forme d'agressivité passive dans le cas, par exemple, d'une ménagère qui est complètement épuisée deux heures après son réveil. Sa fatigue chronique masque son ressentiment latent à l'égard de son rôle de ménagère. Elle retrouve son énergie dès qu'elle s'adonne à des activités qui lui plaisent.

6. Délire de persécution

Renversement des impulsions agressives. Par un mécanisme de défense psychologique appelé projection, l'individu transforme son désir latent de blesser les autres en crainte que les autres ne veuillent le blesser.

7. Délire de grandeur
(« Je suis le Christ venu pour sauver le monde »)

Transformation défensive et inconsciente d'une impulsion agressive en sentiment inoffensif. C'est ainsi que, grâce à un processus défensif appelé formation réactionnelle, l'individu transforme sa haine inconsciente du monde entier en désir de le sauver.

8. Impuissance sexuelle et frigidité	L'individu exprime passivement son agressivité envers son partenaire par son indifférence sexuelle qui peut dénoter un désir inconscient de le punir ou de l'humilier ou encore de lui refuser toute satisfaction.
9. Peur de perdre la raison	Ce symptôme peut trahir la peur d'un individu de ne plus maîtriser des sentiments cachés et effrayants de rage et de ressentiment et de les exprimer brusquement.
10. Suicide	Le suicide est la forme la plus grave d'agressivité refoulée, que l'individu détourne de sa cible réelle pour la diriger contre lui-même. Le suicidaire est une personne dont les sentiments de culpabilité l'empêchent de déverser sa rage et son agressivité sur leurs cibles réelles. Il nourrit souvent l'illusion que son geste punira une ou plusieurs personnes de son entourage. Son message tacite signifie : « Ils regretteront de m'avoir traité ainsi lorsqu'ils verront que je suis mort. » Le suicidaire est étouffé par sa culpabilité qui l'empêche d'extérioriser sa rage.

Dans une société « agressophobe » comme la nôtre, nous sommes tous sujets aux troubles émotionnels résultant de la répression de nos impulsions et de nos sentiments agressifs. Bien sûr, il ne nous est pas toujours possible de les extérioriser et cela n'est pas toujours socialement accepté. Toutefois, nous devons à tout prix prendre conscience de ces sentiments, accepter leur existence, apprendre à les assumer et trouver les exutoires appropriés pour les exprimer de façon constructive. C'est à cette condition seulement que nous trouverons notre équilibre mental et que nous le préserverons. En perdant conscience de ces sentiments, nous renonçons à une part importante d'intégration de nos émotions. C'est par l'ampleur de ce blocage affectif que l'on peut déterminer dans quelle mesure et avec quelle intensité une personne est sujette à cette sorte de troubles émotionnels.

La notion de normalité est dénuée de signification dans un contexte «agressophobe». Il est peut-être normal d'être toujours «gentil» dans notre société parce que c'est là un comportement jugé acceptable sur les relations interpersonnelles. L'aliénation, la dépression, l'angoisse chronique, la morosité, les explosions de colère et la manipulation font déjà ou feront bientôt partie des comportements normaux pour la simple raison qu'une grande part de la population les a adoptés. Cependant, ils sont loin de nous aider à nouer des relations saines et constructives.

Depuis quelques années, il est à la mode de considérer la folie sous un jour romanesque et de l'interpréter comme un état supérieur de conscience ou une connaissance plus profonde de la réalité. À l'instar de psychologues comme Ronald Laing et Alan Watts, nous croyons qu'il existe des réalités importantes dans la folie et que notre société joue à des jeux susceptibles de la détruire et de détruire sa conscience; nous estimons cependant que la psychose n'est qu'une forme extrême d'agressivité refoulée. En dépit de l'ingéniosité et de l'exquise sensibilité qui caractérisent nombre d'états de schizophrénie, nous croyons qu'il est faux et destructeur de penser que cette forme de terreur émotionnelle est une voie supérieure vers la santé mentale et la vérité. Nous croyons plutôt que le psychotique est effrayé par sa force, sa rage et son besoin de s'affirmer et de dominer autrui et qu'il a recours à des mécanismes compliqués et fantaisistes pour contrôler ses sentiments et ses impulsions et les refouler. Il n'est qu'une victime extrême de notre société «agressophobe».

Pour développer notre potentiel émotionnel, il nous faudra détruire des mythes, des préjugés et des réactions que nous avons profondément assimilés au cours du processus de socialisation.

Six attitudes nocives à notre santé mentale

Voici des attitudes typiques envers l'agressivité qui, à notre avis, ont des effets particulièrement destructeurs.

1. «La colère est destructrice et c'est une perte de temps.»

Cette attitude est le fondement de l'«agressophobie». L'individu croit en général que sa colère entraînera la destruction de son interlocuteur et de leur relation. Toutefois, plus il refoulera ses sentiments agressifs, plus ceux-ci lui paraîtront destructeurs. L'expression réciproque de ces sentiments au sein d'une relation interpersonnelle est essentielle afin de ne pas accabler l'autre, ce qui arriverait si l'agressivité refoulée pendant trop longtemps explosait soudain de façon destructive.

Outre la stimulation que lui apporte l'expression franche et positive de sa colère, l'individu qui se fâche force son interlocuteur à réagir et à exprimer, lui aussi, ses émotions. Bien qu'elle risque d'effrayer ce dernier de prime abord, sa colère, si elle est vraiment motivée par un désir de lui communiquer des sentiments véritables et non de l'écraser, ouvrira la voie à une communication authentique. Supprimer ces sentiments équivaut à perpétuer une relation affective irréelle et explosive. Lorsque le barrage cède, on risque d'être incapable de contrôler son énergie agressive, et les pires craintes qu'on nourrissait à son propos se trouveront confirmées.

2. «Si je lui dis vraiment ce que je ressens, il (elle) ne le prendra pas. Il (elle) en sera anéantie (e).»

Nombre de craintes concernant l'expression franche de la colère et l'affirmation de soi se fondent sur une conception erronée de la fragilité des gens. L'individu en colère croit que son interlocuteur sera profondément blessé, qu'il se sentira abandonné ou qu'il ne s'en remettra pas. Or, cette idée de fragilité n'a souvent aucun fondement réel. Elle tient au fait que nous connaissons l'intensité de nos sentiments et craignons leur pouvoir. L'individu qui démontre de la faiblesse et de la fragilité face à votre colère, cherche peut-être à vous dominer ou à vous manipuler.

En jouant le jeu des individus supposément fragiles, vous les affaiblissez à la longue et vous détruisez toute possibilité de nouer avec eux des relations spontanées et authentiques. Sous prétexte de les protéger, vous les traitez comme des enfants et les empêchez de s'épanouir. En exprimant clairement et honnêtement vos sentiments agressifs, vous les mettez peut-être mal à l'aise, mais votre relation avec eux deviendra plus réelle et ils apprendront, grâce à vous, à faire face à la colère et à la provocation et donc à développer leur propre force.

3. «Si je laisse sortir mes sentiments agressifs, je risque de perdre la maîtrise de moi.»

Bien des individus refoulent leur agressivité parce qu'ils craignent de perdre la tête s'ils se laissent aller. La peur de devenir violent et de tuer quelqu'un est très répandue.

En général, la violence résulte de l'accumulation de sentiments hostiles longtemps réprimés. Les personnes obsédées par la peur de perdre la maîtrise de soi, la perdent rarement, sinon jamais. La peur qu'elles éprouvent dénote à elle seule la présence de mécanismes inhibants. En extériorisant régulièrement ses sentiments agressifs on se familiarise avec eux, ce qui est peut-être la meilleure façon de prévenir la violence.

4. « C'est un comportement inapproprié. »

Nos idées préconçues sur ce qui se fait ou ne se fait pas sont souvent trahies par des expressions comme « Je ne devrais pas », « Je ne suis pas supposé », ou « Ce n'est pas bien » ou encore « De nouveaux mariés ne devraient pas se quereller », « Un médecin ne doit pas se fâcher » ou « Les enfants ne doivent pas répliquer ».

Ces restrictions qu'on impose à son rôle social sont souvent le prix destructeur qu'il faut payer pour essayer de se conformer à une image qui ne correspond pas à ses propres sentiments et à son vrai moi. En principe, les rôles sont là pour faciliter les relations humaines et non pour les détruire. Lorsque les restrictions inhérentes à son rôle sont destructrices, mieux vaut les laisser tomber. Par exemple, depuis des années, on enseigne aux professeurs à cacher leurs sentiments agressifs et à garder une humeur égale contre vents et marées. Il est possible que ce comportement irréel joue un rôle important dans le manque considérable d'influence, la tension et le mécontentement auxquels ils font face aujourd'hui. Les professeurs souffrent de devoir se conformer à des attentes irréalistes et étrangères à leurs véritables sentiments.

5. « Si je laisse paraître ces sentiments, ils me rejetteront. »

Il se peut qu'au sein des relations impersonnelles ou passagères et dans certains milieux, comme en milieu de travail, il vaille mieux garder pour soi ce type de sentiments. En les déversant sur ceux avec qui on ne désire pas nouer de véritable relation, mais à qui on veut seulement confier un travail, on risque de compromettre sa situation, de se mettre à dos une simple connaissance ou de s'attirer une réaction violente et inattendue.

Toutefois, il est peut-être plus destructeur de poursuivre les relations exigeantes qui vous obligent à contrôler sévèrement vos sentiments que de les abandonner. En extériorisant votre agressivité, vous éloignerez peut-être certaines personnes, mais vous préserverez les relations les plus satisfaisantes et les plus vraies ; car obliger quelqu'un à refouler constamment ses sentiments agressifs, c'est déjà le rejeter en quelque sorte. C'est comme si on lui disait : « Sois comme je veux que tu sois et non comme tu es vraiment. »

6. « J'ai peur de leur réaction face à ma colère. »

À cause des punitions extrêmes subies dans l'enfance, certaines personnes associent l'expression de sentiments agressifs à d'horribles représailles, un châtiment physique par exemple. La peur initiale qu'elles éprouvaient face aux menaces, aux coups et aux punitions sévères de leurs parents subsiste même au sein de leurs relations actuelles.

Il ne fait aucun doute qu'une personne franchement agressive dans un milieu « agressophobe » court certains risques. Toutefois, en acceptant de courir ces risques, elle permettra à sa relation d'évoluer de façon positive et de se restructurer totalement. Pour préserver notre propre santé mentale et physique, il importe donc que nous soyons attentifs à nos sentiments agressifs, que nous les acceptions et que nous les exprimions au fur et à mesure.

Troisième partie

Comment intégrer
l'agressivité à sa vie

CHAPITRE 12

Les rituels de décharge de l'agressivité

«... ce n'est que lorsqu'une intense agressivité existe
entre deux individus que l'amour peut naître.»
ANTHONY STORR[1]

L'adulte semble avoir perdu cette spontanéité, si naturelle chez les enfants, qui leur permet de jouer ensemble un moment, puis de se chamailler et s'insulter l'instant d'après avant de faire la paix à nouveau. Rappelez-vous pendant un moment la dernière réception mondaine, fête ou réunion à laquelle vous avez assisté. S'il s'agissait d'une soirée ordinaire chez des amis, vous avez eu droit à votre arrivée, ainsi que les autres invités, au traditionnel «Bonjour! Ça va?» proféré avec un large sourire auquel vous avez probablement répondu par des salutations aussi «joviales». Avant même que vous n'ayez eu le temps d'enlever votre manteau et de trouver un endroit confortable, on vous a posé la fameuse question

«Que désirez-vous boire?» Puis, les quelques heures suivantes ont été une ronde interminable de «verres», d'amuse-gueule et de cigarettes, entrecoupée de conversations polies et «amicales» bien qu'ennuyeuses et superficielles jusqu'à ce que tous les invités soient «dans les vapeurs» et rentrent chez eux en titubant. Quelqu'un a récemment qualifié de «trempettes» ce genre de soirées où les gens vont d'un groupe à l'autre, font une petite trempette dans les conversations et donnent plus ou moins leur avis.

Si vous aviez été attentif à ce qui se passait en vous, vous auriez probablement ressenti de la gêne et de l'irritation et vous vous seriez peut-être demandé ce que vous faisiez là à vous embêter; ou encore vous auriez eu l'impression que tout cela était faux et que vous perdiez votre temps. Si vous ne faisiez pas confiance à ce que vous ressentiez, vous auriez peut-être été étonné de vous embêter alors que tout le monde semblait s'amuser.

Le lendemain, vous avez oublié les noms et les visages de ces gens avec qui vous étiez si aimable et poli la veille et avec lesquels vous avez peut-être échangé des numéros de téléphone et pris rendez-vous. Pourquoi? Qu'est-ce qui manquait? Qu'est-ce qui empêche ces gens de s'amuser alors que c'est précisément là le but de leur réunion?

Un des principaux facteurs susceptibles, à notre avis, d'empêcher les gens de se divertir franchement tient au fait que les conventions sociales modernes les obligent à contrôler leur agressivité plutôt que de l'extérioriser. La solide poignée de main, la tape amicale dans le dos, le large sourire «cordial» et toutes ces salutations sont des gestes mécaniques, des rituels destinés à mettre en confiance et des symboles de «camaraderie». En fait, la personne qui n'y répond pas d'une façon spontanée ou automatique suscite la méfiance et même le dédain, passe pour un rabat-joie, un empêcheur de danser en rond et un original mal élevé.

Pourtant, à quoi rime ce jeu poli? Que se passe-t-il après que les rituels initiaux de «camaraderie» ont été accomplis? Rien, la plupart du temps. L'interaction sociale qui débute sur cette note irréelle semble se figer dans l'air. La nourriture et la boisson sont là pour combler les vides. Imaginez un moment une soirée sans ces deux éléments. Oseriez-vous affronter la tension et le ressentiment qui apparaîtraient rapidement chez les invités?

Pour arriver à bien connaître une personne et à nouer des liens intimes avec elle, il faut échanger autre chose que des sentiments «amicaux» conventionnels et impersonnels. Lorsqu'on fait la connaissance d'une personne, on émet inévitablement des réserves, des doutes et des jugements de valeur défavorables sur elle et on ressent une certaine angoisse; mais comme il n'existe aucune façon socialement acceptable de communiquer ces sentiments agressifs, il est plus sûr et plus simple de garder une réserve polie jusqu'au moment de partir plutôt que de les partager. En conséquence, les gens s'en retournent chez eux comme des étrangers, des ombres prises dans le filet poli et superficiel des conventions sociales. Comme rien dans l'étiquette ne leur permet d'extérioriser l'angoisse, la peur, le ressentiment, les réserves et la jalousie qu'il est normal d'éprouver lors de la première rencontre avec quelqu'un, il ne leur reste qu'à s'abrutir dans l'alcool, la nourriture, la cigarette et la drogue.

Il existe de nombreuses facettes dans les événements sociaux même les plus joyeux qui provoquent inévitablement de l'animosité chez tout individu sensible. La naissance d'un premier bébé en est un bon exemple. La coutume veut que les amis donnent une petite fête à cette occasion et que le père distribue des cigares. Mais il n'a aucun exutoire pour les inévitables sentiments d'animosité, et de frustration qu'il éprouve à la suite de cette naissance. Fini les longues et paisibles nuits de sommeil, les relations sexuelles ininterrompues, les vacances ou les sorties impromptues, sans compter la bouche de plus à nourrir.

Lorsque arrive le petit deuxième ou le troisième, on attend de l'aîné qu'il manifeste de la joie et on le pressent à ce sujet bien avant l'événement. «Es-tu heureux? Tu auras un nouveau petit frère ou une nouvelle petite sœur?» Les parents sont bouleversés lorsque l'enfant extériorise son ressentiment; pourtant, il n'a, en fait, aucune raison de jubiler puisqu'il perdra sa situation privilégiée. Cependant, ses parents le contraignent à ravaler son ressentiment naturel et à manifester de la joie et de l'amour pour ne pas paraître égoïste.

D'autres événements «heureux» comportent aussi des aspects susceptibles d'éveiller de l'hostilité et de l'agressivité chez les personnes concernées. Le diplômé d'université est «supposé» exulter. Pourtant, il quitte la sécurité du milieu universitaire pour faire face à un nouveau mode de vie qui suscite chez lui une vive anxiété. Il laisse un milieu au sein duquel ses objectifs étaient clairement définis et où il trouvait des cibles appropriées pour déverser son agressivité, qu'il s'agisse de ses professeurs, des examens ou de l'institution.

Les invités à une noce boivent, dansent, racontent des histoires grivoises et créent des attentes irréalistes chez les nouveaux mariés qui apprennent qu'ils «doivent» être heureux et qu'ils le «seront» sans nul doute. On les force à sourire et à jouer la comédie du bonheur même si tout le monde sait, y compris eux-mêmes, qu'ils signent un contrat qui est, au mieux, une grâce mitigée. En fait, nombre de lunes de miel tournent à la catastrophe parce que les nouveaux époux sont incapables de se conformer à des attentes irréalistes et cruelles. Il ne leur est pas permis d'exprimer leurs réserves, leurs angoisses liées à leur vie sexuelle future et leur ressentiment concernant la perte de leur liberté ainsi que les conflits et les pressions qui surgiront inévitablement au sein du couple.

Une promotion, un nouvel emploi ou une retraite sont aussi considérés comme des événements heureux. L'individu qui a reçu de l'avancement ferait une sérieuse gaffe s'il se réjouissait ouvertement de son succès. Il doit jouer les humbles et accepter les louanges des autres. Ses collègues à qui il a damé le pion ne doivent pas extérioriser leur colère. Il existe pourtant nombre d'aspects négatifs inhérents à une promotion: l'heureux élu devra faire face à des pressions et des tensions accrues, à l'envie de ses collègues, à un isolement particulier résultant d'une modification de ses relations avec ceux-ci qui risquent de ne plus être les gais copains d'autrefois, à un traumatisme réel face à ses nouvelles fonctions et au danger de passer, en vertu du principe de Peter, d'un niveau de compétence à un niveau d'incompétence; mais il doit garder son angoisse pour lui. S'il l'affichait, on le taxerait d'ingratitude ou d'infantilisme ou on trouverait son attitude déplacée chez quelqu'un qui vient d'accéder à un poste supérieur.

De même, les fêtes données à l'occasion d'une retraite ont une saveur émotionnelle factice. Elles ressemblent beaucoup à des funérailles au cours desquelles le défunt est soudain érigé en saint. À cette occasion, tous les sentiments négatifs à son égard, la rancune et même les sentiments du type «D'une certaine façon, je suis heureux qu'il soit mort» sont considérés comme tabous. Lorsqu'on fête une retraite, les invités ne tarissent pas d'éloges à l'endroit du fabuleux retraité et font des commentaires irréalistes sur son avenir promis au bonheur parce que libéré de tout horaire et de toute responsabilité. En retour, le retraité chante les louanges de l'entreprise. Il ravale le ressentiment qu'il éprouve à être remercié de ses services et à l'idée que d'autres se réjouissent du départ du «vieux» qui laisse la place à du sang neuf. Pas étonnant que ces événements mondains soient si ennuyeux: les sentiments les plus profonds et les plus importants sont considérés comme tabous et gardés secrets.

Les anniversaires ainsi que les fêtes de Noël comportent une somme considérable d'aspects négatifs sous-jacents. Les statistiques démontrent que le taux de dépressions nerveuses et de suicides est très élevé dans le temps des Fêtes. Peut-être les victimes se désespèrent-elles de ne pas participer à l'allégresse générale. Elles en concluent que quelque chose ne tourne pas très rond chez elles puisqu'elles sont si différentes et si malheureuses et se demandent à quoi bon vivre.

Le sentiment que «quelque chose ne va pas» parce qu'on ne ressent pas ce qu'on «devrait» ressentir est probablement l'aspect le plus destructeur de l'absence d'un rituel visant à encourager l'extériorisation des sentiments agressifs en société. Les couples se désespèrent parce que leur mariage n'est pas aussi réussi que celui des autres, du moins en apparence; les parents se sentent coupables parce qu'ils n'exultent pas à la naissance de leur enfant; et ainsi de suite. Ces personnes se mésestiment et cherchent à se punir elles-mêmes parce qu'elles éprouvent des sentiments pourtant normaux, mais que tout le monde refoule constamment ou cache simplement pour perpétuer des mythes.

Des rituels pour libérer l'agressivité

Les rituels que nous proposons ici peuvent servir de points de départ pour décharger son agressivité. Nous croyons qu'on doit intégrer quotidiennement ces rituels ou leurs variantes individuelles aux interactions sociales au même titre que les rituels amicaux. Ils visent à structurer l'expression et l'échange des sentiments agressifs qui naissent et s'accumulent inévitablement au sein des relations interpersonnelles.

La théorie de l'agressivité constructive sur laquelle reposent ces rituels est représentée par la formule suivante:

$$AGR_{©} = \frac{IR}{HP}$$

AGR$_{©}$ Agressivité constructive

IR   Impact-renseignements

HP   Hostilité pernicieuse

Cette formule indique que l'expression de l'agressivité de façon constructive entraîne un échange de renseignements qui favorise la diminution des sentiments hostiles. Les rituels décrits dans le présent chapitre visent donc à favoriser l'échange de renseignements et la libération de l'intense colère latente et apparemment injustifiée qui rend l'agressivité destructrice au sein d'une relation.

Le but de ces rituels *n'est pas* de favoriser l'adoption d'un comportement particulier. Ce rôle incombe surtout à la «confrontation directe pour un changement» que nous décrirons dans un autre chapitre et dont les Drs George Bach et Peter Wyden ont parlé en détail dans *L'ennemi intime*.

Nos séances de formation à l'agressivité où les participants se familiarisent avec les rituels sont à la fois amusantes, sérieuses, infantiles, effrayantes et stimulantes. Les relations entre les participants sont parfois idiotes et comiques et à d'autres moments, elles sont cruelles et déformées. Rien n'est tabou et nous encourageons les participants à exprimer tous leurs sentiments. Dans le contexte des rituels de décharge de l'agressivité, aucun sentiment n'est désordonné, déplacé ou inapproprié; tous sont au contraire constructifs.

En société, les gens ont l'habitude d'éviter les interactions agressives parce qu'elles semblent jeter un froid entre eux. Paradoxalement, au sein du contexte structuré des rituels, les échanges agressifs ont un effet diamétralement opposé; ils favorisent une intimité et une confiance plus grandes entre les participants plutôt que de les éloigner et de les aliéner. Il faut en faire l'expérience personnelle ou le constater de ses propres yeux pour reconnaître la rapidité avec laquelle les contacts s'établissent dans une atmosphère où l'agressivité est exprimée ouvertement.

Le volcan

Le « volcan » offre un rituel qui permet à l'individu de décharger la frustration, le ressentiment, la souffrance, l'hostilité et la rage qu'il a accumulés en « crachant » littéralement ce qu'il a sur le cœur. Il ne peut le faire qu'avec la permission des personnes concernées, que ce soit à la maison ou au travail. Il est entendu que l'explosion de colère se fait à sens unique devant un auditoire qui écoute calmement sans jamais répondre.

Exprimé au hasard des relations, comme le font habituellement la plupart des individus, ce type de sentiments a presque toujours un effet destructeur. En effet, lorsqu'une personne laisse éclater sa colère, c'est souvent à la suite d'un incident mineur qui lui sert de prétexte pour déverser un torrent de rage refoulée. Ce qui lui attire immanquablement des représailles de la part des personnes concernées. Suit alors une vive querelle qui a souvent des conséquences désastreuses sur leur relation. Nous éprouvons tous inévitablement ce type de sentiments, et ce rituel constitue un moyen sûr et structuré de les exprimer.

Au sein de la famille, on peut déterminer un moment précis chaque jour, de préférence le soir, au cours duquel chacun des membres pourra se libérer de la rage, de la rancune et de la frustration accumulées, même si nombre de ces sentiments ne concernent en rien les autres membres. La famille doit prêter une oreille attentive et respectueuse, mais ne répondre en aucun cas aux sentiments exprimés. À mesure qu'ils se familiarisent avec cette technique, nous encourageons les membres à aller de plus en plus loin en eux-mêmes afin d'extirper leur hostilité la plus profonde et la plus irrationnelle.

Nous connaissons sept membres d'un organisme d'assistance sociale qui se réunissent chaque matin pour accomplir le rituel du volcan à l'heure de la pause. Chaque membre dispose de trois minutes. Par une chaude matinée d'août, un des conseillers se leva lorsque son tour vint et se mit à crier: «La circulation est incroyable dans cette sacrée ville. Cela m'a pris vingt minutes pour me rendre à l'autoroute ce matin. À mon arrivée, je m'aperçois que j'ai deux rendez-vous à la même heure. Cette dingue de réceptionniste que notre empoté de superviseur a engagée devrait se le tenir pour dit, cela fait cinq mois qu'elle est ici. De plus, ce maudit ventilateur ne fonctionne toujours pas dans mon bureau. Si on ne fait pas quelque chose bientôt, j'ai l'intention de traîner un électricien ici moi-même et de le regarder travailler jusqu'à ce qu'il l'ait réparé. Puis, je présenterai moi-même le compte au directeur.»

Les collègues de ce bureau ont découvert que partager ouvertement leurs sentiments de frustration les stimulait et les rapprochait dans leur travail.

On devrait avoir recours au rituel du volcan particulièrement dans le cas d'un événement heureux. Ainsi, les futurs époux, le mari promu à un nouveau poste, le jeune diplômé, les parents d'un nouveau-né pourraient décharger leurs frustrations anticipées et tous leurs sentiments négatifs face à l'événement en question. De plus, pour les personnes malades ou en deuil, celles qui ont des examens scolaires ou des entrevues professionnelles à passer, le rituel du volcan serait d'un grand secours.

Le «volcan» a un but préventif. Maintes fois, les querelles ridicules et aliénantes, la froideur que l'on ressent face à un proche, le cafard, la mauvaise humeur et la dépression proviennent d'une rage étouffée et refoulée. Le «volcan» peut vous aider à garder l'air suffisamment pur autour de vous pour prévenir les crises de mutisme opiniâtre et les attaques hostiles et aliénantes qui se produisent lorsque la goutte fait déborder le vase. Ce rituel s'adapte aisément à divers milieux où les individus sont en contact quotidiennement et où les sentiments refoulés peuvent facilement créer une atmosphère tendue.

L'insolence

La pièce d'Edward Albee, *Qui a peur de Virginia Woolf?* illustre bien l'insolence. Elle met en scène un professeur et sa femme qui échangent une série d'insultes mordantes. Cette scène, que leurs jeunes invités prennent, à tort d'ailleurs, pour une querelle rationnelle sur les problèmes de leur couple, n'est qu'un signe profond d'amour et d'intimité. La femme accuse son mari de manquer d'ambition et il la blâme en retour de ne pas avoir d'enfant. C'est à travers ce rituel que le couple préserve son intimité. Chacun d'eux attaque l'autre pour lui permettre de se défendre plutôt que de tourner sa rage contre lui-même.

L'insolence est un échange d'insultes entre deux personnes qui s'y prêtent par consentement mutuel pendant une période déterminée, de deux minutes par exemple. Il s'agit d'une façon structurée et non violente de balayer tous les sentiments de ressentiment réciproque qui s'accumulent inévitablement parce qu'ils sont rarement exprimés et qui explosent en querelles destructrices et aliénantes.

En principe, c'est dans la mesure où elles se sentent assez libres et confiantes pour prendre part avec tout leur être à un échange d'insultes qu'il est possible de juger des rapports, du degré d'intimité et de l'attachement profond qui existent entre deux personnes, qu'elles soient frères, amis, amants ou qui que ce soit. Lorsqu'elles doivent marcher «sur des œufs», c'est signe que leur relation est fragile. Ce rituel exige de la part des partenaires une intimité et un respect profonds ainsi qu'un sentiment de sécurité mutuel afin qu'ils puissent exprimer les sentiments hargneux les plus irrationnels.

Les règles fondamentales d'une insolence entre deux personnes désireuses d'explorer leur intimité et de l'intensifier par cet échange d'insultes sont les suivantes :

1. Consentement mutuel.

2. Interdiction de prendre les insultes au pied de la lettre ; les meilleures insolences facilitent les explosions de colère les plus irrationnelles, les plus cruelles et les plus méchantes.

3. Limite de temps précise et fixée à l'avance, deux minutes par exemple, pour marquer la fin du rituel.

Le rituel se déroule de la façon suivante : d'une voix forte et hargneuse, les deux participants laissent échapper en même temps un torrent d'insultes à l'endroit de l'autre personne pendant une période déterminée. Nous encourageons chaque participant à concentrer toute son attention sur sa propre attaque verbale et à faire la sourde oreille aux insultes de l'autre afin de ne pas être tenté d'y répondre. Dans une insolence idéale, aucun des deux participants n'entend vraiment les insultes de l'autre, même s'il se tient en face de celui-ci qui l'invective en plein visage.

Une fois la technique maîtrisée, le rituel a les caractéristiques suivantes : flot régulier de remarques insultantes et d'exagérations abusives, attitudes corporelles convaincantes, mimique et gestes accentuant les points ridicules et sarcastiques. Après coup, les participants se sentent «lavés» de tout ressentiment et beaucoup plus proches de la personne qu'ils viennent d'insulter. Le rituel s'avère utile aussi aux personnes qui sont en froid, à celles qui communiquent difficilement ou qui sont incapables de le faire parce qu'elles s'échauffent et se crient par la tête. L'insolence permet même aux individus qui entretiennent de bonnes relations de toujours savoir ce qu'ils éprouvent. Au risque de nous répéter, nous estimons que c'est un signe de la confiance et de la sécurité les plus grandes que d'être assez à l'aise avec une personne pour se prêter avec elle à cette sorte d'échange d'insultes.

Le « savon » et la rentrée en grâce

Le « savon » est un rituel d'accusation verbale non réciproque. N'importe quelle conduite irritante ou offensante peut servir de prétexte à un savon si l'offensé pense qu'elle l'empêche sérieusement de se rapprocher de l'offenseur et de rester en bons termes avec lui. En d'autres termes, tout comportement qui risque de détériorer gravement la qualité de la relation entre deux personnes peut donner lieu à un savon. Le but de ce rituel est de délivrer l'offensé de ses sentiments de rancœur et de permettre à l'offenseur de rentrer dans les bonnes grâces de celui-ci.

Le contenu d'un savon se limite à une conduite précise que la personne offensée trouve particulièrement blessante et dont l'offenseur accepte la responsabilité. Manquer à une promesse, trahir la confiance de l'autre, oublier un événement important comme un anniversaire ou tout autre comportement de ce type peuvent servir de prétexte à un savon. Celui-ci peut être utile également aux personnes qui ont des relations irrégulières ou très limitées mais qui désirent prévenir toute accumulation de sentiments de colère en partageant ouvertement leur irritation.

Comme tous les rituels, le savon exige l'accord des deux participants. L'offensé demande à l'offenseur la permission de lui donner un savon après lui avoir glissé un mot de son contenu. Si l'offenseur reconnaît ses torts éventuels, il accepte de recevoir cette accusation à sens unique. Les deux parties fixent alors une période limitée qui peut être d'une minute par exemple.

L'offenseur écoute *en silence* «l'acte d'accusation», puis il peut demander des éclaircissements. Par contre, il lui est interdit de réagir ou de répondre à son accusateur, de nuire au savon ou de se justifier pendant ou après le rituel.

Advenant le cas où l'offenseur endosse la responsabilité de sa conduite, il peut demander une «rentrée en grâce». Il lui faut pour cela accepter une compensation choisie par l'offensé afin de rentrer dans les bonnes grâces de celui-ci qui s'engage alors à lui accorder son pardon.

Dans certains cas, la personne qui reçoit le savon peut refuser d'endosser la responsabilité de l'offense ou de demander une «rentrée en grâce»; alors, le rituel n'a pas lieu.

Suzanne et Michel avaient décidé de vendre par correspondance des articles pour animaux domestiques et ils avaient installé leur bureau dans le garage de la maison de Suzanne. Depuis quatre semaines, Michel promettait à celle-ci d'installer un dispositif d'éclairage, mais il ne s'était pas encore exécuté. Suzanne finit par en être tellement frustrée qu'elle commença à négliger certaines de ses responsabilités afin de contrarier Michel, bien que tous deux en subirent les conséquences.

Le lundi matin de la cinquième semaine, Suzanne demanda à Michel la permission de lui donner un savon. Il était d'accord et ils fixèrent à deux minutes la durée du rituel. Et de commencer Suzanne: «Il y a un mois, tu m'as promis de poser une lumière convenable dans le garage. Je me sens comme une marâtre parce que tu m'obliges à te le rappeler jour après jour. J'ai l'impression aussi que tu m'envoies au diable en refusant de prendre ma demande en considération et je suis en train de perdre tout intérêt à faire mon boulot. J'ai horreur de cette situation et tu me dégoûtes.»

Michel écouta Suzanne et comprit ce qu'elle ressentait. Il accepta le savon et demanda une «rentrée en grâce» pour se faire pardonner. Il accepta de poser le dispositif d'éclairage le lendemain soir et d'écrire à Suzanne un mot d'excuse selon les règles de l'art et de le garder accroché au mur pendant deux semaines.

Le combat d'oreillers

Le «combat d'oreillers» est un rituel destiné à décharger physiquement leur colère en utilisant des oreillers ou mieux encore des bâtons coussinés, remplis d'une bourre souple et élastique qui leur permet de se battre avec un abandon total.

Comme c'est le cas de tous les autres rituels, le combat ne peut avoir lieu sans l'assentiment des participants. Lorsqu'ils sont de force physique inégale, comme c'est le cas entre un parent et un enfant ou entre un homme robuste et une personne de plus petite taille, les participants doivent s'entendre sur une restriction afin de rétablir l'équilibre des forces. Ainsi, un parent qui se bat avec un petit enfant peut se mettre à genoux ou se tenir sur un pied et tenir le bâton coussiné avec trois doigts seulement.

Ces limites physiques doivent être établies avec précaution de sorte que les participants puissent quand même se frapper mutuellement avec conviction. Ils doivent éviter d'exagérer ces restrictions dans un esprit de complicité; c'est le cas par exemple lorsque le «gentil» papa ou le «gentil» mari s'impose des limites si sévères qu'il est incapable de se battre efficacement.

Les participants doivent s'entendre pour ne pas frapper certaines parties du corps comme le visage et les organes génitaux. On peut aussi établir d'autres limitations comme déterminer une zone de sécurité où ils pourront se retirer pendant un moment en cas de fatigue.

Ce rituel est aussi soumis à une limite de temps. La plupart des participants trouvent qu'une ou deux minutes suffisent. Dès le signal du départ, les combattants s'échangent des coups de bâton coussiné. S'ils se sont entendus au préalable, ils peuvent aussi s'insulter mutuellement. Il n'est pas rare de voir des individus incapables d'invectives en temps normal ou lors d'autres rituels perdre toute timidité lorsqu'ils ont «une arme» en main. Le combat fournit aux individus un exutoire physique non violent pour leur colère, surtout lorsque les mots leur manquent et qu'ils sont tendus. Ce rituel, à la fois amusant et acceptable, comble une lacune chez bien des personnes qui craignent l'agression physique et la considèrent comme tabou.

La bastonnade

La bastonnade est l'équivalent physique du «savon». Il s'agit d'une volée de coups de bâton coussiné que l'offenseur accepte de recevoir afin de permettre à l'offensé de se libérer physiquement de l'hostilité qu'il éprouve à son endroit parce qu'il l'a blessé par sa conduite ou a gravement altéré sa confiance. La personne qui reconnaît ses torts et qui souhaite rentrer dans les bonnes grâces de l'autre peut demander la bastonnade ou accepter de la recevoir.

Les participants commencent par négocier des restrictions précises. Ainsi, l'offensé peut administrer les coups de bâton à des intervalles réguliers de quinze secondes. Si cela ne suffit pas pour apaiser sa colère, il peut négocier une nouvelle période avec l'offenseur.

Celui qui reçoit la bastonnade doit se tenir debout ou penché sans bouger de sorte que l'autre puisse le frapper sans danger. On encourage fortement ce dernier à exprimer verbalement sa colère en accompagnant d'insultes et d'accusations chaque coup qu'il porte.

Rémi Picard, divorcé et père de deux enfants, avait promis à son fils de l'emmener à la foire pour son anniversaire. Monsieur Picard, qui fréquentait depuis peu une jeune femme, oublia complètement la date en question. Lorsqu'il vint chercher ses enfants la fois suivante, son fils s'enferma dans sa chambre et refusa de le voir. Après maintes cajoleries, son père réussit à le convaincre de lui ouvrir. Il lui tendit alors un bâton coussiné et demanda la bastonnade. Après quelques minutes d'embarras, le fils commença à frapper son père sans conviction sur le postérieur, puis, après quelques secondes, il le frappa de toutes ses forces en hurlant rageusement «Je te déteste!» Après deux minutes environ de cette rage explosive, le fils se calma et se jeta en larmes dans les bras de son père. Ils étaient redevenus amis.

On conseille parfois le rituel de la bastonnade à l'individu qui, après un décès ou un divorce, ressent encore de la colère à l'endroit du défunt ou du conjoint absent parce que certaines affaires n'ont pas été réglées avant le départ. Il donne alors la bastonnade à un mannequin.

Le marché aux esclaves

Ce rituel permet aux participants d'exercer à tour de rôle au sein de leur relation une domination et une soumission totale en assumant alternativement les rôles de «maître» et d'«esclave». Le but de ce rituel est de rompre les rapports habituels rigides de domination qui existent au sein d'une relation surtout lorsqu'une personne a tendance à toujours assumer le rôle actif ou dominant tandis que l'autre affiche d'emblée une attitude passive et soumise.

Les participants commencent par fixer une limite de temps, habituellement de trois à cinq minutes, avant de décider quel rôle sera dévolu à chacun pour débuter. L'«esclave» précise ensuite ce qu'il refuse de faire (par exemple: «Je ne veux pas chanter ou ramper sur le plancher.»). Une fois le rituel commencé toutefois, l'esclave est obligé d'exécuter sur-le-champ et fidèlement les ordres de son «maître», tant que celui-ci respecte les restrictions imposées par l'esclave.

La personne qui fait le «maître» pourra, si elle est pourvue d'imagination, amener l'esclave à adopter un comportement inhabituel chez lui et qu'elle aimerait lui voir adopter. Ainsi, elle peut demander à une personne qui aime la propreté de façon compulsive et qui parle un langage soigné de crier des obscénités, ou à une personne passive de se conduire d'une manière très dynamique.

Ce rituel convient à n'importe quel milieu où l'autorité entre les individus s'exerce de façon asymétrique, notamment au bureau, à l'école ou à la maison. Il permet à l'individu de s'engager dans une interaction agressive dont il n'a pas l'habitude avec une autre personne. En outre, il lui donne une excellente occasion de faire fi des stéréotypes culturels traditionnels. Par exemple, l'homme se sent souvent obligé d'exercer son pouvoir en présence d'une femme tandis que celle-ci affiche automatiquement une attitude de soumission. Ce rituel oblige chaque individu à se placer dans des situations dynamiques différentes de celles auxquelles il est habitué et de voir comment il réagit dans ces situations. Il est surprenant de voir le nombre d'hommes qui découvrent par exemple qu'ils aiment vraiment jouer le rôle de l'esclave passif et soumis, rôle auquel ils ont peut-être résisté consciemment durant toute leur vie.

Attrait-retrait

Ce rituel amène les participants à exprimer ouvertement leurs impressions face à un aspect qui leur plaît chez l'autre personne et un aspect qui les rebute ou les incite à s'éloigner d'elle. Il peut s'agir de points relativement superficiels qui touchent à l'apparence physique de la personne, à ses manies gestuelles, à sa tendance à froncer les sourcils et à avoir l'air fâché ou à chercher à attirer l'attention en s'affichant. Nous recommandons aux participants d'accomplir ce rituel au tout début d'une relation et au fur et à mesure qu'elle s'approfondit.

Pour garder une relation saine, il est essentiel de partager tant ses sentiments négatifs ou ses réserves que ses sentiments positifs à l'égard de l'autre personne. Le penchant «agressophobe» des individus les incite à fermer les yeux sur ce qui leur déplaît chez l'autre ou simplement à taire leurs réserves par souci de politesse. Cette attitude empêche la relation d'évoluer sur un plan réaliste. Parfois, en n'exprimant pas ses réserves, on peut même faire échec à la naissance d'une nouvelle relation.

Un ami d'un des auteurs, propriétaire d'un restaurant de libre service, employait cinq adolescents. Il affirmait que tout marcha sur des roulettes pendant plusieurs semaines, puis que tout à coup l'atmosphère devint orageuse et que l'un des employés démissionna. Il avait toujours beaucoup de difficulté à lui trouver un remplaçant.

Après avoir participé à deux de nos sessions d'agressivité créatrice, il encouragea ses nouveaux employés à accomplir le rituel «attrait-retrait» avec les employés plus anciens. Le dialogue suivant s'engagea entre Gilles, dix-huit ans, à son emploi depuis sept mois, et Gilbert, dix-sept ans, nouveau venu dans la boîte.

Gilles : Ce qui me plaît chez toi, c'est que tu poses beaucoup de questions. J'ai l'impression que tu veux vraiment apprendre et je trouve cela très bien. Ma principale réserve a trait à ton vocabulaire, trop «mode» à mon goût. J'ai l'impression que tu as peur d'être toi-même et que tu joues à «Monsieur Nouvelle Vague».

Gilbert : Ce qui me plaît le plus chez toi c'est ton franc-parler. Pas de détour. Tu as l'air de dire vraiment ce que tu penses. J'ai l'impression qu'au moins je saurai toujours où j'en suis avec toi.

Par contre, je n'aime pas ta froideur et ton détachement. Tu as l'air de tout prendre tellement au sérieux et de ne pas avoir le sens de l'humour. J'ai l'impression qu'il faut toujours que je me surveille pour ne pas que tu prennes mes paroles de travers.

Réprimande au miroir

Ce rituel d'agressivité se pratique seul le soir. On demande à l'individu de fermer les yeux et de retourner en mémoire au moment de son réveil du matin. Il doit penser à ce qu'il a fait dans la journée, à ce qu'il regrette, dont il a honte ou qui lui donne vraiment une impression de gâchis. Par exemple, il peut avoir pris un ou deux verres de trop, avoir présenté une façade aimable et souriante à quelqu'un qu'il n'aimait vraiment pas, s'être laissé convaincre d'accepter une responsabilité dont il ne voulait pas parce qu'il était incapable de dire «non», avoir oublié de mettre de l'argent dans le parcomètre et s'être fait coller une contravention, etc.

Après que l'individu a déterré tout ce qui lui a déplu dans ses comportements de la journée, il doit se réprimander si possible devant le miroir et s'infliger une punition physique légère, comme une tape ou un coup de bâton coussiné, en se traitant d'idiot et d'imbécile. Lorsqu'il n'est plus fâché contre lui-même et qu'il se sent ridicule de continuer ce jeu, il peut arrêter.

À ce moment, il doit être prêt à se pardonner. Il s'embrasse ensuite dans le miroir et se pardonne en se disant quelque chose comme «Tu es humain. Tu as parfaitement le droit de faire des erreurs!»

Le but de ce rituel est d'empêcher la création d'une réserve de rancœurs à l'égard de soi-même qui risque de contribuer à une éventuelle dépression nerveuse.

Persistance-résistance

Le rituel de «persistance-résistance» oblige les participants à peser soigneusement le pour et le contre avant d'accéder à une demande ou de la refuser. Deux aspects rebutent souvent la plupart des gens qui apprennent à exprimer leur agressivité: s'affirmer face à un refus initial et dire «Non» sans se sentir coupable quand on n'a pas envie d'accéder aux désirs de quelqu'un.

Ce rituel a donc un double but. D'une part il encourage l'affirmation de soi; d'autre part, il facilite le contrôle de ses tendances à la fausse complaisance, qui incitent l'individu à chercher à plaire, à céder facilement et à dire «Oui» même quand il a envie de dire «Non».

Ce rituel s'accomplit lui aussi avec l'assentiment des deux parties, dont l'une persiste dans sa demande à l'autre qui doit lui opposer un refus automatique et le justifier avec des arguments convenables. Le rituel bat alors son plein. La personne qui persiste doit mettre à contribution son imagination pour trouver mille raisons diverses susceptibles de venir à bout de la résistance de son interlocuteur. En retour, ce dernier doit exprimer toutes les réserves possibles et toutes les raisons qui motivent son refus. Les deux parties doivent invoquer des raisons plausibles auxquelles elles croient sincèrement.

Le rituel prend fin lorsque la personne qui persiste abandonne la partie en disant «Je vois que tu ne veux vraiment pas et je renonce à essayer de te convaincre parce que j'ai perdu tout intérêt à le faire» ou lorsque l'autre se dit persuadé et lui donne le feu vert. Les participants peuvent fixer une limite au préalable et par exemple, interrompre le rituel lorsque celui qui persiste dans sa demande a invoqué sept raisons, et que l'autre s'entête dans son refus.

Pratiqué à la maison, au travail, entre amis ou amants, ce rituel constitue, à notre avis, une façon socialement acceptable pour l'individu d'étudier sincèrement et à fond les demandes qui lui sont présentées afin de bloquer ses tendances à la complaisance, éviter d'être poussé hâtivement à faire quelque chose qui lui déplaît ou surmonter l'impression de rejet que suscite un refus peu ou non justifié. Il présente aussi pour nombre d'individus, une occasion unique de s'entraîner à manifester leur agressivité en apprenant à dire «Non» et à ne pas céder ou à s'affirmer face au refus de quelqu'un sans l'interpréter comme un rejet personnel ou une excuse pour se replier sur soi.

Le dialogue suivant s'est engagé spontanément, dans le cadre d'un rituel de «persistance-résistance», entre un imprésario d'expérience et une jeune actrice qui essayait de le convaincre de la prendre comme cliente.

ELLE : Monsieur G., j'aimerais que vous me représentiez.

LUI : Je ne pense pas pouvoir vous consacrer l'attention et le temps qu'exige l'édification d'une carrière.

ELLE : J'ai vraiment l'impression d'avoir un talent assez rare pour la comédie.

LUI : On ne tourne plus guère ce type de films aujourd'hui et on ne joue presque plus de comédies de situation à la télévision.

ELLE : J'ai joué aussi des tragédies et des classiques. J'ai obtenu des critiques positives pour tous les rôles que j'ai tenus dans des pièces de répertoire ou d'autres pièces.

LUI : Les bonnes critiques sont importantes, mais il y a en cette ville une pléthore d'actrices douées pour lesquelles les critiques ne tarissent pas d'éloges.

ELLE : Je ne prendrai pas beaucoup de votre temps. Je me chercherai du travail moi-même et le vôtre se bornera à m'envoyer à des auditions que j'aurai dénichées moi-même.

LUI : Cela me plairait beaucoup mais j'ai déjà seize clients et je ne veux pas m'occasionner un surcroît de travail.

ELLE: Pourquoi ne pas essayer pendant deux mois? Si les réactions que vous obtenez à mon sujet ne sont pas favorables, je m'en irai tranquillement.

LUI: Je suis un peu embêté. Appelez-moi lundi prochain.

ELLE: Je dois vous dire que je suis sûre de réussir avec ou sans vous. Mais je préférerais que ce soit avec vous.

LUI: Je pense que vous avez l'énergie qu'il faut pour cela. J'aime beaucoup ce trait de caractère chez vous. J'accepte de vous prendre à l'essai pendant trois mois.

Le musée des peines

Ce rituel permet aux participants de mettre en lumière le ressentiment caché et les peines qu'ils n'ont pas exprimés sur le moment. La plupart du temps, on accumule ces sentiments jusqu'à ce que la goutte fasse déborder la coupe et qu'un grand froid se produise au sein de la relation avec l'autre. À ce moment, les sentiments négatifs accumulés sont si accablants que, même avec la meilleure volonté, l'individu est incapable de réparer les dommages causés à sa relation.

Si les participants se connaissent depuis un certain temps, ils doivent insister surtout sur les peines que leur partenaire leur a infligées, particulièrement celles qu'ils n'ont jamais mentionnées. Si leur relation est toute nouvelle, comme c'est le cas d'un nouvel employé et de son employeur et de ses collègues, ou de nouveaux amants, ils peuvent établir une liste des souffrances causées par un autre employeur ou un autre membre du sexe opposé; il s'agit alors de peines dont ils se souviennent et qu'ils craignent de subir à nouveau au sein de leur nouvelle relation. En renseignant ainsi l'autre dans le cadre d'un rituel, on diminue les risques de voir la nouvelle relation contaminée par des expériences passées.

Ce rituel s'accomplit avec l'accord des deux parties. Chaque personne dresse par écrit une liste de ses peines passées dans l'ordre où elle s'en souvient. La lecture de la liste n'est soumise à aucune limite de temps, bien qu'une personne puisse demander un répit si elle se sent débordée. Le partenaire auditeur demeure parfaitement silencieux pendant la lecture de la liste ; il ne lui est pas permis de répondre ou de se justifier. Lorsqu'un des participants a terminé, l'autre lit sa liste à son tour. On ne discute d'aucun point de l'une ou l'autre liste tant que le rituel n'est pas terminé. Une fois les listes lues, les deux partenaires peuvent disposer de leurs souvenirs respectifs de l'une ou l'autre des façons suivantes :

1. Reléguer, d'un commun accord, certains souvenirs aux oubliettes.

2. Troquer certains points pour d'autres. « Je te promets d'oublier la fois où tu m'as insulté devant un client si tu oublies la fois où je ne suis pas rentré de la nuit sans t'avoir appelée. »

3. S'entendre pour régler le cas de certains souvenirs dans le cadre d'une confrontation directe parce qu'ils offrent des possibilités de changements constructifs (voir le chapitre intitulé « Confrontation directe pour un changement au travail »).

4. Conserver certains souvenirs de façon permanente au « Musée des peines » simplement pour le plaisir de les rappeler au souvenir de l'autre.

Les points sensibles

Pour ce rituel, chaque participant établit une liste de « coups bas », qu'il échange avec celle de son partenaire. Ces « coups » peuvent englober les points sensibles, les comportements, les critiques, les réactions qui dévastent affectivement une personne. Ces points sensibles ont habituellement un caractère idiosyncratique. Ce qui laisse une personne indifférente peut être très pénible pour une autre. Ainsi, certains ne voient pas d'inconvénient à ce que leur interlocuteur les touche en leur parlant tandis que ce contact physique en répugne d'autres qui font tout pour l'éviter. Certains exècrent les discussions de vive voix alors que d'autres les supportent sans problème. On peut inclure dans les «points sensibles» les commentaires sur son poids, sur un échec professionnel, sur une ancienne relation traumatisante ou sur sa stabilité émotionnelle.

Gérard Brasseur, qui participait avec sa femme dont il était séparé à l'époque à un groupe de formation en agressivité créatrice pour couples mariés, lui fit lecture de la liste suivante de «points sensibles»; il s'agissait de gestes ou de commentaires qui, venant de sa femme, le blessaient profondément ou le fâchaient terriblement :

1. Lorsque tu me dis que j'ai réussi au travail parce que je suis un lèche-cul.
2. Lorsque tu fais la moue ou que tu quittes la pièce quand je joue de la guitare.
3. Lorsque tu remets sur le tapis la fuite de ma première femme avec un autre homme et que tu me dis que je devrais t'être reconnaissant de ne pas avoir fait la même chose.
4. Lorsque tu me dis que je ne devrais pas travailler si fort et que tu dépenses tant d'argent en plantes et en vêtements.
5. Lorsque je commence à parler de mon travail à d'autres personnes et que tu as l'air de t'ennuyer mortellement.

Bien que certains de ces «points sensibles» puissent paraître névrotiques jusqu'à ce qu'ils soient «insensibilisés» par la psychothérapie ou autrement, il est essentiel que les personnes reconnaissent et respectent ces points sensibles chez l'autre si elles veulent établir une relation fondée sur la confiance et l'intimité.

Le club d'insulte

Nous avons tous des préjugés sur le sexe des gens, leur couleur, leur profession, leur religion, leur apparence, etc. Nous pensons, par exemple, que les femmes sont manipulatrices, hystériques et matérialistes ; que les Latins sont tergiversateurs et irresponsables ; que les ingénieurs sont rationnels et qu'ils agissent comme des ordinateurs ; ou que les Juifs sont hypocrites et impitoyables sur les questions pécuniaires, etc.

La plupart des gens pensent qu'ils n'ont pas de préjugés, mais notre expérience nous a prouvé que si ce type de personnes existe, il est rare. Le rituel collectif du « club d'insulte » permet aux membres de groupes hostiles les uns envers les autres, mais désireux de travailler ensemble et de communiquer de façon significative, de dévoiler leurs idées stéréotypées au tout début de leur relation.

Maints préjugés persistent entre les jeunes et les plus âgés, entre les Noirs et les Blancs, les hommes et les femmes, les étudiants et les professeurs, les employeurs et les employés. Surtout en milieu de travail, où les individus ont besoin de communiquer efficacement, nous estimons que les rituels traditionnels de politesse et les règles du protocole sont faux et inefficaces. Les barrières ne sont pas faciles à abattre en dépit des efforts multiples de chacun. Nous avons découvert qu'en exprimant ouvertement leurs sentiments les plus profonds de méfiance et d'animosité dans le cadre de ce rituel, les groupes peuvent arriver à établir une communication sincère fondée sur la réalité. Après avoir exprimé les pensées et les sentiments horribles dont ils connaissent tous l'existence en eux, même s'ils la nient, ils sont prêts à nouer des relations étroites.

Avec l'assentiment de tous les participants, chaque groupe fait l'inventaire des préjugés les plus irrationnels, les plus primitifs et les plus infâmes qu'il nourrit à l'endroit de l'autre groupe. Les participants doivent laisser sortir tous leurs sentiments négatifs. Chaque groupe accomplit le rituel à son tour, de préférence en présence d'un arbitre. Une personne se lève et invective, pendant une période prédéterminée, d'une minute par exemple, l'autre groupe assis à quelques mètres plus loin. Quand elle a terminé, elle reste debout et écoute la réponse du groupe qu'elle vient d'attaquer pendant une minute ou plus, selon la période fixée au préalable. Puis c'est au tour d'un membre de l'autre groupe de s'exécuter. Le rituel prend fin lorsque chaque personne a eu la chance d'épancher ses sentiments.

Cet échange collectif d'insultes présente l'avantage d'être parfois amusant, alors que sur une base individuelle, il risquerait d'effrayer et d'angoisser. Il est remarquable de voir la glace fondre après cet échange d'insultes et des groupes auparavant distants, méfiants et hostiles, se rapprocher ostensiblement.

Adaptez vos propres rituels

Les auteurs considèrent surtout les rituels décrits dans le présent chapitre comme des structures transitoires, des moyens de rapprocher les individus et des appuis temporaires, un peu comme des béquilles. Le lecteur objectera peut-être que ces rituels sont artificiels. Nous abondons avec lui dans ce sens. Ils sont artificiels de la même façon qu'il n'est pas naturel d'apprendre à se laver soir et matin dans une salle de bain avec l'eau coulant d'un robinet plutôt que de se baigner dans un lac quand l'occasion se présente. Dans notre culture moderne, l'extériorisation de l'agressivité personnelle n'est pas intégrée au processus de socialisation, et nous avons tendance à l'épancher d'une façon «sale», répulsive et destructrice, n'importe où et n'importe quand parce qu'il n'existe pas de conventions permettant de le faire d'une façon structurée, inoffensive et amusante. Nous parvenons à peine à maîtriser notre colère et notre ressentiment lorsqu'ils jaillissent parce que nous avons appris à les refouler ou à nier leur existence.

Au fur et à mesure que vous vous familiariserez avec ces rituels provisoires, vous voudrez peut-être les abandonner pour créer des structures adaptées à vos besoins personnels, qui vous permettront d'extérioriser votre agressivité de façon inoffensive. Notre but, en proposant ces rituels, était surtout de vous donner la « permission » d'éprouver des sentiments agressifs et de les exprimer d'une façon saine et constructive. Nous espérons que la création de rituels d'agressivité deviendra un art ou une science et qu'on encouragera partout les individus créateurs à en inventer de nouveaux, plus efficaces et plus appropriés.

CHAPITRE 13

L'agressivité et le corps

Monsieur Aubert, qui souffrait de troubles dermatologiques, était assis dans la salle d'attente de son psychologue. Il s'était frayé, de peine et de misère, un chemin à travers la circulation afin d'arriver à l'heure à son rendez-vous parce que le Dr Lebrun ne manquerait pas de souligner son retard et de l'interpréter comme une «résistance» à la thérapie. Ce jour-là, il avait fait en sorte d'arriver cinq minutes en avance et il attendait depuis plus de vingt minutes. Il commençait à s'agiter et sentait la moutarde lui monter au nez. Il se disait: «Qu'il aille au diable! S'il ne vient pas sur-le-champ, je pars»; lorsque le Dr Lebrun pénétra dans la salle d'attente, monsieur Aubert afficha immédiatement un sourire, mais il fut pris soudain de violentes démangeaisons. Voyant cela, le psychologue s'enquit de ce qu'il avait éprouvé pendant son attente et de ses sentiments du moment. Monsieur Aubert ne peut que répondre: «Rien à vrai dire. Sauf que j'étais vraiment content de vous voir.» En répondant cela, il était vraiment honnête avec lui-même. Sa peur de se fâcher ouvertement contre son psychologue et d'être rejeté pour cela comme il le croyait, l'avait incité à refouler immédiatement sa colère à la vue du psychologue. Comme le Dr Lebrun le pressait d'avouer qu'il était peut-être en colère, monsieur Aubert lui cria: «*Nom d'un chien! Je sais ce que c'est que d'être en colère et je vous assure que je ne l'étais pas!*»

Ils commencèrent à chercher la cause de ses violentes démangeaisons au cours de la séance, et le Dr Lebrun encouragea son client en lui disant qu'il n'y avait rien de mal à être en colère; M. Aubert ressentit alors de nouveau sa colère et fut enfin capable de dire au psychologue qu'il avait l'impression qu'il «l'emmerdait» selon sa propre expression. Lorsqu'il put enfin dire au psychologue en pleine face « *Vous me dégoûtez*», ses démangeaisons diminuèrent. Jusqu'à ce moment, il dirigeait sa colère contre son propre corps plutôt que contre sa cible réelle.

Les causes des maladies psychosomatiques

Une prestigieuse revue de recherche sur les maladies psychosomatiques consacrait récemment une livraison aux liens qui existent entre l'agressivité refoulée et les maladies psychosomatiques. Un des spécialistes, qui faisait une description sommaire du rôle de l'agressivité dans l'apparition de ce type de maladie, en arrivait à la conclusion suivante: «Il est prouvé cliniquement qu'une personne qui ne supprime ou ne refoule pas son agressivité au-delà d'un certain degré ne souffre pas de syndromes psychosomatiques[1].» En d'autres termes, l'agressivité refoulée est en partie à l'origine des maladies psychosomatiques. Le rôle de celles-ci consiste à détourner les impulsions agressives de l'individu qui est incapable de les exprimer directement. Elles lui permettent parfois d'obtenir l'attention et l'autorité qu'il est incapable d'obtenir autrement. Dans d'autres cas, la maladie apparaît lorsque l'individu n'a plus l'énergie agressive ou la résistance nécessaires pour se défendre. En général, de nombreux symptômes psychosomatiques apparaissent lorsque l'individu détourne son énergie agressive pour la diriger contre son corps au lieu de l'exprimer ouvertement.

L'individu agressivement sain sait lire les signaux que lui émet son corps durant la crise physiologique que nous appelons maladie. Il prend la responsabilité de détruire les causes de sa détresse physiologique plutôt que d'ingérer passivement des médicaments qui masqueront la présence de ses malaises. Il doit, pour cela, apprendre à renforcer ses défenses physiologiques et devenir plus résistant. Il peut le faire tout simplement en mangeant quand il a faim plutôt que de respecter passivement les horaires et les rythmes que lui imposent les autres et en résistant aux pressions sociales qui l'incitent, lors de réceptions ou de dîners, à s'abrutir avec des aliments et des boissons dont son corps n'a pas besoin. Ce qui est plus important toutefois, il doit apprendre à reconnaître les besoins de son propre corps et à vivre en harmonie avec ses biorythmes plutôt que d'accepter passivement ceux que lui impose son milieu. Au niveau affectif, cela implique qu'il doit s'affirmer et affronter ouvertement les conflits et les crises plutôt que de laisser son agressivité refoulée lui causer des dommages physiques.

Lorsqu'on refoule son agressivité et néglige de lire les signaux d'alarme qu'émet son corps, on s'expose à payer un lourd tribut physiologique. Les hommes de science ont souligné le rôle de l'agressivité refoulée dans nombre de maladies graves, de l'arthrite à la sclérose et de l'hypertension au cancer. Lorsque l'individu extériorise d'une façon saine et normale ses impulsions et ses sentiments agressifs, ceux-ci jouent un rôle important dans la protection de son organisme. Ils excitent le système musculaire et mobilisent le système orthosympathique qui libère alors un énorme flot d'énergie sous forme d'adrénaline; celle-ci donne aux muscles volontaires une force dont ils sont dépourvus en temps normal. Par contre, l'individu qui ne dispose pas de moyens d'expression directe verra ses sentiments s'attaquer à son propre organisme. La personne portée à refouler son agressivité n'a plus conscience de ces réactions qui cessent alors de se déclencher. En conséquence, elle demeure dans un état plus ou moins permanent d'agressivité latente qui la rend nerveuse, tendue et prête à exploser. Les sentiments que l'individu refoule se trouvent retenus et court-circuités dans l'organisme et ils entraînent les changements physiologiques qui sont à l'origine des maladies psychosomatiques.

L'asthmatique : un protestataire qui s'ignore

Jean-Pierre Mailloux, célibataire âgé de vingt-quatre ans, ne sortait jamais. Il vivait avec sa mère, une femme de caractère très dominateur et aux idées démodées. Elle exigeait que Jean-Pierre s'habille avec soin pour les repas, qu'il parle tout bas dans la maison et qu'il la mette au courant de tous les appels téléphoniques et les lettres qu'il recevait. Elle ne le laissait jamais en paix.

Périodiquement, Jean-Pierre faisait une tentative pour manifester son indépendance ou se révolter. Lorsque sa mère lui demandait à qui il parlait au téléphone, il lui lançait rageusement « Cela ne regarde que moi ». À l'occasion, il parcourait les annonces classées dans l'intention de se louer un appartement. Toutefois, il était vite pris de remords et faisait alors une crise d'asthme, comme lorsqu'il était petit. À ce moment-là, il se tournait vers sa mère qui l'entourait de soins affectueux. Elle profitait de sa crise d'asthme pour le convaincre qu'il ne pouvait vraiment pas se passer d'elle. Jean-Pierre se montrait de nouveau docile et reconnaissant.

Ces crises d'asthme révélaient à la fois le désir de Jean-Pierre qu'on s'occupe de lui et sa peur de son agressivité qui le poussait à rejeter la domination de sa mère et à affirmer son indépendance. La mère et le fils étaient inconsciemment de connivence sur ce point. Sa mère, qui préférait voir son fils malade plutôt qu'agressif, renforçait sa maladie, tandis que Jean-Pierre, effrayé par ses propres sentiments agressifs, redevenait un enfant en respirant péniblement, en toussant, en s'étouffant et en pleurant pour obtenir ses soins plutôt que de s'affirmer ouvertement.

Voici un autre exemple. Marie Chênevert, qui avait vingt-quatre ans lorsqu'elle nous consulta, avait eu ses premières crises d'asthme deux ans plus tôt. Elle venait alors de découvrir que son mari avait eu des relations sexuelles avec d'autres femmes. Elle trépignait intérieurement de colère, mais avait trop peur de son mari pour l'extérioriser.

À peu près au même moment, son mari, qui était un fanatique de la course automobile, eut un accident. Pendant sa convalescence à la maison, il se montra très exigeant envers sa femme et insistait pour qu'elle s'occupe de lui. Marie, que cette attitude mettait en colère, se retenait de lui dire : « Demande donc à une de tes petites amies de s'occuper de toi ! » Mais elle se sentait trop coupable et craintive à l'époque pour le faire. C'est alors qu'elle commença à avoir des crises d'asthme. La clinique de l'hôpital la recommanda à la division psychiatrique. À mesure qu'elle parlait de sa vie et exprimait sa rage comprimée face à la conduite de son mari, ses crises d'asthme s'espaçaient.

Les publications sur les maladies psychosomatiques décrivent les personnes asthmatiques comme des êtres dépendants, extrêmement consciencieux et qui craignent d'extérioriser leur colère et d'entrer en conflit avec ceux dont ils ont besoin. Incapables de s'affirmer, ils réagissent contre leur milieu qui leur semble hostile en faisant des crises d'asthme parce qu'ils se sentent impuissants à le modifier ou à influer sur lui autrement.

Les sentiments de rage refoulés au sein d'une relation intime semblent être un facteur psychologique déterminant dans l'apparition des crises d'asthme. Celles-ci cessent souvent lorsque la personne acquiert assez de sécurité et de force intérieures pour exprimer ouvertement sa rage et affirmer son indépendance.

La personnalité du candidat aux migraines

On estime à quelque dix pour cent la proportion des adultes souffrant de migraines récurrentes dues à la tension nerveuse. On a décrit les « migraineux » comme des êtres perfectionnistes, compulsifs, exerçant un fort contrôle sur eux-mêmes. Ils demeurent parfaitement calmes et polis tout en bouillonnant intérieurement de rage, comme l'illustre l'exemple suivant.

Une célibataire de trente-neuf ans occupait un poste de direction dans une importante firme de publicité. Elle avait gravi les échelons lentement grâce à quinze années de dur labeur au cours desquelles elle avait renoncé à toute vie sociale. Elle n'avait fréquenté sérieusement qu'un seul homme qu'elle avait renoncé à épouser le moment venu.

Six mois avant sa première migraine, elle fit la connaissance d'un homme au début de la soixantaine, un avocat au seuil de la retraite. Il représentait la stabilité pour elle, et elle était sûre que ce n'était pas un coureur de dot. Sur une impulsion, elle accepta de l'épouser. Mal lui en prit. Son mari lui donnait du fil à retordre et elle eut vite l'impression d'avoir été dupée. Il exigeait que son repas soit prêt tous les soirs et qu'elle réduise son horaire de travail. Elle commença à penser que ce mariage était une erreur et se rendit compte qu'elle avait obéi à la panique, craignant que sa jeunesse ne s'envole trop vite. Cependant, elle fit « contre mauvaise fortune bon cœur », mais elle commença à souffrir de maux de tête pendant son travail.

Elle discuta longuement de son cas avec son médecin de famille qui lui conseilla une séparation à l'essai. Elle se loua un appartement et ses migraines cessèrent au bout de deux semaines. De temps en temps, elle retournait chez son mari pour quelques jours, mais le résultat était chaque fois le même : ses migraines la reprenaient. Elle consulta un psychothérapeute sur la recommandation de son médecin et fut étonnée de constater, au cours des séances, qu'il lui arrivait fréquemment de rêver, consciemment ou non, qu'elle tuait son mari.

En cours de thérapie, les « migraineux » révèlent souvent des fantasmes extrêmement hostiles à l'endroit de leurs proches qu'ils se voient en train de tuer à coup de hache. Ces fantasmes contrastent violemment avec la personnalité apparente de ces individus qui sont très socialisés, maîtres d'eux-mêmes et perfectionnistes. C'est seulement s'ils parviennent à relâcher leur tension qu'ils peuvent espérer surmonter ces migraines sans l'aide de drogues.

Les hypertendus

Quelque vingt à trente pour cent des adultes environ souffrent de façon chronique, d'une pression sanguine trop élevée, trouble grave qui peut causer des dommages aux vaisseaux sanguins, aux reins et au cœur, accroissant le risque d'attaques cardiaques. Comme pour les « migraineux », la personne souffrant d'hypertension présente à son entourage une façade qui contraste violemment avec son expérience émotionnelle intérieure. Ces hypertendus sont souvent des personnes en apparence calmes, amicales et bien adaptées socialement. Elles passent pour des travailleurs loyaux, des bûcheurs, de véritables bêtes de somme, toujours prêtes à prendre plus que leur part de responsabilités. Seuls leurs accès de colère occasionnels dénoncent leur rancœur accumulée et leur impression qu'on « compte sur eux pour tout faire ». Autrement, ils sont très calmes. Il n'est pas rare de les voir exercer loyalement le même emploi pendant des années même s'ils sont sous-rémunérés et surchargés de travail. Lorsqu'ils accèdent finalement à des postes supérieurs, leur hypertension s'aggrave parce qu'ils ont de la difficulté à exprimer leur agressivité en s'affirmant et en donnant des ordres.

Catherine Marier, trente et un ans, dirigeait sa propre agence de voyages, d'ailleurs très prospère, dans une petite ville de l'Est. Elle savait se faire aimer d'emblée. Elle était toujours de bonne humeur et disponible lorsqu'une crise de dernière minute survenait. Toutefois, elle n'avait pas d'amis intimes. Quoique très jolie, elle vivait seule et ne sortait jamais sauf pour assister à une réunion publique avec un client.

Bien qu'elle gagnât un salaire fort alléchant, elle continuait de travailler douze heures par jour. Elle s'efforçait constamment de se tenir au courant des dernières nouveautés dans le domaine du tourisme et de tenir tête à ses concurrents. Deux fois au cours de l'année précédente, elle avait engagé un assistant qu'elle avait laissé partir parce qu'il ne répondait pas à ses normes exigeantes. Au moment où le médecin découvrit chez elle une tendance à l'hypertension, elle venait d'engager un adjoint, mais elle continuait de penser qu'elle devait veiller à tout. Son médecin, qui était son seul confident et qui connaissait sa frustration, sa rage et les pressions qu'elle s'imposait, la recommanda à un psychothérapeute.

Sous sa gentillesse apparente et son extrême lucidité, l'hypertendu cache un ressentiment qui ne cesse de s'accumuler, pour exploser soudain à la suite d'un incident mineur. Catherine profitait d'un écart de conduite mineur de la part de ses adjoints, un appel téléphonique personnel pendant les heures de travail par exemple, pour déverser sur eux toute sa rage.

En psychothérapie, les personnes hypertendues, gaies et «aimables» en apparence se laissent aller à exprimer des fantasmes extrêmement hostiles. Elles avouent souvent souhaiter voir leurs proches tomber raides morts ou partir loin d'eux. Elles nourrissent une profonde amertume à l'égard de leur famille et de leurs amis qu'elles trouvent froids et exigeants et qu'elles accusent intérieurement de faire peser sur elles le poids de toutes les responsabilités. Elles cachent cependant leurs besoins et leur colère en travaillant d'arrache-pied, en se montrant aimables et en s'effaçant.

L'arthritique

Les études récentes sur l'arthrite ont prouvé qu'une des causes principales de l'arthrite rhumatoïde avait trait aux violents conflits intérieurs que vivent les victimes face à la colère et à ses manifestations. Dans les publications de recherche, on mentionne que nombre de patients arthritiques ont été élevés par une mère autoritaire, exigeante et extrêmement sévère au chapitre de la discipline. Aucun patient n'a réagi ouvertement à cette autorité arbitraire. La plupart n'ont pas osé s'affirmer en résistant ouvertement à leur mère ou en exprimant leur ressentiment.

Les documents de recherche révèlent en outre que les arthritiques sont souvent des individus introvertis et extrêmement sensibles à la colère d'autrui. Comme ils ont moins tendance à extérioriser leur colère que les autres, ils éprouvent une vive aversion pour ceux qui le font. Certains arthritiques répriment leur agressivité en se maîtrisant fortement et en exerçant une tyrannie bienveillante sur autrui. La perte de la personne sur laquelle ils exercent leur autorité tend à déclencher chez eux une crise d'arthrite. D'autres ont une tendance masochiste et sont reconnus comme des «éternels malades». Ils ont un fort esprit de sacrifice et une agressivité violemment inhibée.

Le cas de Michel Langelier illustre bien ce fait. Michel était vendeur dans une quincaillerie. C'était un homme au langage soigné et un travailleur acharné. Il avait quatre enfants et ne prenait plaisir qu'à aider les autres. Après une dure journée de labeur, il aidait les enfants à faire leurs devoirs et assistait sa femme dans les travaux ménagers. Les fins de semaine, il arbitrait les joutes des jeunes et travaillait pour l'église. Il commença à ressentir des douleurs arthritiques dans les doigts vers l'âge de trente-cinq ans. Bien que la douleur fût parfois très violente, elle ne l'empêchait que rarement de s'adonner à ses activités.

Des spécialistes de la médecine psychosomatique voient dans la forme noueuse d'une articulation arthritique le symbole de l'agressivité chroniquement refoulée d'un individu et de ses défenses autopunitives et inhibitrices. L'agressivité sous-jacente qui demande à être libérée par l'intermédiaire des muscles, entraîne une augmentation simultanée du tonus des muscles antagonistes. Avec le temps, cela provoque une lésion dans l'articulation qui se déforme et cause les douleurs arthritiques.

L'agressivité cachée et le cancer

Le cancer a fait l'objet de recherches poussées au cours des dernières années. Les victimes du cancer ont été décrites comme des «individus inhibés qui *répriment leur colère,* leur haine et leur jalousie[2]». Une autre étude a révélé que les femmes atteintes d'un cancer «ne savaient pas comment décharger leur agressivité directement et niaient l'existence d'impulsions agressives en elles-mêmes[3]». Bien que nous ne sous-entendions pas que l'agressivité refoulée soit la seule cause de cette terrible et complexe maladie, nous estimons que ces conclusions sont néanmoins dignes de mention.

Plus étonnantes encore sont les conclusions d'une étude menée récemment par Kathleen Stravraky qui compara un groupe de patients dont l'état s'était détérioré rapidement après qu'on eut diagnostiqué un cancer chez eux et un groupe qui vécut plus longtemps que prévu. Sur les 204 patients étudiés, ceux dont le cancer évolua rapidement jusqu'à la mort, étaient des personnes méfiantes, prédisposées à la dépression et qui inhibaient leur hostilité. Les patients ayant survécu plus longtemps étaient plus aptes à manifester leur hostilité. Cette aptitude est considérée comme un facteur déterminant dans la guérison du malade[4].

Une femme atteinte du cancer décrivit récemment dans une autobiographie l'évolution de sa maladie. Elle fit des observations remarquables sur ses relations interpersonnelles durant sa maladie. Elle décrivit en particulier comment ses amis et ses proches l'empêchaient de parler ouvertement de son état, comme c'était le cas pour la plupart des autres patients. Ses amis compatissaient avec sa tristesse et son impuissance à agir, mais ils étaient mal à l'aise lorsqu'elle épanchait sa colère et son ressentiment. Devinant l'embarras de ses visiteurs, elle cherchait alors à masquer sa colère et à combler les silences par des propos joyeux et optimistes. Ces visites la laissaient plus aliénée et plus désespérée que jamais[5].

Complicité dans la maladie

Le lecteur pourrait méditer longuement sur la complicité qui existe parfois entre les malades et leurs proches afin d'empêcher toute manifestation d'agressivité. La sympathie d'autrui bloque parfois chez le malade la réaction vigoureuse et énergique nécessaire à sa guérison rapide. Les auteurs ont été témoins récemment d'un cas de complicité tragique et pathétique. Un garçon de douze ans du nom de Guillaume leur fut recommandé pour une évaluation de ses aptitudes scolaires parce qu'il obtenait des résultats médiocres à l'école. Au cours de l'entrevue, l'enfant se mit à parler ouvertement de ses attaques d'épilepsie. Il en eut même une au cours de la séance. Son bras gauche devint raide, son bras droit se fléchit tandis que ses yeux et sa tête se tournèrent vers la droite. La crise dura environ trente secondes. Tout de suite après, il était un peu hébété, mais il était conscient qu'il venait d'avoir une attaque et recherchait la sympathie de l'examinateur.

Au cours de la discussion qui suivit, il devint évident que ses crises, quoique réelles la plupart du temps, étaient un moyen pour l'enfant d'attirer l'attention. Parfois, elles étaient causées par des ondes cérébrales anormales, mais d'autres fois, elles ne l'étaient pas.

Après quelques séances de thérapie, l'état de Guillaume s'améliora et ses crises s'espacèrent. À ce moment, fait assez surprenant, ses parents commencèrent à manifester de l'hostilité à l'égard du thérapeute. Lorsqu'ils vinrent chercher leur fils, le thérapeute s'entretint seul avec eux et découvrit que les parents avaient ressenti une haine mutuelle croissante et qu'ils étaient sur le point de se séparer lorsque Guillaume avait commencé à avoir des attaques. La maladie de leur fils les rapprocha et eut un effet apaisant sur leurs relations. Toutefois, maintenant que l'état de Guillaume s'améliorait, les parents recommençaient à tourner leur hostilité l'un vers l'autre. Ils finirent par admettre qu'ils avaient besoin de la maladie de Guillaume.

Nombre de relations interpersonnelles dans notre culture ressemblent à cette interaction insidieuse que nous venons de décrire. Lorsque nos proches se plaignent de leur malheur ou de leur maladie, nous leur témoignons de la sympathie. Lorsqu'ils s'affirment ou manifestent leur force et leur indépendance en exprimant sainement leur colère, nous les rejetons. La relation entre époux prend souvent la forme suivante. Lorsqu'un des conjoints prend un air blessé, éploré et craintif, l'autre l'entoure d'affection ; par contre, s'il s'affirme et manifeste sa colère ou son autonomie, l'autre se montre dur et froid.

L'usage caché de la maladie

Dans un milieu «agressophobe» comme le nôtre, la maladie peut prendre de nombreuses significations symboliques. Nous entourons nos malades d'attentions spéciales et nous leur permettons d'exercer leur autorité sur nous sans rien donner en retour.

Très jeune, l'enfant apprend, d'une manière voilée et parfois moins subtile, que, s'il n'a aucune autorité sur ses parents lorsqu'il est en santé, quelque chose de magique se produit lorsqu'il tombe malade. Il peut alors dominer sa famille qui l'entoure de soins et d'affection et satisfait toutes ses exigences. La graine semée pendant l'enfance porte ses fruits à l'âge adulte. En effet, certains adultes se servent de leur maladie chronique pour exercer indirectement leur autorité sur les autres, les manipuler et s'affirmer face à eux. Incapables d'obtenir ce pouvoir ouvertement en s'affirmant lorsqu'ils sont bien portants, ils deviennent des «tyrans malades». Ils exigent des soins et culpabilisent ceux qui leur résistent; ils les rejettent et les taxent d'insensibilité et de cruauté.

Certaines personnes se servent de la maladie pour contrôler leur agressivité latente comme nous l'avons souligné plus tôt dans le cas de Guillaume dont la maladie rapprochait les parents divisés et malheureux. Cependant, le malade devient vite essentiel au maintien de la paix et de l'harmonie au sein de la famille. L'ironie tragique de cette situation, c'est que l'on préfère la maladie à l'expression ouverte de l'agressivité.

Un individu est plus exposé à la maladie lorsqu'il est déprimé et qu'il n'a plus, ou presque plus, d'énergie agressive. Sa résistance à l'infection est alors moins grande, car son système de défense physiologique qui déclenche les réactions d'auto-immunisation et son système endocrinien fonctionnent au ralenti. La toux, la grippe, les infections virales semblent toujours apparaître au moment où l'individu subit une frustration et que l'énergie agressive dont il a besoin pour trouver des solutions constructives est bloquée.

Pour recouvrer la santé, l'individu doit mobiliser toute son énergie agressive. On parle des malades qui «luttent pour guérir» et d'autres qui semblent avoir perdu «toute volonté de vivre». L'individu qui emploie toute son énergie à guérir a de bien meilleures chances de se remettre d'une maladie grave ou d'une opération et de surmonter les incapacités physiques qui subsistent. Pour résister à la mort et vivre le plus longtemps possible, il faut de l'énergie agressive. À preuve, on entend souvent les gens déplorer la mort précoce de personnes «gentilles» alors que les «salopards» vivent cent ans. L'énergie agressive joue peut-être un rôle important dans cette vérité populaire.

Examiner sa situation

Dès l'apparition des premiers symptômes d'une maladie, et particulièrement celles qui sont reconnues pour leur origine psychosomatique, la victime devrait se poser les questions suivantes. Premièrement, s'est-il produit récemment dans ma vie ou dans mes relations avec mon époux, ma famille, mon employeur, mes amis ou toute autre relation importante un changement majeur qui provoque chez moi des sentiments négatifs ou me déprime? Deuxièmement, ai-je été confronté récemment à un problème qui m'a frustré, fâché ou traumatisé et que je me sens impuissant à régler? Troisièmement, ai-je vécu dernièrement une expérience ou un conflit qui a déclenché mes impulsions agressives et mon envie de fuir sans que j'aie pu épancher mes sentiments? Par exemple, est-ce que quelqu'un m'a rejeté, menacé, blessé, fait souffrir ou abandonné sans que j'aie pu libérer les sentiments que je ressentais alors? Quatrièmement, si j'ai répondu oui à la question précédente, qu'est-ce qui m'empêche d'exprimer ma colère, mon agressivité, mon hostilité ou ma jalousie d'une manière satisfaisante et efficace? Ai-je peur de ce qui se passerait si j'exprimais franchement ces sentiments? Cinquièmement, en supposant qu'un blocage en moi m'empêche de le faire, comment puis-je le surmonter afin de manifester mon agressivité de façon constructive et créatrice pour mon bien-être physique et mental?

Le langage agressif du corps

La plupart d'entre nous sommes tellement bien conditionnés socialement que nous ne sommes plus conscients des messages qu'émet notre corps. Nous ne sommes même plus capables d'interpréter ses cris de colère face aux abus physiques que nous lui imposons ou à la détresse que nous ressentons et d'y réagir d'une façon appropriée. Nous avons appris plutôt à «combattre» ces symptômes, à essayer de réduire leur intensité et à les maîtriser. L'ingestion d'antiacides pour apaiser les malaises dus à un excès de nourriture en est un exemple frappant et très répandu. Un chimiste hardi découvrira certainement un jour le remède miracle contre la gueule de bois qui permettra aux gens de se saouler régulièrement avec la parfaite assurance de pouvoir étouffer les signaux de détresse et de protestation de leur corps le lendemain. Notre organisme proteste contre les tendances autodestructrices qui nous poussent à trop manger, à trop boire et à fumer, par des nausées, de la diarrhée, des crampes ou des flatulences. En général, nous cherchons à masquer ou à effacer ces symptômes avec une pilule, une injection ou une substance chimique destinée à «tuer» le signal d'alarme au lieu d'interpréter le message de notre corps et de modifier notre comportement en conséquence.

Les psychothérapies modernes comme la Gestalt et la bioénergie mettent de plus en plus l'accent sur l'interprétation des messages du corps. Il s'agit là, à notre avis, d'un excellent moyen pour l'individu de se connaître et d'apprendre à modifier son comportement. Ainsi, plutôt que d'essayer de combattre ou de passer outre sa tension, sa nervosité, son anxiété ou tout autre malaise précis comme un mal de tête ou une envie de vomir, l'individu apprend, avec l'aide du thérapeute, à lire le message contenu dans ces réactions physiologiques. Au cours d'une séance de Gestalt, le thérapeute peut demander à son client «Que signifie cette tension dans votre poitrine?» afin de l'inciter à faire parler les réactions de son corps. En effet, ces réactions sont indissociables de son expérience émotionnelle, et c'est davantage en se mettant à l'écoute de son corps qu'en analysant verbalement ou en rationalisant ses émotions qu'il saura vraiment ce qu'il éprouve profondément.

Ce processus et sa signification furent très bien illustrés récemment lorsque le Dr Goldberg se mit en quête d'un nouveau local pour son cabinet. Dans sa hâte de trouver un local convenable avant l'expiration du bail de son ancien cabinet, il se retrouva fréquemment en train de se convaincre qu'un tel bureau lui plaisait alors qu'il ne lui convenait manifestement pas. Invariablement, son corps émettait des signaux négatifs qu'il aurait préféré ne pas écouter, mais qui le renseignaient vraiment sur ses sentiments du moment. Il avait un mal de tête ou des crampes nerveuses à l'estomac ou encore il se sentait extrêmement angoissé et fébrile. Un jour, en se rendant en voiture à un bureau qu'il avait visité précédemment et qu'il envisageait sérieusement de louer, il passa tout droit et se retrouva plusieurs pâtés de maisons plus loin. Une autre fois, il sirota tranquillement son café au lieu de se rendre à son rendez-vous pour discuter des modalités de la location. Dans tous ces cas, son corps émettait des messages de protestation évidents.

Bien que l'auteur essayât rationnellement de se persuader que certains bureaux lui plaisaient et qu'ils étaient fantastiques, son corps lui signalait sa résistance à leur égard. Lorsqu'il trouva enfin un local qui répondait vraiment à ses goûts, il se sentit aussi léger que l'air, détendu et heureux et il n'eut pas envie de prendre un café ou une cigarette pour «y réfléchir» et annihiler ainsi ses signaux physiologiques.

Notre corps nous envoie sans arrêt des signaux d'une grande variété. La plupart du temps, nous n'en tenons pas compte et ils nous embarrassent. Toutefois, le corps cherche souvent à exprimer quelque chose de significatif et de vrai à travers ces messages et nous devons au moins les écouter et en tenir compte. Dans une culture aussi intellectualisée que la nôtre, le corps pourrait bien être la meilleure façon de redécouvrir la signification véritable de nos réactions et de nos impulsions agressives refoulées.

Attention! Quelquefois une réaction physiologique est *une simple* réaction physiologique. Un bâillement n'est parfois qu'un signe de fatigue. D'autres fois cependant il peut refléter un sentiment agressif refoulé. Dans les paragraphes qui suivent, nous proposons diverses façons d'interpréter les réactions physiques susceptibles de signaler une agressivité refoulée, mais ce ne sont pas là les seules interprétations possibles.

Le bâillement

Dans notre culture, il est mal vu de bâiller au nez des autres; nous apprenons très tôt à réprimer notre envie de bâiller et à nous excuser si un bâillement nous échappe. Bâiller est impoli. Bien qu'on ait tendance à interpréter un bâillement comme un signe de fatigue, il s'agit souvent d'une réaction inconsciente à une conversation, une interaction ou une expérience morne, insignifiante ou tout simplement ennuyeuse. Toutefois, comme personne n'ose, dans ce cas, avouer ouvertement ses sentiments pour ne pas blesser les autres, on l'exprime indirectement avec son corps. On est gêné, en bâillant, de révéler ses véritables sentiments.

Au nom de la politesse et des conventions sociales, les employés qui assistent à des réunions, qu'ils soient professeurs à l'université, fonctionnaires du gouvernement, employés d'une importante compagnie privée ou d'un organisme social ou membres du conseil d'une société, répriment leur envie de bâiller. C'est là une façon pour eux de dire avec leur corps «Que c'est assommant!», «Tout cela ne mène à rien», «Quand va-t-il se la fermer», «Je voudrais me voir ailleurs» ou «Nous perdons notre temps».

Dans une société qui ne réprimerait pas les manifestations agressives de ses membres, on ne craindrait pas de dire carrément à une autre personne «Vous m'ennuyez». Il s'agirait là d'un message clair et bien intentionné signifiant «Je sens que nous pouvons établir une relation plus profonde».

En cachant votre envie de bâiller derrière une mine intéressée, vous vous faites le complice de votre interlocuteur pour empêcher la relation ou la situation de devenir moins superficielle. C'est un mauvais service que vous lui rendez, car il y a de fortes chances que vous ne vouliez plus jamais revoir cette personne face à qui vous réprimez un bâillement.

Le pet

Péter, comme bâiller, est considéré comme grossier, peut-être un peu plus. En lâchant un pet, l'individu marque souvent son mépris ou son indifférence à l'égard de son interlocuteur. Bien que le pet puisse tout simplement être dû à des gaz intestinaux, il peut à d'autres moments dénoter un sentiment agressif refoulé. Un individu pète rarement lorsqu'il se trouve en joyeuse compagnie ou avec des personnes qui l'intéressent ou pour lesquelles il éprouve des sentiments positifs. Dans le langage populaire, «péter à la face de quelqu'un» a toujours été considéré comme une marque de mépris absolu. L'enfant qui pète lorsqu'il est assis avec ses parents, le mari qui pète lorsqu'il se trouve au lit avec sa femme, la femme qui pète à l'église ou à une réunion de l'association des parents et professeurs, peuvent se demander s'ils ne sont pas en train d'exprimer leur animosité à l'égard de la personne avec laquelle ils se trouvent ou de la situation du moment.

Un tailleur très qualifié consulta récemment un psychothérapeute sur la recommandation de son médecin. Il était sur le point d'abandonner son métier à cause de sa fâcheuse tendance à «lâcher des vents» chaque fois qu'il se penchait pour mesurer la jambe du pantalon de son client. Au cours de la thérapie, il se rendit compte qu'il pétait précisément lorsqu'il touchait les pieds du client. Il exprimait ainsi sa rancœur d'avoir à toucher à leurs chaussures sales. Ayant fait cette constatation, il engagea un cireur de chaussures par lequel devaient passer tous ses clients avant l'ajustage, et son problème fut résolu.

D'une manière figurée, disons que nous devons écouter nos pets. Ils ont souvent une grande valeur significative tant pour nous que pour les autres. Demandez-vous si vous avez tendance à péter seulement devant certaines personnes ou à certains endroits. Si la réponse est «oui», il y a de bonnes chances pour que vos pets contiennent un message d'agressivité refoulée. Si ce n'est que cela, ne rentrez pas sous terre de honte, mais acceptez la possibilité que vous réprimiez vos sentiments négatifs et masquiez ainsi vos véritables sentiments, et cherchez une façon directe et positive de communiquer votre message.

Les démangeaisons

Nous avons décrit plus tôt dans le présent chapitre le cas de cet homme qui était en colère contre son psychologue, mais qui craignait de l'admettre, et qui fut pris de violentes démangeaisons à la vue de celui-ci. Les publications et les recherches en psychologie démontrent régulièrement que l'individu souffrant de démangeaisons chroniques tourne sa rage ou son ressentiment contre lui-même pour se punir parce qu'il craint d'épancher ces sentiments ouvertement ou qu'il en est incapable.

André Provencher, directeur d'une division de montage d'une manufacture d'appareils électriques convoqua le chef d'étage, Germain Potier, dans son bureau. Il lui demanda un plan détaillé de la façon dont son équipe rattraperait le retard accumulé à la suite du rappel de trente mille rôtissoires et mélangeurs défectueux et dangereux. Germain, qui avait des problèmes avec un groupe d'employés révoltés et ennuyés, hésitait à s'en ouvrir à son supérieur de peur de passer pour un incompétent. Il sentit ses mains devenir moites et l'avant-bras lui démanger tandis qu'il refoulait la violente colère qui montait en lui face à cette situation contraignante. Après avoir patiemment écouté Provencher déblatérer pendant quinze minutes contre la baisse des profits et la hausse des coûts, Potier explosa soudain : «Au diable tout cela. Je fais de mon mieux, sacredieu!» Ses démangeaisons se calmèrent.

Les démangeaisons qui apparaissent soudain sans raison apparente (une piqûre d'insecte par exemple) peuvent indiquer l'existence de sentiments de colère ou de rage refoulés. Demandez-vous si une personne proche vous a blessé ou maltraité dernièrement et si vous auriez peur de lui exprimer ouvertement votre colère. Si vous répondez dans l'affirmative, il y a de fortes probabilités pour que vous dirigiez ces sentiments contre vous-même.

Le regard fuyant

Vous avez peut-être de la difficulté à soutenir le regard de certaines personnes. Cela vous est même parfois impossible. Vous vous sentez beaucoup plus à l'aise lorsque vous évitez leur regard.

Cette réaction a de multiples significations, mais sur le plan de l'agressivité cachée, elle peut signifier «Je ne lui fais pas confiance, je vois en lui de la colère, de l'hostilité et un désir de manipuler qu'il ne montre pas ouvertement» ou «Je suis irrité contre cette personne, mais j'ai peur de mes sentiments ou je crains de les exprimer».

Ce n'est pas par hasard que vous évitez instinctivement le regard de certaines personnes. Les cours de relations publiques axés sur la réussite professionnelle insistent souvent sur la nécessité de regarder son interlocuteur dans les yeux. Ce type de regard est souvent faux et manipulateur. Vous pouvez juger de la sincérité de votre interlocuteur si vous vous sentez à l'aise pour soutenir franchement son regard. Si au contraire vous ressentez une vive répulsion à le faire, ne vous forcez pas; c'est un signe perçu que l'autre vous trompe et cherche à vous manipuler.

Certes, nous avons simplifié les nombreuses et complexes significations du contact visuel. Toutefois, plusieurs d'entre elles originent d'une agressivité refoulée et nous devons en tenir compte.

Le rougissement

Le rougissement est fréquemment associé à la timidité et à l'embarras. Quelqu'un vous pose une question personnelle ou vous surprend dans votre intimité et vous piquez un fard. Rougir est une manière indirecte de dire «Vous me mettez mal à l'aise» ou «Je n'aime pas ce que vous faites». Au lieu d'exprimer cela ouvertement, toutefois, vous vous faites tout petit au grand amusement du déclencheur de votre embarras.

Aline était en train de dactylographier une lettre lorsqu'un des agents d'assurance s'approcha de son bureau et lui susurra à l'oreille: «Qu'avez-vous fait pendant une heure et demie hier dans le bureau de M. Morin? Preniez-vous une lettre en sténo ou assistiez-vous plutôt à une passionnante conférence?» Le visage d'Aline passa par toutes les teintes de rouge. Sa rougeur, qui trahissait ses sentiments de culpabilité l'empêchait d'exprimer ses sentiments véritables, c'est-à-dire: «Cela ne vous regarde pas.»

À l'occasion, vous pouvez vous sentir rougir lorsqu'on vous fait un compliment. On impute généralement cette réaction à la timidité. Mais attention ! Votre rougeur peut aussi signifier « Ils ne sont pas sincères. Ils me flattent pour me manipuler ». Interprétez votre rougissement comme une réaction d'antipathie automatique qui peut signifier beaucoup plus que de la simple timidité.

La prochaine fois que vous rougirez, dites « Je n'aime pas... » et finissez la phrase avec la cause de votre rougissement. Par exemple : « Je n'aime pas que vous me posiez cette question. » Voyez si cela vous aide à interpréter votre rougeur subite.

La pâleur soudaine

L'on pâlit lorsqu'on éprouve une peur soudaine ou inattendue. On réagit parfois ainsi lorsqu'on est surpris à faire quelque chose de mal. La pâleur s'accompagne souvent d'autres réactions de peur comme la sueur, la nausée et la faiblesse. C'est une réaction d'impuissance totale qui, comme telle, est débilitante.

Paul Lozier, architecte urbaniste pour une firme de consultation privée, était très mécontent de son emploi. Il avait l'impression qu'on abusait de lui et qu'il était sous-rémunéré, mais vu le haut taux de chômage qui sévissait, il craignait d'exprimer son mécontentement à son employeur de peur d'être invité à démissionner. Il entreprit donc des démarches secrètes pour trouver un autre emploi et était en passe de négocier avec un concurrent une entente impliquant le détournement d'un client de la compagnie.

Un de ses collègues découvrit le pot aux roses et en informa le président qui convoqua Paul dans son bureau et le confronta avec les renseignements qu'il détenait. Paul pâlit et fut pris de nausées en écoutant son patron lire une note contenant tous les détails de ses négociations secrètes.

Comme il était incapable de montrer ouvertement sa frustration et son ressentiment face à son travail et qu'il craignait de s'affirmer en exprimant ses besoins, il avait senti que la seule solution consistait à agir sous la table et à chercher un nouvel emploi en catimini. Sa pâleur révélait son sentiment de culpabilité, mais elle résultait aussi de sa frustration et de sa colère refoulées. Lorsqu'il confronta finalement son employeur avec ses sentiments, il retrouva sa force et son bien-être psychologique.

Votre pâleur peut masquer des sentiments de rage inconscients. Vous voudriez attaquer l'autre ou réagir vigoureusement, mais vous avez été conditionné à vous retenir. En fait, cette réaction serait, la plupart du temps, inappropriée. Toutefois, la pâleur est une réaction de peur autodestructrice qui laisse l'individu dans un état de faiblesse pathétique. Afin de retrouver toute votre force et de surmonter ce sentiment bouleversant qu'est la peur, essayez de crier et de taper du pied lorsque vous êtes seul ou, si cela est possible, en présence de l'autre. Si cela est impossible, prenez au moins conscience de l'énorme vigueur que cache votre pâleur, mais que mine votre peur.

Nausées et vomissements

La nausée et le vomissement, bien qu'ayant souvent des origines physiologiques, peuvent aussi être liés à des causes psychologiques. Au sein de la famille, nous savons que ces symptômes apparaissent lorsqu'une personne entretient une relation hostile inéluctable avec les autres membres. C'est surtout à l'heure des repas par exemple que les contacts deviennent inévitables. On impute alors les nausées à la nourriture plutôt qu'à l'expérience stressante de s'asseoir et de manger avec des individus avec lesquels la personne sujette aux nausées est en conflit.

Dans le langage familier, nous disons d'une personne qui nous répugne qu'elle nous donne la « nausée ». Les personnes sujettes aux nausées sans causes physiologiques apparentes devraient se demander si elles ne sont pas coincées dans une relation intime hostile à laquelle elles ne voient aucune échappatoire.

Impuissance et frigidité

L'impuissance et la frigidité peuvent être toutes deux des formes de retenue physiologique. Bien que ces deux réactions soient fondamentalement équivalentes, l'impossibilité d'avoir une érection est habituellement plus effrayante pour l'homme que l'incapacité, pour la femme, d'avoir des réactions sexuelles et de parvenir à l'orgasme.

La plupart des hommes ont été conditionnés à croire que pour être virils, ils doivent être capables d'avoir une érection sur commande, jour après jour, bon an mal an. C'est à cette condition seulement qu'on est vraiment un homme. En conséquence, s'il souffre soudainement d'une «incapacité» sexuelle, il cherche à y remédier en prenant des vitamines ou en consultant un psychiatre plutôt que d'écouter le message de son corps. Son impuissance se double de sentiments de culpabilité et de peur.

La frigidité est parfois aussi menaçante pour l'image de soi de la femme que l'impuissance l'est pour l'homme. La femme frigide se sent incomplète et moins féminine parce qu'elle n'est pas capable d'avoir de réactions sexuelles.

Tant l'homme impuissant que la femme frigide ont tendance à se taxer d'insuffisance et d'infériorité sur le plan sexuel. Ils voient leur incapacité comme un symptôme à guérir à tout prix. Au risque de nous répéter, nous insistons pour que le lecteur considère ces symptômes comme des messages du corps. En sachant, par exemple, que certaines personnes souffrent d'une incapacité sexuelle avec certains partenaires et non avec d'autres, demandez-vous d'abord ce que votre frigidité ou votre impuissance vous révèle sur vos sentiments à l'égard de votre partenaire. À moins que votre incapacité soit chronique et s'applique à tout partenaire, elle peut dénoter la présence de sentiments agressifs refoulés en vous, comme l'illustre l'exemple suivant. Un jeune homme, qui suivait une thérapie avec le Dr Goldberg parce qu'il était impuissant après seulement trois ans de mariage, révéla sous hypnose qu'il était en colère contre sa femme qui voulait toujours occuper le dessus pendant le coït. Bien qu'il acquiesçât toujours à sa demande afin de la satisfaire, il en éprouvait une vive colère. Comme il était incapable d'exprimer ce sentiment ouvertement, celui-ci se manifestait sous la forme d'un pénis mou qui en disait long sur le refus de son corps de continuer de la sorte.

Les personnes impuissantes ou frigides doivent donc se poser les questions suivantes : primo, est-ce que mon partenaire m'excite vraiment ou est-ce que j'essaie de faire semblant ? Secundo, y a-t-il quelque chose dans notre relation qui refroidit mon ardeur amoureuse ? Est-ce que j'essaie de passer pour ce que je ne suis pas ? Par exemple, nombre de femmes très actives se montrent passives sexuellement parce qu'elles ne veulent pas avoir l'air agressives. Leur frigidité soudaine pourrait bien représenter une protestation cachée contre cette situation. Tertio, est-ce que je me sens obligé de manifester de l'appétit sexuel sur commande et est-ce que cela m'irrite intérieurement ? Quarto, est-ce que quelque chose me rebuterait dans le comportement de mon partenaire ou dans son aspect physique, comme un excès de poids, des odeurs répugnantes ou un manque de sensibilité ?

Nous estimons que l'impuissance et la frigidité ne sont pas toujours des symptômes qu'il faut guérir à tout prix. Il peut s'agir au contraire de messages qu'il importe d'écouter et d'essayer de comprendre sérieusement. Au lieu de vous sentir coupable et inapte, de paniquer ou de vous dépêcher de surmonter votre inca-pacité, demandez-vous ce qu'elle vous apprend sur vos sentiments agressifs refoulés.

Dans une société hautement intellectualisée et «agresso-phobe», écouter les signaux de son corps reste le moyen le plus sûr de reprendre contact avec ses émotions et de redécouvrir son moi agressif. Les réactions physiques que nous avons décrites ne sont qu'un petit nombre parmi les nombreuses manifestations d'agres-sivité refoulée. Vous devez respecter ces signaux et les consulter, car ce sont des mines de renseignements; ne tentez pas de les suppri-mer, d'en nier l'existence ou de vous en excuser. La prochaine fois que vous rougirez, péterez, bâillerez, vous gratterez, pâlirez ou n'au-rez pas de réaction sexuelle, évitez de récriminer contre vous-même et demandez-vous plutôt quel sentiment agressif votre corps essaie de vous communiquer parce que vous ne vous l'avouez pas cons-ciemment.

CHAPITRE 14

L'agressivité au service d'Éros

L'individu passé maître dans l'art de s'affirmer jouit habituellement d'une vie amoureuse pleine et épanouissante. En choisissant le titre du présent chapitre, c'est en toute conscience que nous avons écarté le terme «sexe» qui, à notre époque envahie par la pornographie et les manuels sur les techniques sexuelles, a pris une saveur mécanique et médicale. Nous avons plutôt choisi le mot grec *Éros* afin de mettre en valeur la *fusion* de l'énergie agressive et de l'énergie sexuelle nécessaire à un épanouissement érotique complet, authentique et joyeux.

De prime abord, il peut sembler étonnant que les relations sexuelles qui s'accompagnent des plus profonds sentiments d'affection et d'amour soient moins satisfaisantes que les relations entremêlées d'agressivité. Pour beaucoup, l'idée de fusionner énergie sexuelle et énergie agressive évoque les pires fantasmes sadomasochistes ou une interaction chauvine et destructrice caractérisée par un rejet hostile, de la souffrance et de la manipulation. Cette façon traditionnelle de percevoir l'agressivité a fait qu'on a jeté le pot avec la fleur, c'est-à-dire qu'on a écarté la dimension stimulante de l'agressivité parce que l'on craignait ou que l'on était incapable d'en séparer les aspects constructifs des aspects destructeurs. Toutefois, au cours de notre travail et de nos recherches sur les problèmes modernes liés à une sexualité «libérée» — qui, en dépit de cette soi-disant libération ont pris les proportions d'un fléau —, nous avons pu constater à maintes reprises les effets désastreux de la «compréhension», de la «sensibilité» et d'autres sentiments exclusivement «affectueux», mais essentiellement passifs dans la quête d'une vie sexuelle satisfaisante et enrichissante.

Les amants qui laissent leur agressivité à la porte de leur chambre à coucher se privent d'une expérience pleine et passionnante et seront probablement incapables d'atteindre un épanouissement sexuel authentique. Ceux qui connaissent l'art subtil de mettre leur agressivité au service d'Éros, ont plus de chances de développer leurs qualités érotiques. Les relations sexuelles dans notre société sont trop souvent caractérisées par des interactions «gentilles», inhibées, relativement passives et réservées au sein desquelles l'agressivité se manifeste surtout sous des formes cachées et indirectes. Ce conditionnement amoureux contribue à paralyser une activité physique naturelle, spontanée, non cérébrale et voluptueuse.

Dans le présent chapitre, il n'entre pas dans nos intentions de traiter des problèmes sexuels ou des moyens de guérir leurs symptômes. Pas plus que nous désirons contredire les sexologues qui ont connu beaucoup de succès avec leur approche axée sur la rééducation sexuelle, sur la connaissance de son propre corps et de celui du partenaire et sur la désensibilisation des angoisses, des peurs et des répressions sexuelles. Toutefois, leur approche s'inscrit dans une orientation qui oublie la nécessité d'intégrer l'agressivité à la vie sexuelle. Il est vrai qu'insister sur cette sorte d'interaction peut être une expérience traumatisante dans notre culture où l'on a toujours cru que ces deux énergies étaient incompatibles. La fusion de l'énergie sexuelle et de l'énergie agressive est un art nouveau qui en est à ses premiers balbutiements. Procéder par tâtonnements grossiers et pressés dans cette direction pourrait produire les résultats contraires, surtout si on n'a pas séparé au préalable les éléments hostiles et aliénants de son agressivité des éléments positifs et affectueux.

Pour une vie sexuelle meilleure : la confrontation

Dans notre travail d'éducation et de thérapie sexuelles, nous incitons les amants à intégrer leur agressivité de façon constructive à leur vie amoureuse. Nous les encourageons à se quereller pour améliorer leurs relations sexuelles et à ne pas confondre la retenue sexuelle ou le sadisme avec les interactions sexuelles stimulantes où les partenaires peuvent extérioriser leur agressivité, s'affirmer et apprendre beaucoup sur leurs goûts respectifs. À cette fin, nous avons créé des rituels agressifs auxquels peuvent s'adonner les partenaires consentants et pleins de bonne volonté. En s'accordant mutuellement le droit d'être agressifs, les partenaires font du combat amoureux une joute plutôt qu'une attaque terrifiante. L'amour agressif n'a rien à voir avec une bagarre de rue où une personne s'emploie à blesser et à démolir l'autre. Il s'agit plutôt d'une sorte d'événement olympique à durée limitée et assorti de règles ; les participants s'y engagent à respecter les points sensibles de leur « adversaire » et les limites imposées au besoin et à se donner entièrement l'un à l'autre. En cultivant cette fusion des énergies agressive et sexuelle, nous dépassons la simple thérapie pour poser les jalons d'une nouvelle approche globale de l'amour.

Certains manuels sur les techniques sexuelles, même s'ils portent la signature de sexologues et de conseillers conjugaux d'excellente réputation, contiennent des directives qui font du tort au lecteur en lui enseignant une approche de l'amour dépourvue des aspects essentiels de l'agressivité. En réalité, on ne peut pas écarter l'hypothèse que ces conseils font plus de mal que de bien en renforçant l'angoisse et la gêne des lecteurs face à la sexualité et en soulevant de faux problèmes au sujet de l'orgasme. L'extrait suivant provient d'un article rédigé par des médecins et publié dans un magazine à grand tirage sur les comportements sexuels. Il illustre parfaitement la sorte de conseils bien intentionnés, quoique timides et inhibiteurs, qui sont régulièrement offerts aux lecteurs désireux d'améliorer leur vie sexuelle. L'auteur écrit: «L'art extrêmement délicat de l'amour exige, entre autres, tant de la sensibilité, de la compétence, de la sincérité et des connaissances sexuelles qu'une certaine conscience des besoins, des désirs et des préférences de son partenaire. Comme ces attributs ne sont pas innés chez l'homme et que nos institutions scolaires (et médicales) ne les enseignent pas, il n'est pas surprenant que nombre d'hommes (et de femmes) dans notre société soient de bien piètres amants[1]. »

Donc si l'on en croit l'auteur, pour accomplir naturellement et spontanément l'acte sexuel de nos jours, il faut posséder les connaissances d'un médecin, la sensibilité d'un psychothérapeute, l'agilité mécanique d'un chirurgien du cerveau et la douceur d'un nouveau-né. Avec ce type de conseil, il n'est pas surprenant que l'impuissance ait atteint des proportions épidémiques puisque, selon les statistiques, cinquante pour cent des hommes mariés en souffrent sous une forme ou une autre.

Ces mêmes maris soi-disant impuissants n'ont pour la plupart aucune difficulté à avoir une érection lorsqu'ils se trouvent avec une autre femme et qu'ils ne craignent pas d'être vraiment eux-mêmes et de s'affirmer. Ils se soucient d'ailleurs fort peu de paraître insensibles ou rudes. Au contraire, ils n'hésitent pas à laisser libre cours à leur spontanéité et à faire connaître leurs besoins sexuels véritables.

Ils ne se sentent pas obligés de traiter leur maîtresse comme une poupée de porcelaine.

La sensibilité inhibitrice

Des nouveaux mariés, récemment déménagés, ayant un enfant d'un an et demi, vinrent à notre institut chercher de l'aide pour leurs problèmes sexuels. Le mari était avocat et sa femme, assistante dentaire. Ils avaient vécu ensemble pendant deux ans avant de se marier. Tous deux faisaient preuve d'une extrême sensibilité et d'une gentillesse l'un envers l'autre. Le mari tamisait toutes ses paroles de façon à ne pas bouleverser sa « gentille » femme dont il soulignait la grande fragilité. Ce dont elle s'étonna d'ailleurs puisqu'elle se croyait au contraire très forte. C'était une femme calme et passive. Souvent au cours de la séance, elle parut se retirer en quelque endroit secret à l'intérieur d'elle-même. Elle affirma qu'elle tremblait à l'idée de mettre son mari en colère.

Les séances de thérapie révélèrent un homme et une femme constamment doux, intellectuels, passifs et gentils, qui craignaient la colère et les conflits et n'osaient pas s'affirmer. Leur vie sexuelle était prévisible et ressemblait fort à leur interaction au cours des séances. Tous deux étaient sexuellement passifs au point d'avoir cessé tout bonnement de faire l'amour ensemble. Il déclara qu'il lui arrivait à la maison d'éprouver du désir pour sa femme, mais qu'il renonçait aussitôt à essayer de l'intéresser parce qu'elle était trop hermétique, au propre comme au figuré. « Elle reste passive et me laisse lui faire l'amour, et cela m'ôte toute envie de continuer », se plaignit-il. Sa femme admit qu'elle feignait de vouloir faire l'amour et même d'y trouver du plaisir, alors qu'elle n'y trouvait en fait aucun intérêt. Son vagin très serré refusait pour elle ce qu'elle prétendait vouloir. Elle se plaignit du fait que son mari l'intimidait et lui gâchait son plaisir avec sa manie de l'analyser sans cesse, de sonder ses pensées, de la traiter aux petits oignons et de craindre ses réactions.

Leurs relations se modifièrent lorsqu'elle se sentit suffisamment à l'aise et en sécurité pour exprimer ouvertement les fantasmes qu'elle évoquait en se masturbant, ce qu'elle faisait au moins trois fois par semaine. Son mari n'en crut pas ses oreilles en l'entendant parler d'hommes qu'elle n'avait rencontrés que brièvement, mais qu'elle imaginait en train de « l'empoigner et de la violer ».

Elle affirma qu'elle refoulait ses fantasmes avec son mari de peur qu'il ne panique si elle se mettait à crier, à le griffer, à lui marteler le dos de ses poings, à lécher son corps des pieds à la tête et à s'activer d'autres façons. Leur vie sexuelle s'améliora considérablement lorsqu'il accepta finalement son côté énergique, qu'il l'encouragea à l'extérioriser et qu'il se sentit assez à l'aise pour donner libre cours à sa propre agressivité avec elle et à ne plus la traiter comme une fleur fragile.

Ce couple ne présente pas vraiment un cas de pathologie sexuelle ; il est plutôt une victime de l'éthique socio-sexuelle qui veut que la sexualité et l'agressivité soient incompatibles. Notre expérience auprès de nombreuses personnes ayant recours à la psychothérapie pour améliorer leur vie sexuelle nous a démontré que ceux qui n'intègrent pas leur agressivité à leur vie sexuelle et qui se montrent toujours maîtres d'eux-mêmes et gentils nourrissent souvent des fantasmes sadomasochistes poussés qui ont pour thème le viol et la fessée. Les hommes s'imaginent en train d'empoigner la femme, de la ligoter, de la battre puis de la violer sauvagement tandis que les femmes se voient attachées, en train de se faire violer, souvent par plusieurs hommes à la fois. Les auteurs de ces fantasmes sont ceux-là même qui demandent au thérapeute pourquoi leurs orgasmes sont moins satisfaisants lorsqu'ils font l'amour avec leur conjoint que lorsqu'ils se masturbent. Un des indices que nous leur donnons est le suivant: «Si vous êtes tout sucre, tout miel l'un envers l'autre au lit, ne soyez pas étonnés de voir votre vie sexuelle s'éteindre peu à peu.»

Un sondage fut effectué récemment auprès d'un groupe de femmes nudistes dont on désirait connaître l'opinion sur leurs expériences sexuelles avec les hommes. Les commentaires suivants furent les plus communs:

«Au lit, c'est presque toujours moi qui mène le jeu et je n'aime pas cela. La plupart des hommes ne s'affirment pas assez.»

«Certains hommes veulent à tout prix s'assurer que la femme est satisfaite. Cela finit par avoir un effet inhibiteur sur elle. Je pense qu'il y a un point où un homme devrait se laisser emporter par ses sensations; je pourrais alors me laisser aller davantage.»

«Cela peut paraître incroyable, mais ce que je déteste le plus, c'est une trop grande sollicitude. "As-tu joui ma chérie?" Cette question me met hors de moi, surtout parce que c'est une réaction si peu masculine; cela manque en quelque sorte de caractère[2].»

Les hommes sont les victimes d'un conditionnement social qui leur fait percevoir deux sortes de femmes et qui leur a valu le qualificatif désormais familier de «phallocrates»; d'abord, il y a la femme que vous aimez ou qui est votre propre épouse. Elle est pure, fragile, docile, passive et féminine, et les relations sexuelles avec elle sont à cette image. On ne peut se permettre d'être agressif qu'avec les autres femmes, les rencontres de fortune, les liaisons passagères ou la femme d'un autre.

La taquinerie: un rituel pour les couples «gentils»

Nous avons inventé un jeu-rituel que nous avons appelé la «taquinerie». Nous l'enseignons surtout aux couples «gentils» dont l'attitude tout sucre tout miel a émoussé l'excitation sexuelle. Ce rituel présente une forme de taquinerie sexuelle à laquelle se prêtent deux partenaires consentants. Celui qui joue le rôle du taquin doit tenter de faire fâcher son partenaire et de provoquer chez lui des sentiments négatifs, puis il doit considérer son attitude de rejet comme un défi à relever. En d'autres mots, il doit s'engager à lui faire la cour afin d'éveiller de nouveau son intérêt. Ce rituel aboutit à une réconciliation qui culmine dans l'acte sexuel et éveille chez les partenaires un vif désir.

Le rituel de la taquinerie vise donc à créer un conflit entre les partenaires et surtout les conjoints de longue date dont la docilité, le confort, la sécurité et la disponibilité ont émoussé le désir sexuel. Ainsi, l'homme peut dire: «Cela m'a vraiment plu de converser avec la femme de Jacques et de danser avec elle après le dîner. Elle a l'air tellement ouverte et sensuelle, et puis, quels seins elle a!» Lorsque sa femme est réellement en colère de se voir ainsi comparée à une autre, son mari change son fusil d'épaule et essaie de venir à bout de sa résistance. Il relève ainsi une sorte de défi. Ce rituel fait revivre aux partenaires les incertitudes du début face à l'amour, leur fait craindre de nouveau un rejet et recrée l'atmosphère stimulante des jours où ils se faisaient la cour. C'est un acte d'amour profond lorsqu'il permet à un partenaire dont le désir est émoussé de libérer son agressivité tandis que l'autre s'engage à venir à bout de sa résistance.

Une partie perturbée de la population sexuellement active ignore la façon de nouer une relation humaine intime autrement qu'à travers l'acte sexuel qui rapproche les partenaires physiquement, mais non psychologiquement. Les partenaires dont l'intimité se résume aux relations sexuelles négligent souvent d'autres dimensions indissociables de la véritable intimité. Certaines personnes aliénées ont une vie sexuelle des plus actives, car seul le sexe leur permet d'échapper à leur monde solitaire qui leur apporte avec sa part de merveilleuse indépendance une solitude parfois désespérante. Ces individus se servent du sexe pour éviter toute manifestation d'agressivité. Ils «font l'amour et non la guerre». Hors du lit, ils refoulent leurs émotions et se montrent souvent détachés et asociaux. Ainsi, nos recherches sur les meurtres de leur conjoint ont révélé que, plus souvent qu'autrement, les meurtriers avaient une vie sexuelle très active. Ils se réfugiaient dans l'acte sexuel pour échapper aux affrontements directs et pour se «réconcilier» sans régler leurs conflits interpersonnels chroniques. L'acte sexuel leur fournissait un répit temporaire contre les pénibles réalités de leur relation avec leur conjoint.

Béatrice, une jeune femme de trente-six ans, intelligente et sensible, décrivit comment une querelle avec son ami de trente-deux ans, Michel, avait marqué le début d'une relation authentique et profonde entre eux. Elle parla de l'incident suivant comme de leur «première querelle liée au sexe»:

«Je n'arrêtais pas de bavarder sur mon sujet préféré: mes expériences passées sur la télépathie avec des amis versés dans ce domaine. J'avais parlé pendant à peu près vingt-cinq minutes et, au dire de Michel, j'avais les yeux brillants. Je remarquai enfin qu'il regardait par la fenêtre. Il dit: "Tu parles pour toi-même. Tu n'as pas besoin de moi. *N'importe qui* t'écouterait que cela ferait pareil. Il est évident que tu n'es pas intéressée à établir une relation avec *moi.*"

«Je me mis sur la défensive et commençai à crier que j'avais le droit d'avoir des idées à moi et d'être moi-même. "Je partage mes intérêts avec toi et si cela ne te plaît pas et que tu n'aimes pas que je sois ainsi, et bien *fous le camp!*"

«Il ne broncha pas et me dit: "Anne avait l'habitude de me jeter ses chaussures à la tête lorsque je la mettais en colère, mais toi, tu es vraiment excitante quand tu te fâches et j'adore me quereller avec toi."

«Stupéfiée, je restai là à réfléchir... Puis il continua: "Je ne veux rien savoir de la télépathie et des autres. Je veux que tu me parles de toi et de moi et de notre relation." Je pensai "égoïste, salopard égocentrique!"

«De nouveau le silence. Il me regardait tendrement et mon agressivité fondit comme neige au soleil. Il voulait savoir si j'étais encore fâchée, mais ma colère tomba quand je réalisai qu'il avait besoin que je lui témoigne de l'intérêt. "Notre relation lui tient à cœur", pensai-je.

«Je m'avançai vers lui et lui caressai le visage. Nous nous dévêtîmes et fîmes l'amour avec l'affection la plus *pure*, une grande tendresse passionnée et bestiale tout à la fois. Une fois vidée, notre colère avait laissé la place à un amour libre de tout sentiment hostile.»

Chapitre 15

La libération sexuelle, l'agressivité et l'amour

C'est Kinsey qui souligna le premier les ressemblances frappantes qui existent entre les réactions physiologiques de l'acte sexuel et celles de la colère. Voici quelques-unes de ces réactions similaires, que l'on retrouve tant chez la femme que chez l'homme :

1. Accélération du pouls.

2. Élévation de la pression sanguine, tant diastolique que systolique.

3. Vasodilatation (quelquefois).

4. Accélération de la circulation sanguine périphérique.

5. Diminution du saignement. Au cours d'un combat ou de l'acte sexuel, l'épanchement de sang résultant d'une égratignure, d'une morsure ou d'une coupure à une veine est beaucoup moins important. Les brûlures et les coupures saignent très peu.

6. Hyperventilation (accélération du rythme respiratoire).

7. Anoxie. Le visage d'une personne au moment de l'orgasme suggère une pénurie d'oxygène et peut se comparer à celui de l'athlète au moment où il fournit l'effort physique le plus intensif. Selon Kinsey, le visage de la femme au moment de l'orgasme présente une ressemblance frappante avec celui d'un coureur qui effectue un « sprint » final.

8. Diminution de l'acuité sensorielle. Une personne excitée sexuellement devient de moins en moins sensible à la stimulation tactile et même aux lésions et aux blessures violentes. Elle peut recevoir des coups sans ressentir autre chose qu'une douce excitation tactile. D'autres sensations perdent aussi de leur acuité. Les amants sont moins sensibles à la température et aux bruits étrangers.

9. Sécrétion d'adrénaline.

10. Augmentation du tonus musculaire ; la tension des mains et des doigts augmente au cours de l'acte sexuel ou d'un accès de colère. La personne est alors portée à agripper, à griffer et à serrer les poings.

11. Augmentation de la force musculaire. Les personnes qui font l'amour ou qui sont en colère font preuve d'une force et d'une dextérité musculaires beaucoup plus considérables. Ce phénomène atteint parfois des proportions étonnantes.

12. Réduction de la fatigue.

13. Ralentissement des activités gastro-intestinales.

14. Émission de sons involontaires, sous forme de gémissements, de grognements et d'autres bruits[1].

Afin d'aider les partenaires à libérer leur sexualité en y intégrant leur agressivité, nous les incitons à convertir, au cours de l'acte sexuel, leur respiration accélérée en sons clairement audibles. Cela tend à faciliter le déclenchement des réactions physiologiques associées à la libération de l'agressivité.

La peur d'être entendu (cris d'amour) prouve que la phobie de l'agressivité qui sévit dans notre société s'est répandue même aux expériences les plus intimes. Les amants éprouvent de l'embarras, ils ont l'impression d'avoir perdu le contrôle d'eux-mêmes lorsqu'ils émettent des sons audibles en faisant l'amour et subissent les commentaires des autres à ce sujet. Les personnes polies et bien conditionnées ont appris à ne jamais émettre de sons audibles quels qu'ils soient. En conséquence, la plupart des personnes, et celles de la classe moyenne en particulier, manifestent un calme artificiel durant l'acte sexuel et considèrent que les cris d'amour tiennent du comportement bestial.

À la suite d'études visant à localiser les aires du cerveau de certains animaux comme le singe mâle, des psychophysiologistes ont démontré la relation biologique qui existe entre l'acte sexuel et l'agressivité. Ils ont prouvé que les centres nerveux qui déclenchent les réactions sexuelles et les réactions agressives sont extrêmement rapprochés au sein du système limbique du cerveau. Le système limbique est un ensemble complexe de structures qui vont du cortex cérébral à certaines parties du cerveau moyen. Il se pourrait que ces centres nerveux se chevauchent ou soient même directement reliés[2]. Une de ces études indique que les structures nerveuses qui déclenchent l'érection lorsqu'on les stimule électriquement, se trouvent à moins d'un millimètre du point du cerveau où sont déclenchées les réactions de rage extrême[3].

L'éthique de la recherche interdit le recours à ces techniques avec des humains. On ne peut donc que présumer de l'existence d'une relation physiologique semblable entre ces deux réactions chez l'homme. Toutefois, il existe des preuves supplémentaires à l'appui de cette théorie. En effet, on a remarqué entre autres que certaines personnes ayant subi des lésions cérébrales adoptaient soudain des comportements violents et manifestaient un appétit sexuel accru[4].

Des recherches en psychologie ont souligné la relation qui existe entre l'excitation sexuelle et l'excitation agressive. Le Dr Seymour Feshbach, psychologue expérimentaliste à l'université de Californie à Los Angeles, a effectué plusieurs études qui démontrent que l'inhibition de l'agressivité entraîne celle de l'instinct sexuel.

En 1970, le Dr Feshbach, assisté du chercheur Y. Jaffe, effectua une étude auprès d'un groupe d'étudiants de sexe masculin. Suivant un mode trop compliqué pour être décrit ici, il divisa le groupe en deux. Chez l'un des groupes, il bloqua les réactions agressives des étudiants et les empêcha d'exprimer leur colère, tandis que l'autre groupe était libre de l'extérioriser. Feshbach et Jaffe notèrent une diminution de l'excitabilité sexuelle et une tendance accrue à réprimer leurs instincts sexuels chez les membres ayant dû refouler leurs impulsions agressives, contrairement à ceux de l'autre groupe[5].

Le rituel agressif du club des sexes

Ayant constaté qu'il existe une relation étroite entre la sexualité et l'agressivité et qu'une personne qui refoule son agressivité risque de bloquer par le fait même son émotivité sexuelle, nous enseignons d'abord aux couples et aux célibataires le rituel du «club des sexes»; ce rituel vise à faciliter chez les participants des deux sexes l'expression du ressentiment latent qu'ils nourrissent à l'égard du sexe opposé, mais qu'ils expriment rarement à cause des tabous sociaux qui entourent ce type de sentiment.

Les premières étapes du conditionnement social contribuent à développer chez les garçons et les filles un puissant instinct de répulsion et de résistance à l'égard du sexe opposé. Les petites filles se rendent vite compte que les petits garçons jouissent de privilèges spéciaux en ce qui a trait à la liberté, à la curiosité, à l'agressivité et à la sexualité. On leur permet de se battre, de manifester ouvertement leur instinct sexuel, de rôder dans le voisinage, etc., mais pas aux petites filles. Cette double norme ne peut que provoquer du ressentiment chez ces dernières. En outre, elle est particulièrement vraie dans le domaine de la sexualité: en général, on admet que les garçons manifestent de la curiosité à cet égard tandis que l'on réprime celle des filles, jugée malsaine. Les petites filles apprennent à se méfier des motivations sexuelles secrètes des petits garçons qui «ne pensent qu'à ça». On leur laisse entendre que le monde regorge de brutes et de violeurs. Les contes pour enfants fourmillent de loups déguisés en moutons qui violent les filles, sans parler des films de guerre qui, à la télévision ou au cinéma, dépeignent la brutalité dépravée des hommes.

Le ressentiment des garçons envers l'élément féminin prend sa source dans leur relation avec leur mère. C'est elle qui, en général, interdit, refuse, exige et punit. Les mythes et les contes de fées, les histoires bibliques et les contes pour enfants les mettent en garde contre les ruses et les desseins destructeurs du sexe faible. C'est Ève qui persuada Adam de croquer la pomme, le privant, lui et ses descendants, du Paradis Terrestre. Dalida réduisit à néant la force de Samson. L'histoire regorge d'exemples de royaumes perdus à cause d'une femme fatale, sans compter les sorcières des contes comme «Hansel et Gretel» et «La belle au bois dormant» qui sont des créatures démoniaques et destructrices.

Deux personnes ne peuvent obtenir une véritable intimité et une sensibilité érotique sincère, non manipulatrice et durable, et nouer une relation réaliste que lorsqu'elles ont exprimé l'hostilité, le ressentiment et les préjugés défavorables qu'elles nourrissent à l'égard du sexe opposé, mais qu'elles tendent à refouler, particulièrement au tout début de leur relation. Elles doivent exprimer même les sentiments les plus méchants et les plus irrationnels en apparence. En fait, c'est là une des hypocrisies les plus cruelles de notre culture que d'empêcher, par ses tabous, les deux sexes de prendre conscience de leurs sentiments hostiles réciproques, ce qui nuit à leur équilibre mental et à leurs relations hétérosexuelles. Les hommes comme les femmes se torturent et se croient méprisables ou insuffisants parce qu'ils n'arrivent pas à aimer d'un amour aussi pur qu'ils le voudraient. Ils établissent des relations avec des sourires factices et une sollicitation amoureuse irréelle. Une fois la première excitation atténuée, chacun passe des mois, des années ou toute une vie à essayer de surmonter l'ennui, la colère et l'aliénation qu'il ressent face à son partenaire. Les rapports sexuels souffrent considérablement de cette agressivité refoulée qui contamine constamment l'interaction des partenaires.

Thomas, âgé de vingt-trois ans, se leva à son tour au cours d'un rituel du club des sexes supervisé par le Dr Goldberg. Les hommes s'étaient d'abord réunis pour discuter de tous leurs préjugés et exprimer leur ressentiment à l'égard des femmes et celles-ci avaient fait de même à l'égard des hommes. Chaque personne devait ensuite à son tour épancher ses sentiments en face de l'autre groupe. Thomas regarda les six femmes assises en face de lui et commença: «Les femmes sont des profiteuses, des salopes à double face qui disent ou font n'importe quoi pour vous conduire au mariage et alors *seulement* elles se montrent sous leur vrai jour. Elles sont horriblement jalouses des hommes. Elles ne peuvent pas supporter de voir un homme se payer du bon temps, c'est pourquoi elles mettent leur nez dans toutes leurs activités. Elles veulent toujours le suivre partout : au football, à la pêche et même dans les bars, partout ! Elles le dévoreraient tout rond ! En plus, elles ne s'amusent même pas. Tout ce qu'elles ont dans la tête, c'est de faire des achats et d'accumuler des biens. Elles nous condamnent à une mort précoce avec leurs exigences, puis elles mènent une vie de château pendant une vingtaine d'années supplémentaires avec l'argent des assurances. Elles se plaignent que nous n'avons pas de sentiments, mais attention si un de nous pleure ou manifeste sa peur, elles l'écrasent de leur mépris ! En outre, elles utilisent leur sexe et leur corps pour nous manipuler parce que c'est tout ce qu'elles ont à offrir. Puis après, elles se plaignent parce qu'on les traite comme des objets sexuels. Elles perdent la tête lorsque leur homme a le malheur de regarder une autre femme. Elles préfèrent qu'il soit hypocrite et qu'il fasse semblant de ne pas voir tous les seins et les hanches que les femmes aguichantes lui mettent pratiquement sous le nez un peu partout. Elles ne peuvent supporter un homme qui se comporte comme un homme et pour couronner le tout, elles voudraient faire comme eux. Vous, les femmes, vous voulez vous libérer. Eh bien ! ça y est, vous êtes libérées. Maintenant laissez-nous la paix ! »

La sortie de Thomas n'avait rien de logique ou de rationnel, mais elle était réelle. Il exprimait des sentiments dont il connaissait à peine l'existence en lui, jusqu'à ce qu'ils débordent. En outre, à l'instar de la plupart des célibataires modernes qui cherchent leur âme sœur, il se berçait de l'illusion qu'il trouverait une femme « différente » pour laquelle il n'éprouverait que l'amour le plus pur. Lorsque les hommes pensent avoir trouvé cet oiseau rare, ils refoulent leur agressivité, deviennent son complice, font de faux compromis et projettent d'eux-mêmes une image irréaliste.

Inévitablement leur relation et leurs rapports sexuels tournent au vinaigre.

Élizabeth, divorcée et mère de trois enfants, prit part à son tour au rituel du «club des sexes». Tremblant quelque peu d'anxiété et de colère, elle lança son attaque contre les hommes. «Les hommes sont des bébés pleurnichards et plaignards qui demandent une attention constante. Il faut toujours leur donner l'illusion qu'ils sont les seigneurs et maîtres! Ils ont secrètement peur des femmes et ne savent pas comment les prendre. Ensuite, ils se plaignent que les femmes les manipulent. Quelle blague! Montrez-leur un sein ou une fesse et ils se mettent à baver. Sales types dégoûtants! Mais une fois qu'ils ont fait leur pathétique petite conquête, ils prennent leurs jambes à leur cou! Ils ne savent pas vraiment qu'en faire. Lorsqu'il s'agit de faire l'amour, la plupart des hommes font des histoires. Ils sont bons seulement la première fois. S'ils rencontrent une femme honnête qui aime l'amour autant qu'eux, ils paniquent et la traitent de castratrice et de chienne en chaleur. Et puis, vous êtes tellement absorbés par votre petit moi misérable et vos conquêtes! Vous ignorez tout de l'intimité, de la chaleur, de la joie de partager un sentiment authentique, vous ne savez pas ce qu'est une véritable relation.»

La sexualité comme arme

Lorsque l'agressivité entre les sexes est réprimée, la sexualité devient une arme ou un outil de plus pour l'exprimer. L'agressivité passe alors pour du désir sexuel. L'homme qui a besoin de séduire toutes les femmes qu'il rencontre n'a pas un instinct sexuel plus fort que les autres: il exprime plutôt sa soif latente de pouvoir et de domination et son mépris profond pour les femmes, qu'il traite comme des objets interchangeables sans se soucier de leurs besoins ou de leurs sentiments. De même, l'homme qui devient impuissant ou éjacule prématurément exprime peut-être ainsi son ressentiment à l'égard de la femme ou son refus de la satisfaire qui provient de ses motivations agressives refoulées.

La femme aguichante qui flirte avec tous les hommes avec l'intention bien arrêtée de ne pas aller plus loin manifeste, elle aussi, son mépris pour eux. Tout comme la femme frigide peut chercher à humilier ainsi son partenaire, à lui donner un sentiment d'insuffisance ou simplement à se retenir de le satisfaire.

Dans une société «agressophobe», les rapports sexuels sont très contaminés. Ils ne sont qu'un instrument de plus pour dominer, s'affirmer, rechercher le pouvoir, exprimer son hostilité, son mépris et son désir d'humilier l'autre, de l'asservir et de le faire souffrir sadiquement. Nos rapports sexuels ne deviendront significatifs et stimulants que dans la mesure où nous exprimerons autant que possible notre hostilité latente et que nous admettrons franchement l'existence de ce sentiment en nous. Bien que nous vivions à l'heure de la révolution sexuelle, la libération de la sexualité ne s'est effectuée qu'en surface. On fait l'amour plus souvent, mais on en tire moins de plaisir. La plupart des partenaires sexuels sont encore bloqués par leurs tentatives de se conformer à des normes de comportement fondamentalement irréelles et utopiques. L'expérience sexuelle s'accompagne d'un désir inauthentique de se montrer excessivement gentil, sensible, affectueux, compréhensif et de manifester d'autres sentiments qui sont *supposés* être l'apanage des personnes sexuellement évoluées. Vient un moment où chaque partenaire doit chercher ailleurs une véritable satisfaction sexuelle. Il semble que ce ne soit qu'au sein des rapports extraconjugaux, passagers et spontanés que la plupart des individus s'abandonnent à leurs penchants agressifs, pincent leur partenaire, le mordent, le griffent, crient et se débattent, adoptant ainsi un comportement beaucoup plus réel, mais qu'ils s'interdisent avec leur conjoint. Les hommes se comportent ainsi avec les prostituées ou leurs «petites amies», et les femmes, avec leurs amants.

La peur face au sexe opposé

La peur face au sexe opposé est un autre sentiment courant et inexprimé qui empêche des rapports érotiques satisfaisants. Elle comprend la peur d'être rejeté, de ne pas être à la hauteur, d'être blessé, exploité, dominé, de devenir excessivement dépendant ou d'être possédé ou englouti par l'autre. Pour transformer la réaction de peur en réaction agressive saine, on doit apprendre à défendre sa propre identité, à accepter d'être rejeté et à continuer d'exister en dépit de cela, à dire «Non», à confronter et à établir ses limites dans ses rapports intimes. Dans ses rapports sexuels, l'individu doit se montrer tel qu'il est et faire connaître à son partenaire ses désirs et ses sentiments à l'égard du sexe. Il doit aussi parler de ses expériences pénibles avec d'autres partenaires (Musée des peines), des facteurs qui inhibent son désir sexuel et de ses points sensibles. Les partenaires sexuels ont tendance à garder le silence sur ces sujets et à s'en servir plus tard contre l'autre. Myriam n'avoua jamais à son amant qu'elle détestait la fellation et que cela la dégoûtait particulièrement lorsqu'il ne s'était pas lavé auparavant, ce qui lui causa très tôt une vive répulsion à l'égard du sexe et la rendit frigide. Elle ne voulait pas s'en ouvrir à son amant de peur de le blesser.

Il est tragique de voir que tant d'hommes et de femmes craignent la confrontation honnête de leurs besoins au point de ne pas s'avouer à *eux-mêmes* leurs inhibitions. Ils se sentent embarrassés et honteux d'établir leurs limites et leurs attentes à cause des pressions sociales et ils répriment souvent leurs sentiments au point de ne plus en être conscients. Ainsi, nombre d'hommes éprouvent de la difficulté à avouer carrément qu'ils n'ont pas vraiment envie de faire l'amour, ou même à le savoir. Leur image d'étalons du sexe exige qu'ils soient toujours fringants. Cela est parfois vrai aussi dans le cas des femmes, surtout au début de leurs relations. Elles ont l'impression qu'elles doivent satisfaire les désirs sexuels de leur amant et faire l'amour fréquemment en y trouvant du plaisir. La peur de s'affirmer et l'inaptitude à dire «Non» ou même à reconnaître clairement son désir sexuel finissent par détruire le plaisir de l'union sexuelle. L'individu finit par ne plus savoir quand il est réellement excité sexuellement. Il commence à ressentir des malaises psychosomatiques, comme des maux de dos, des maux de tête ou une sensation de fatigue parce que chaque soir devient une source d'anxiété; il tombe endormi stratégiquement ou reste debout très tard à «lire» ou à «travailler» avant de se mettre au lit.

En révélant à son partenaire ses points sensibles, on s'affirme et on donne des indications précieuses sur ses attentes sexuelles; il importe de le faire au tout début de la relation. Tout individu a un talon d'Achille; lorsqu'on y touche, il se replie sur lui-même, se met en colère, cherche à se venger ou perd toute émotivité sexuelle. Par exemple, il peut être particulièrement sensible aux commentaires intempestifs sur son poids, sa propreté, ses cheveux ou ses odeurs corporelles, aux comparaisons avec d'autres, aux disputes sur des questions pécuniaires, aux commentaires négatifs sur ses anciennes relations, sur ses parents, sur sa famille, etc. Un vendeur d'assurances nouvellement marié découvrit que sa femme touchait en lui un point sensible lorsqu'elle se servait d'un sentiment très personnel qu'il lui avait confié pour le rabaisser un peu plus tard. Ainsi, une fois, il lui avait avoué gaiement comment il avait enlevé une affaire en emmenant son client dans un restaurant chic où ils avaient bu du vin et conversé doucement. En même temps, il était mal à l'aise d'avoir employé cette tactique; il reconnaissait avoir en quelque sorte dupé son client. Plus tard dans la soirée, sa femme lui dit qu'il était un as de la tromperie après qu'il eut lui-même reconnu son embarras à ce sujet. Il vit rouge et ne ressentit aucun désir pour elle pendant des jours. Dans un autre cas, une femme déclara qu'on touchait une corde sensible chez elle lorsqu'on l'accusait d'avoir des motifs cachés. Ainsi, lorsqu'elle préparait un repas particulièrement soigné pour son ami ou lui achetait un cadeau et qu'il la taquinait en lui demandant ce qu'elle voulait obtenir de lui, elle éprouvait de la répulsion pour lui pendant plusieurs jours.

Le combat d'oreillers décrit dans le chapitre des «rituels de décharge d'agressivité» implique l'emploi de bâtons coussinés et de restrictions physiques destinés à égaliser les forces des partenaires sexuels et à leur permettre de se battre ensemble en toute sécurité. Bien que les membres des deux sexes possèdent d'énormes réserves d'hostilité, ils n'ont aucune soupape physique sûre et efficace. L'homme a toujours surestimé la fragilité physique de la femme tandis que celle-ci a toujours craint de montrer sa véritable force physique de peur de paraître trop masculine ou agressive. L'attitude super-gentille des deux sexes, surtout dans les rapports sexuels, finit par paralyser et par éliminer une grande part de la vitalité de ces rapports. Le combat d'oreillers peut aider à briser le modèle passif des relations, lorsqu'on s'y prête dans un esprit positif. Il peut aussi agir comme stimulant sexuel et surtout, aider chaque partenaire à voir l'autre, d'une façon plus réaliste, comme un être agressif. Ce combat est particulièrement efficace dans le cas des couples qui ont établi des modèles de rapports rigides entre eux et qui règlent tous leurs problèmes verbalement. Un avocat de quarante-trois ans et sa femme avaient pratiquement cessé d'avoir des relations sexuelles lorsqu'ils s'inscrivirent à un groupe de formation en agressivité créatrice dirigée par le Dr Bach.

Ils n'arrêtaient pas d'intellectualiser. Le mari essayait toujours de se montrer «compréhensif» tandis que sa femme «terriblement sensible» craignait de «heurter ses sentiments». Leurs verbalisations et leurs ruminations incessantes cachaient une intense colère qu'aucun d'eux ne ressentait consciemment. Lorsque le Dr Bach leur demanda de se battre avec des bâtons coussinés, ils lui opposèrent un refus catégorique. Ils étaient convaincus que c'était une chose stupide à faire et qu'en outre cela n'avait rien à voir avec leurs problèmes sexuels. Sur l'insistance du groupe, ils finirent par se laisser convaincre. Après un premier moment de retenue, la femme frappa «accidentellement» son mari à l'aine. Bien que le coup ne lui ait pas fait vraiment mal, il devint livide. La bataille prit soudain une tournure violente. Tous deux commencèrent à crier et à s'insulter. Elle le traita de «sans-couilles» et lui, de «bloc de glace» et de «constipée». Ils déversèrent l'un sur l'autre une rage intense que ni l'un ni l'autre n'avait éprouvée clairement auparavant. Ils cachaient leurs «peurs» derrière toutes leurs verbalisations interminables et une énorme réserve de colère sous leurs analyses psychologiques. À mesure qu'ils libéraient cette énergie et transformaient leurs verbalisations en sentiments réels, c'est-à-dire agressifs, ils retrouvèrent une chaleur et une sollicitude sincères et leur excitabilité sexuelle.

Sexualité froide

À mesure que nous avons pris conscience de la relation étroite qui existait entre la sexualité et l'agressivité, nous avons découvert que la plupart des couples perdaient tout intérêt aux rapports sexuels parce qu'ils s'y prêtaient sans ardeur; c'est-à-dire avec passivité et gentillesse. Les partenaires mariés surtout ont tendance à se mettre au lit dans un état de relâchement et de passivité complète et ils s'inquiètent ensuite de ne pas être excités immédiatement. Le mari se fait du souci parce qu'il n'a pas une érection instantanée tandis que sa femme se demande ce qui cloche parce que ses sensations sont émoussées ou anesthésiées.

Au début d'une relation, les rapports sexuels sont habituellement excitants parce que les partenaires mobilisent leur agressivité pour les rituels de la conquête amoureuse. L'homme essaie de conquérir la femme. Celle-ci exprime son agressivité à travers la résistance qu'elle oppose à ses avances. Cependant, la plupart des éléments agressifs sont absents des rapports sexuels des partenaires de longue date. Lorsqu'ils se mettent en colère ou se querellent, ils ont tendance à se replier sur eux-mêmes tandis que la querelle a souvent un effet stimulant sur les désirs érotiques des partenaires nouveaux. Nous encourageons donc les couples à employer tous les moyens susceptibles de mobiliser leur agressivité, même le combat aux bâtons coussinés. Les couples qui ont recours à cette technique pour la première fois, passent du rire embarrassé à la colère intense pour finir souvent dans un état d'excitation sexuelle.

Le besoin de franchise

La plupart des partenaires ont des attentes mutuelles vagues ou trop romantiques pour être réalistes face à la sexualité. Ils croient qu'ils obtiendront une véritable satisfaction sans lever le petit doigt. Lors des premiers rapports, la nouveauté, l'incertitude et l'absence d'attachement réel fournissent un stimulant adéquat, et même les relations sexuelles plutôt décevantes ont un petit côté piquant. Cependant, pour que cet enthousiasme original demeure, les partenaires devront y mettre du leur en s'affirmant, en dévoilant leurs attentes et leurs goûts, en se critiquant et en se guidant mutuellement, en confrontant leurs besoins, en renforçant certaines attitudes et en se renseignant sur les désirs de l'autre.

La collusion et la devinette sont deux des principaux facteurs propres à rendre une expérience érotique décevante. On est coupable de collusion lorsqu'on prétend, par souci de plaire à son partenaire, aimer quelque chose qui en réalité nous déplaît. Un couple qui vivait ensemble depuis sept ans nous fournit un bon exemple des effets destructeurs de la collusion. La femme, qui prétendait avoir une grande ardeur amoureuse, commençait à accumuler une série de malaises physiologiques qui lui servaient d'excuses «légitimes» pour échapper aux rapports intimes. Au cours de sa thérapie sexuelle, elle déclara que bien qu'elle eût toujours préféré la position de «l'écuyère» parce qu'elle lui permettait d'avoir des orgasmes intenses et répétés, elle feignait de préférer la position traditionnelle parce qu'elle plaisait davantage à son mari. Elle était sûre qu'il l'accuserait de vouloir jouer le rôle de l'homme si elle lui avouait la vérité.

Outre qu'elle se faisait la complice des présumées préférences de son mari parce qu'il avait parlé six ans plus tôt des «putains lesbiennes», elle prétendait «deviner» ses sentiments. Elle lisait dans les pensées de son mari et présumait qu'il détesterait fortement qu'elle le chevauche lors des rapports. Lorsqu'elle put enfin en discuter ouvertement, elle découvrit que les quelques fois où son mari avait été sous elle, il en avait tiré du plaisir parce qu'il pouvait se reposer et lui «laisser faire tout le travail». Il craignait, lui aussi, de lui avouer franchement ses préférences de peur de passer pour un «efféminé» ou un homosexuel en puissance.

On a fréquemment recours à la collusion et à la devinette lorsqu'on essaie de savoir si son partenaire veut faire l'amour ou non. Cela semble être une source de grande difficulté et d'anxiété que de le lui demander carrément et d'y répondre honnêtement si la question nous est posée. Certains pensent que cette sorte de question détruit le côté magique et la spontanéité des rapports érotiques. Ils affirment qu'on ne devrait pas avoir à le demander, mais qu'on devrait le savoir instinctivement. En conséquence, lorsqu'il s'agit de décider si on fait l'amour ou non, on se rend souvent coupable de collusion ou on joue aux devinettes. En voici quelques exemples: il décide qu'elle ne veut pas faire l'amour parce qu'elle a mentionné plus tôt dans la soirée qu'elle avait mal à la tête. Ou encore il ne veut pas la forcer, alors il attend qu'elle fasse le premier pas. Elle ne veut pas paraître agressive, alors elle attend qu'il se déclare à ce sujet. Elle pense qu'il doit en avoir envie parce qu'ils n'ont pas fait l'amour depuis quatre jours. Mais en réalité, il n'en a pas vraiment envie. Puis, elle prétend en tirer du plaisir et il fait de même alors que ni l'un ni l'autre ne voulait vraiment faire l'amour au départ. La peur de la communication honnête en matière de sexualité aboutit à cette comédie pathétique qui fait du sexe un cauchemar.

Jusqu'à tout récemment, les femmes avaient peur d'avouer aux hommes leurs attentes face à la sexualité parce qu'elles n'étaient même pas supposées jouir des relations sexuelles. Les hommes n'exprimaient pas non plus leurs préférences de peur de passer pour dépravés ou bestiaux. Il n'y a pas longtemps que l'homme connaît l'existence du clitoris chez la femme et son emplacement. Les couples doivent apprendre à affirmer leurs besoins sexuels et à se renseigner mutuellement sur les zones érogènes de leur corps. Ils doivent aussi apprendre à synchroniser leurs caresses ; un geste excitant au début des jeux érotiques peut devenir fastidieux au moment du coït. Un homme de trente-trois ans adorait que sa petite amie lui mordille le cou lors des baisers du prélude, mais il détestait qu'elle le fasse lorsqu'il était en elle.

Discussions après l'amour

Les discussions après le coït doivent être empreintes d'une franchise *non* tempérée de tact. Dans la recherche de la satisfaction sexuelle, le tact est synonyme d'échec. Pour préserver le piquant de leur vie sexuelle, les partenaires doivent s'avouer honnêtement l'un à l'autre ce qui leur a plu ou déplu dans leurs gestes ou leurs attitudes au cours de leurs jeux érotiques.

Il existe de nombreuses sources potentielles de conflit dont il importe de discuter franchement :

1. La position : qui se placera comment et à quel moment ?

2. Le moment : ferons-nous l'amour le matin, l'après-midi, le soir ou au milieu de la nuit ?

3. La fréquence : combien de fois par jour, par semaine, par mois ?

4. Durée et nature du prélude amoureux : combien de temps dureront les préliminaires et de quel ordre seront-ils ?

En ce qui concerne ce dernier aspect, les présomptions non fondées et les « il faut que... » doivent être soigneusement étudiés et souvent rejetés. Ainsi, les brèves étreintes sexuelles peuvent être aussi satisfaisantes et jouissantes que les ébats prolongés. Bien des couples ont l'impression qu'ils devraient prolonger leurs jeux érotiques sous peine de se montrer insensibles ou imprévenants l'un envers l'autre.

Sans égard à leur compatibilité sexuelle, deux partenaires auront toujours des préférences différentes. Ceux qui nient ces divergences sont coupables de collusion. Ceux qui pensent qu'on enlève tout le côté magique de l'amour en discutant verront leurs rapports sexuels se détériorer graduellement.

Les aliénants sexuels

Nous avons découvert que l'attitude de la « bonne sœur » et du « psychanalyste » sont les deux formes les plus courantes et les plus destructrices d'agressivité refoulée.

L'homme qui s'informe avec sollicitude si la femme a eu un orgasme ou la femme qui essaie « d'aider » son partenaire à venir à bout de ses craintes ou de son impuissance jouent à la « bonne sœur ». Chacun d'eux affiche une sollicitude qui ne fait qu'intensifier l'embarras extrême de l'autre et son sentiment de culpabilité : « Il est si prévenant, je dois être réellement frigide et méchante pour ne pas jouir » ou « C'est vraiment de ma faute si je suis impuissant. Elle ne pourrait pas être plus patiente ou plus douce. »

L'attitude de la «bonne sœur» ne part pas du cœur. Sa bien-veillance signifie en réalité «Mes réactions sexuelles sont normales, mais non les tiennes. Aussitôt que tu iras mieux, nos rapports sexuels s'amélioreront». Cette attitude permet à la personne de se cacher à elle-même sa responsabilité dans ce problème. L'hostilité latente que cache la «bonne sœur» se manifeste à travers les réper-cussions de son comportement sur son partenaire. Inévitablement, ce dernier ne résout pas son problème, bien qu'il puisse ressentir une amélioration temporaire que la «bonne sœur» portera bien sûr à son actif. Elle ne durera pas car celle-ci a intérêt à ce que le pro-blème reste entier.

L'autre façon de rendre son partenaire fou consiste à jouer au «psychanalyste». Cette forme d'agressivité refoulée typique de la classe moyenne consiste à «aider» l'autre à comprendre pourquoi il n'a pas de réactions sexuelles normales. Le «psychanalyste» alié-nant n'exprime jamais vraiment ses émotions. Il affiche plutôt une attitude détachée et ne cesse de poser les données du problème afin d'en trouver les solutions. Outre qu'elle ne mène à rien, cette atti-tude fait que le partenaire en difficulté se sent encore plus malade et plus embarrassé. C'est une attitude hostile qui permet au «psy-chanalyste» de jeter le blâme sur l'autre.

Les auteurs croient que nombre des soi-disant problèmes sexuels modernes résultent du refoulement de l'agressivité. En conséquence, les efforts que font les couples pour revitaliser leur vie sexuelle en essayant de nouvelles positions ou techniques et des dispositifs mécaniques sont voués à l'échec à moins qu'ils y intè-grent leurs éléments agressifs refoulés, qu'ils perdent leurs craintes à l'égard du sexe opposé et s'affirment plutôt que de faire des concessions mutuelles et de se faire les complices l'un de l'autre. Notre approche de la sexualité va de pair avec notre éthique qui incite les gens à s'exprimer d'une façon personnelle, spontanée, franche et positive au sein de leurs relations les plus intimes. Une chambre peut devenir un terrain de jeux érotiques et un milieu naturel pour libérer son agressivité d'une façon sûre, inoffensive et créatrice.

CHAPITRE 16

L'intimité et les conflits

Pour aimer : confronter et évoluer plutôt
qu'obéir et adorer !

L ouise et Normand vinrent consulter le Dr Goldberg au sujet de leurs problèmes conjugaux. Ils étaient sur le point de se séparer depuis que Louise avait découvert que Normand, un dentiste de trente-neuf ans, la trompait. Même au début de la thérapie, Normand était au plus fort d'une liaison amoureuse. Au cours des premières séances, il se montra extrêmement poli et déférent à l'égard du thérapeute et il s'excusait souvent de sa conduite auprès de Louise. Quand elle pleurait ou criait, il restait assis passivement la rassurant de temps en temps par une caresse dans le dos. Lorsqu'elle le supplia enfin de rompre avec sa maîtresse, il s'empressa d'acquiescer. Louise dit alors : « J'aimerais bien te croire, mais je ne le peux pas. » Ce à quoi Normand répondit clairement : « Eh bien ! que puis-je faire de plus, si tu ne veux pas me croire ? » Il ne manifesta aucun ressentiment face à sa méfiance.

Lorsque, au cours d'une séance, le Dr Golberg demanda à Normand ce qui lui manquait personnellement dans sa relation avec Louise, il répondit : «Je n'ai rien à reprocher à Louise. C'est une fille merveilleuse. C'est moi qui suis un sale égoïste!» Le Dr Goldberg resta sceptique à cause de la façon tranquille et contrôlée dont l'autre s'exprimait. Il fit part de sa réaction à Normand qui resta coi.

Moins d'un mois après la première séance, Normand emménagea avec sa petite amie. Il laissa à Louise un mot d'excuse dans lequel il l'assurait qu'elle serait beaucoup plus heureuse sans lui et qu'il agissait ainsi autant pour son bien à elle que pour le sien. Il assumait l'entière responsabilité de la rupture et terminait ainsi : «Je sais, ma chère Louise, que tu n'auras pas de difficulté à trouver quelqu'un qui t'aimera.» La méfiance intuitive de Louise à l'égard de la promesse de Normand était saine et parfaitement justifiée. Quant à celui-ci, sa réaction totalement dénuée de colère face à la méfiance de Louise dénotait son manque d'attachement sincère à elle.

Le prélude d'une rupture est souvent caractérisé par cette sorte de politesse, de passivité et de détachement de la part d'au moins un des conjoints chez qui la perspective de rompre entraîne invariablement une vive répulsion face aux querelles. Par contre, les couples qui sont carrément hostiles l'un envers l'autre lorsqu'ils commencent leur thérapie ont, en règle générale, une bonne chance d'améliorer leurs relations. Leurs interactions intenses et chargées de colère témoignent clairement de leur véritable attachement et de l'affection sincère qu'ils éprouvent mutuellement.

Les conversations de réceptions ont la réputation d'être polies, superficielles et ennuyeuses. Elles dénotent une indifférence manifeste de la part des interlocuteurs. Le dialogue suivant s'est engagé entre deux époux, tous deux polis et détestant la confrontation, au retour du mari :

LUI : Bonjour, chérie. Il y a du courrier ?

ELLE : Rien d'intéressant vraiment. Quelques magazines.

LUI : Est-ce que le journal est arrivé ?

ELLE : Oui. Veux-tu le voir ? Il est dans la salle de bain. Je monte te le chercher.

LUI : Tu serais gentille. Tu as fait du café ?

ELLE : Bien sûr. (Elle lui apporte le journal et le café). Quoi de neuf au bureau ?

LUI : Toujours les mêmes vieilles histoires. Et ici ?

ELLE : Rien non plus. Sauf que je me suis acheté un nouveau manteau. J'espère que tu ne m'en veux pas.

LUI : Pourquoi t'en voudrais-je ? Je suis heureux que tu aies trouvé quelque chose à ton goût.

ELLE : Veux-tu le voir ?

LUI : Peut-être après le dîner.

ELLE : Es-tu prêt à dîner maintenant ?

LUI : Tout de suite après les informations de 18 heures.

Cette sorte d'échange passablement typique entre des époux polis et cordiaux conduit droit à l'aliénation. Tous deux cachent leur ennui. Ils sont probablement absorbés dans leurs propres pensées et répugnent à se confronter ouvertement. Leur politesse mutuelle masque leur détachement l'un vis-à-vis de l'autre et leur peur de dévoiler leurs sentiments. Les individus qui mettent le moins d'émotivité possible dans leurs relations sont en général très rationnels et très détachés.

La politesse n'est pas la marque de l'intimité authentique. Deux partenaires qui tiennent l'un à l'autre expriment ouvertement leurs besoins personnels. Parce qu'ils influencent l'autre et entrent en conflit avec lui, ils sont appelés à éprouver des frustrations, de la colère, des déceptions et des désillusions. Les partenaires, mariés ou non, qui se querellent rarement ont probablement des rapports méfiants et superficiels. Ils craignent ou sont incapables de révéler leurs besoins réels.

Ces couples polis s'accommodent l'un avec l'autre au détriment de leurs besoins propres durant de longues périodes. Au moment d'une crise toutefois, leurs sentiments cachés d'irritation et de frustration exploseront violemment. À ce point, leur hostilité latente sera peut-être trop intense pour qu'ils puissent la surmonter. La rupture leur paraîtra alors beaucoup moins menaçante que les douloureuses confrontations.

Les vœux traditionnels du mariage sont, sous bien des aspects, cruellement irréalistes. Ils impliquent une attitude et une norme qui, au sein d'une relation authentique, sont impossibles à respecter. Pris au sérieux, ils suscitent des sentiments d'inaptitude chez les époux qui tiennent l'un à l'autre mais qui se voient incapables de recréer ce modèle d'harmonie qu'on leur a enseigné comme possible. Ils considèrent leurs conflits et leurs querelles comme des échecs personnels qui reflètent leur profonde faiblesse affective. Leur anxiété est intensifiée par le fait qu'ils croient que «les autres s'entendent bien, pourquoi pas nous?»

Nous avons décrit les sources de conflit inévitables au sein du mariage dans le livre intitulé *Ennemis intimes* (Bach et Wyden). Nous expliquerons maintenant certains de ces aspects.

Distance optimale ou degré d'intimité

La différence entre leurs besoins d'intimité est peut-être la source majeure de conflits chez les couples modernes. Ces différences sont pourtant inévitables, les hommes et les femmes ayant subi un conditionnement différent.

Les premières expériences de l'homme et l'apprentissage affectif qu'il a acquis face à la sexualité et aux manifestations extérieures de sentiment (contact physique, pleurs), ses besoins de dépendance ainsi que les pressions qu'on a exercées sur lui pour qu'il réussisse l'ont habitué à dissimuler ses émotions et à se maîtriser d'une façon excessive. Il a appris à considérer le contact physique et les manifestations affectives comme des caractéristiques non masculines et à voir la sexualité en termes de défi et de conquête. Par contre, la femme est conditionnée à mieux accepter son émotivité et ses besoins de dépendance. Elle n'est pas élevée dans un esprit de compétition et d'ambition comme l'homme de sorte qu'elle est plus détendue et plus ouverte dans ses rapports avec autrui. Quant à la sexualité, elle apprend à la considérer non pas d'une façon fragmentaire, mais comme une expérience indissociable de sa relation intime globale.

Au début du mariage ou de la vie à deux, les couples ont une forte tendance à faire des compromis imparfaits qui briment leurs désirs personnels. Le mari passe de grands moments avec sa femme alors qu'il préférerait de beaucoup être seul ou avec ses amis. Vice-versa, la femme encourage son mari à faire ce qui lui plaît pour lui montrer qu'il est «libre», mais elle préférerait qu'il reste auprès d'elle. Lorsque les époux cessent ce petit jeu et expriment leurs besoins réels, le mari se sent parfois étouffé et possédé tandis que sa femme se sent frustrée et abandonnée.

Les querelles conjugales violentes et destructrices surviennent surtout pendant les week-ends et les vacances au moment où fleurissent les graines empoisonnées de l'accommodation. Le couple provoque consciemment des querelles et de violentes altercations qui servent de prétextes pour exprimer son ressentiment ou pour échapper à l'autre. Les disputes à propos de bagatelles deviennent des outils dont se servent les époux pour se donner des raisons «légitimes» de garder leurs distances ou d'exprimer leur irritation parce qu'ils sont frustrés. Voici une querelle typique du samedi :

LUI : Où est ma brosse à dents ?

ELLE : Elle était sur le lavabo.

LUI : Elle n'y est plus. (En colère.) Qui est l'imbécile qui l'a prise ?

ELLE : Je ne sais pas. Peut-être un des enfants et tu n'as pas besoin de parler comme ça. Je ne suis pas un de tes collègues.

LUI : Ces sacrés enfants ont le nez fourré partout. Tu ne pourrais pas les avoir à l'œil, non ?

ELLE : C'est samedi et voilà la chicane qui recommence !

LUI : Et puis, merde ! Quand apprendras-tu ce que signifie être une épouse et une mère ?

ELLE : Jamais, j'espère. Et si ça ne te plaît pas, fous le camp !

LUI : Merci pour la suggestion. Je pense que c'est ce que je vais faire.

Cette querelle sert de prétexte inconscient au mari pour s'en aller et à sa femme pour mettre à l'épreuve son désir et sa capacité de rester avec elle. S'ils avaient pu parler ouvertement de leurs besoins mutuels d'intimité, ils auraient pu éviter cette discussion à propos d'un motif futile qui masque la véritable source de conflit.

Les partenaires qui veulent avoir une idée de leurs besoins d'intimité mutuels devraient se poser les questions suivantes : Un, quand nous querellons-nous le plus souvent ? Deux, que nous apprennent ces disputes sur nos besoins plus grands de liberté ou d'intimité ? Trois, notre relation étouffe-t-elle ou frustre-t-elle l'un de nous ? Quatre, avec quelle fréquence est-ce que j'aime les contacts physiques avec mon (ma) partenaire ? Cinq, combien d'heures environ puis-je passer avec lui (elle) sans m'ennuyer, m'agiter ou m'irriter facilement ? Six, est-ce que je me permets d'avoir les relations extérieures, avec des personnes de l'un et l'autre sexe, que je souhaite intérieurement ?

Les couples ont souvent l'impression qu'ils sont supposés être bien ensemble presque tout le temps. Avant de se marier ou de vivre ensemble, ils trouvaient correct et même agréable d'avoir beaucoup d'amis et plusieurs partenaires sexuels. Une fois mariés, ils pensent qu'ils doivent satisfaire tous leurs besoins au sein du couple. Cette attitude finit par les isoler et faire du mariage un cauchemar. Les conjoints qui dépendent l'un de l'autre pour assouvir tous leurs besoins affectifs s'imposent une tâche impossible qui les mènera à l'échec et à la frustration. Les amoureux exclusifs et possessifs finissent par détruire ce qu'ils cherchent justement à préserver si jalousement. Il n'est pas étonnant que tant d'époux se séparent dans la haine et affichent l'exultation de la liberté retrouvée.

Les conflits liés à la centralité

— «Quelle est la personne la plus importante dans sa vie?»

Dans le présent contexte la notion de centralité se rapporte à la place qu'occupe une personne dans la vie de son partenaire. Les besoins de sécurité des conjoints étant inévitablement différents, l'un finit toujours par imposer à l'autre des contraintes du type : «Si tu m'aimais vraiment, tu renoncerais à ces séances de thérapie de groupe et tu resterais à la maison avec nous. Ne comptons-nous pas davantage à tes yeux que ce groupe d'étrangers?» ou «Tu pars tous les matins à huit heures et, depuis quelque temps, tu n'es jamais de retour avant 19 h 30. Tu pourrais certainement quitter le bureau plus tôt afin de dîner avec les enfants et moi. Nous n'avons pas besoin d'argent à ce point.»

Afin de découvrir quelle importance votre partenaire attache à votre relation, posez-vous les questions suivantes : (1) Dans quelle mesure est-ce que je me sens en sécurité dans cette relation? (2) Suis-je la personne la plus importante dans sa vie? (3) Suis-je jaloux (se) de ses activités ou de ses ami-es? (4) S'il (si elle) avait à choisir, quelle activité ou quelle personne choisirait-il (elle) avant moi?»

L'idéal d'autonomie mutuelle en vertu duquel aucun des époux ne se sent menacé par les relations ou les activités extérieures de l'autre est une illusion romanesque qui survit rarement au sein d'une relation authentique.

Lutte pour l'autorité

— «Qui mène?»

Il s'agit ici de savoir lequel des deux partenaires domine l'autre ou régit le mode de vie du couple. Ce conflit est l'un des plus complexes et des plus intangibles qui soient à cause des nombreuses facettes que peut prendre la lutte pour l'autorité. Les messages suivants, par exemple, produisent le même effet, bien que leur contenu soit différent.

ELLE: J'aimerais que tu reviennes à la maison tout de suite après le bureau et que tu prépares le dîner des enfants. J'ai envie de prendre congé ce soir.

ou

ELLE: Chéri, j'ai des crampes et un de ces maux de tête ce matin. Serais-tu assez gentil pour revenir tout de suite après le bureau et m'aider à préparer le dîner des enfants?

Dans le premier cas, la demande est présentée directement tandis que dans le second, elle est indirecte et adoucie par un appel à l'aide. Un partenaire peut faire preuve d'autorité et exprimer carrément ses besoins en s'affirmant ou en exerçant sa domination sur l'autre. Par contre, il peut obtenir le même résultat indirectement par le biais d'une maladie chronique, de symptômes émotionnels et de manipulations.

La lutte pour l'autorité est une source de discorde potentielle entre deux personnes portées à s'affirmer normalement. Au sein d'une relation intime authentique où chaque partenaire exprime ouvertement son besoin de pouvoir, les conflits ouverts sont inévitables. Lorsqu'un des partenaires assume un rôle passif et respectueux, on verra peut-être moins de conflits éclater au grand jour, mais les conjoints affirmeront les mêmes besoins d'autorité d'une manière détournée. À ce sujet, les partenaires doivent se poser les questions suivantes : (1) Suis-je conscient de mon besoin de domination ? (2) Est-ce que je l'exprime directement ou indirectement ? (3) De quelle façon est-ce que je manifeste mon ressentiment lorsque je me sens dominé ? Par le biais de malaises physiques, de symptômes émotionnels comme la dépression ou la fatigue chronique, ou de manière passivement agressive en oubliant, en me repliant sur moi ou en favorisant les malentendus ? (4) Comment puis-je transformer mes stratégies indirectes et passives en stratégies affirmatives et directes ?

La confiance

— « Comment puis-je être sûr ? »

Les conflits résultant d'un manque de confiance ont souvent des racines très profondes. Le conditionnement social des hommes et des femmes leur a instillé de la crainte et de la méfiance à l'égard des motivations du sexe opposé. Le test de la confiance est donc un facteur puissant dans le développement d'une relation, surtout lorsqu'elle en est à ses débuts.

Très jeunes, les petites filles apprennent que « les hommes ne pensent qu'à ça » ou « qu'on ne peut faire confiance à un homme ». Quant aux petits garçons, on les incite à se méfier des ruses des filles, de leurs motifs secrets et de leurs manipulations. La femme aguichante qui a le pouvoir de détruire un royaume est un fantasme-archétype pratiquement universel.

Outre les sources de méfiance face au sexe opposé, il en est d'autres qui résultent d'un traumatisme émotionnel causé par le divorce ou le décès d'un parent, par ses expériences de rejet, par l'inconséquence ou l'indifférence de parents détachés ou trop occupés.

Enfin, il y a les sources de méfiance qui résultent du conditionnement culturel; en effet, l'individu élevé dans notre culture compétitive apprend indirectement à se méfier des motivations des autres.

Au sein du couple, la confiance s'installe donc lentement à travers d'innombrables conflits à propos des trois éléments suivants:

RÉVÉLATION DE SES POINTS SENSIBLES. Il s'agit ici de révéler graduellement ses points affectifs vulnérables. Il peut s'agir de confidences à propos de son passé; de points sensibles concernant son aspect physique; de sentiments d'insuffisance à propos de son niveau d'instruction, de ses réalisations personnelles ou de ses prouesses sexuelles; ou d'une discussion ouverte sur ses conflits intérieurs.

Lucie Gélin avait un grand nombre de points vulnérables; elle n'en révéla que quelques-uns à son fiancé Richard. Ainsi elle lui confia qu'elle avait un complexe à propos de ses cuisses trop lourdes et de sa poitrine trop menue.

Deux mois plus tard, ils se querellèrent parce que Lucie refusait de passer la veille de Noël chez les parents de Richard. Celui-ci commença à se moquer d'elle. Il lui dit que de la taille en montant, elle ferait un magnifique épouvantail et que ses cuisses feraient un copieux plat de résistance.

Lucie ne dit mot et se replia sur elle-même pendant plusieurs jours. Elle ne révéla jamais à Richard ses autres points encore plus sensibles. Elle sentait, par exemple, qu'elle ne pouvait lui avouer en toute confiance qu'elle avait eu un avortement à l'âge de seize ans. Il emploierait peut-être ce renseignement contre elle un autre jour.

Il vaut mieux commencer par révéler ses points les moins sensibles à son partenaire. S'il s'en sert pour vous humilier ou vous embarrasser, il amoindrira la confiance que vous avez pour lui et pourra même la détruire de façon permanente.

COMPORTEMENT AU MOMENT D'UNE CRISE. Il est possible de cerner de plus près cette facette du test de confiance en répondant aux questions suivantes : Comment a-t-elle réagi lorsque j'ai perdu mon emploi ? Comment a-t-il réagi lorsque j'ai été très malade durant un mois et que je n'ai pas pu m'occuper de lui ? Quelle a été sa réaction lorsque je me suis querellé avec son père à propos de mes manières «irresponsables»? Comment a-t-il réagi durant ma grossesse lorsque j'étais désorientée, anxieuse et que je manquais d'assurance? Quelle a été sa réaction lorsque je suis «devenu impuissant» pendant plusieurs semaines?

Christian Bernier arriva à la maison bouleversé pour avouer à sa jeune femme qu'il risquait d'être congédié. Il venait d'avoir une empoignade avec son employeur qui lui avait demandé de faire des heures supplémentaires quatre soirs de suite sans salaire. Il était visiblement saisi et craintif.

Sa femme le regarda froidement et lui dit : «Ce n'était pas très intelligent de ta part, n'est-ce pas? Cela fait seulement deux mois que nous sommes mariés; comment allons-nous payer la nourriture et le loyer? Tu ne penses qu'à toi.»

Christian se sentit d'abord embarrassé puis coupable. Mais plus il réfléchissait, plus il sentait la moutarde lui monter au nez. Il se dit en lui-même : «Cette garce ne m'aime que lorsque je joue au dur!» Ce fut une plaque tournante dans leur relation. Peu après l'incident, il lui avouait qu'il ne désirait pas d'enfant et le mariage fut dissous deux ans plus tard.

DÉSÉQUILIBRE DES FORCES PHYSIQUES, DES CAPACITÉS INTELLECTUELLES OU DE L'APTITUDE À CRÉER DES CONTACTS SOCIAUX. La manière dont un homme tire parti de sa force physique ou celle dont une femme se comporte envers son partenaire dans certaines situations sociales où elle se montre plus agréable et plus douce ; et la façon dont l'un ou l'autre met en valeur son instruction plus poussée ou ses aptitudes intellectuelles sont là des aspects suscitant l'escalade de la confiance.

Sylvie appréciait profondément l'attitude de son mari, un professeur de niveau universitaire qui, bien qu'elle ne connût strictement rien dans son domaine de spécialisation, la psychologie expérimentale, prenait toujours le temps de lui expliquer les recherches qu'il entreprenait. Il allait même jusqu'à lui demander son opinion à leur sujet. Bien qu'elle ne pût lui donner de conseils valables, elle voyait dans l'attitude de son mari un témoignage d'amour et d'attachement qui la rapprochait de lui.

La préservation du moi

— « Je veux être moi-même. »

La prière de la Gestalt composée par Fritz Perls, dit en partie : « Je suis ma voie, tu suis la tienne. » C'est ainsi que de plus en plus dans notre culture on décrit les relations intimes idéales. De nos jours, les époux et les partenaires ont à cœur de ne pas voir leur identité engloutie par celle de l'autre. Leurs besoins personnels cependant ne peuvent manquer de causer des conflits au sein du couple. Le rêve d'une relation où chacun fait ce qu'il a à faire sans mettre son nez dans les activités de l'autre est une utopie psychologique dans une relation intime. C'est souvent au prix de la collusion, du compromis et de l'hypocrisie que deux époux ou partenaires dont les goûts semblent concorder parfaitement vivent une relation harmonieuse, du moins au début. Chacun d'eux refoule ses vrais besoins.

Aujourd'hui plus que jamais, les hommes et les femmes font face à des conflits liés à la préservation de leur identité. Les femmes qui ont pris conscience de leurs besoins propres et de leurs droits s'insurgent de plus en plus contre les tâches et les rôles traditionnels qui leur ont été dévolus. Elles s'en prennent particulièrement aux tâches ménagères et à l'éducation des enfants. Comme la plupart des hommes jusqu'à maintenant ont toujours protesté lorsqu'ils sentaient leur identité menacée, on peut s'attendre qu'ils continuent dans cette voie à mesure que les femmes se libéreront.

Comme les deux partenaires changent et se développent personnellement, la préservation de leur moi devient une source de conflit entre eux. S'ils ne règlent pas ce conflit ouvertement leurs rapports s'enliseront dans la monotonie et souffriront de leur ressentiment accumulé.

Les frontières sociales

— «Qui devrions-nous inviter chez nous?»

Les partenaires ont souvent des prises de bec sur les questions suivantes : Quelles amitiés devons-nous chercher? Où irons-nous et quand? Quelles relations aurons-nous avec ta famille et la mienne? Aurons-nous des amis du sexe opposé et des rapports sexuels avec eux? Pouvons-nous emmener des gens à l'improviste chez nous?

On fait souvent de faux compromis sur ces questions. Les partenaires renoncent à leurs besoins fondamentaux, allant même jusqu'à les nier «dans l'intérêt» du couple. Plus précisément, ils refoulent leur désir d'avoir des activités propres susceptibles de ne pas inté-resser leur partenaire : partir un week-end seul avec des amis, emmener des gens à l'improviste chez soi, assister à un concert, à un événement sportif, etc. Ils se privent même du plaisir simple d'adresser la parole à des inconnus ou de nouer des relations for-tuites afin que leur partenaire ne se sente pas menacé.

En renonçant à assouvir leurs besoins fondamentaux, les par-tenaires évitent les conflits susceptibles d'anéantir leur relation que l'ennui, l'indifférence et la frustration finissent habituellement par détériorer de toute façon. Défendre ses besoins sociaux réels suscite souvent de l'anxiété et des démêlés avec l'autre parce que cela va à l'encontre de l'attitude possessive normale des partenaires. Toute-fois, cette attitude vouera inéluctablement leur relation à la dévita-lisation et à la décrépitude lente.

Les illusions romanesques

— «Es-tu bien celui (celle) que j'ai épousé(e)?»

Elle le croyait prévenant et sensible et elle est blessée et désillu-sionnée lorsqu'elle s'aperçoit qu'il oublie les anniversaires ; sa cons-ternation n'a plus de bornes lorsqu'elle le voit trembler en présence de son patron, lui d'habitude si maître de lui. Quant à lui, il est stupéfié de voir sa femme douce et fragile crier et jurer après le chauffeur dont la voiture bloque la sortie et il n'en croit pas ses yeux lorsque sa «pure et fidèle» épouse flirte et danse de façon pro-vocante avec d'autres hommes à une soirée chez un ami.

Deux partenaires dont les yeux de dessillent et qui perdent leurs illusions sur la personnalité de l'autre ne peuvent manquer d'entrer en conflit. Les époux nient souvent la réalité pour s'en tenir obstinément à leurs illusions par peur des conflits. Ils accu-mulent de la sorte un ressentiment susceptible d'exploser soudain dans un violent esclandre. Les rituels factices de la sollicitation amoureuse condamnent nécessairement la plupart des gens au désenchantement. Il importe d'exprimer à mesure son animosité face au beau rêve dissipé et d'en discuter ouvertement même si cela crée un conflit.

Les idéaux de paix et d'harmonie dans le mariage ou toute relation équivalente sont cruels et irréalistes. C'est seulement en réprimant les conflits et les sentiments d'hostilité et d'irritation au fur et à mesure que les époux pourront se conformer à ces mythes, pavant ainsi la voie à une relation de plus en plus fragile.

Les relations vitales ne peuvent survivre qu'à travers les situations de conflit décrites dans le présent chapitre. Éviter ces conflits ou les réprimer équivaut à se condamner à l'aliénation, à l'ennui et enfin à l'animosité. Il y a des couples mariés qui choisissent de vivre ainsi plutôt que de risquer la confrontation ouverte. D'autres voient leur relation moisir et s'anéantir d'elle-même. Repartir en quête d'un nouvel amour avec ses illusions et ses compromis ne fera que perpétuer le cycle de la frustration, de la destruction et de l'aliénation.

CHAPITRE 17

Protégez votre santé mentale !

Il existe une forme d'interaction personnelle qui résulte du refoulement d'une intense agressivité et qui, non seulement rend la victime folle, mais entrave sérieusement sa capacité de reconnaître la véritable nature de sa relation avec l'aliénateur et de réagir. Nous avons tendance à penser que le terme «fou» s'applique à un petit groupe d'individus mentalement perturbés. Pourtant le même type d'expériences émotionnelles et d'interactions qui ont réussi à faire perdre à ces personnes le contact avec la réalité se produit sous des formes atténuées dans la vie de tous les individus de notre culture. Bien que ces expériences ne soient pas assez intenses pour les rendre complètement fous, leurs répercussions perturbent suffisamment pour nuire à leurs relations et entraîner chez eux des symptômes émotionnels comme le détachement et le repli sur soi, les autres sautes d'humeur, les violents accès de colère, la dépression et un sentiment d'aliénation et de solitude.

La double contrainte

La double contrainte est devenue l'une des formes les plus largement reconnues d'interaction aliénante. En gros, elle implique l'émission de messages équivoques du type «que tu fasses cela ou que tu ne le fasses pas, je ne t'aimerai plus». La victime est rejetée, peu importe la façon dont elle réagit. Nous devons au psychiatre feu Donald Jackson et à l'anthropologue Gregory Bateson les premières observations et descriptions de ce phénomène.

Une mère aliénante remarque que sa fille, Valérie, âgée de sept ans, s'amuse paisiblement à lire ou à dessiner.

MÈRE: Valérie, tu as l'air bien triste. As-tu de la peine?
VALÉRIE: Non.
MÈRE: (qui se sent coupable) Ne veux-tu pas venir embrasser maman? Montre à maman que tu l'aimes.
VALÉRIE: Bon, d'accord. (Elle se lève et va embrasser sa mère.)
MÈRE: (qui se raidit) Tu ne m'embrasses que parce que je te l'ai demandé. Tu n'en avais pas envie, n'est-ce pas?
VALÉRIE: (silencieuse et désorientée)
MÈRE: Bon, retourne à tes cahiers de dessin. Je suis très déçue.

La mère de Valérie est une «bonne» mère selon toutes apparences. Toutefois, elle éprouve beaucoup de ressentiment latent envers sa fille qu'elle n'a pas désirée et dont la venue l'a obligée à se marier. Lorsqu'elle voit Valérie assise tristement dans son coin, elle se sent obligée d'être gentille. Sa «gentillesse» n'a d'autre motif que son sentiment de culpabilité face au ressentiment qu'elle refoule à son égard; elle ne part pas d'un vrai désir de contact physique. Que Valérie ait répondu «Oui je veux t'embrasser» ou «non, je ne veux pas t'embrasser», elle aurait subi de la part de sa mère un rejet provenant du ressentiment latent et refoulé de celle-ci.

Les messages aliénants ne contiennent jamais un rejet évident. Ils sont toujours accompagnés de regards ou de mots aimables qui mettent la victime en confiance puis la laissent avec un sentiment de culpabilité et de confusion (elle se croit responsable) lorsqu'elle est rejetée. Valérie se sentira «méchante» si elle croit que sa mère a raison lorsqu'elle lui dit «Tu n'en avais pas envie». Elle en conclura que sa mère l'aime vraiment et qu'elle-même est méchante parce qu'elle l'a déçue.

Ce mélange aliénant d'amour et de rejet, qui font que la victime est toujours perdante, est illustré dans la conversation suivante qui s'engage à table entre le père et sa fille Hélène, âgée de seize ans.

PÈRE : Hélène, ma chérie, ton visage est couvert de boutons avec toutes ces saloperies que tu manges à l'école. À ce rythme, les garçons ne t'inviteront jamais.

HÉLÈNE : Je me suis acheté une crème dont Jocelyne m'a parlé. Il paraît qu'elle est très efficace contre les boutons.

PÈRE : Je suis heureux que tu aies pris cette initiative, mais tu devrais m'en parler avant de dépenser mon argent sur des trucs de ce genre-là.

HÉLÈNE : Je pensais que tu serais d'accord.

PÈRE : Je veux que tu sois jolie, mais nous avons des choses plus importantes à acheter que des cosmétiques.

HÉLÈNE : Il y a un garçon dans mon cours de chimie qui va probablement m'inviter à sortir, et j'étais embarrassée à cause de mon visage.

PÈRE. Est-ce tout ce qui compte pour toi ? Bien paraître aux yeux des garçons ? Penses-tu qu'il suffit d'avoir une belle peau pour être belle? C'est ce qu'on a dans le cœur et dans la tête qui compte, ma chérie, et non son apparence extérieure.

HÉLÈNE: Je suis persuadée qu'il aime ma personnalité, et je voulais être jolie.

PÈRE: Tu as l'air bien éprise. J'espère que tu n'oublies pas que tes études passent avant tout. Si jamais j'apprends que tu es enceinte...

HÉLÈNE: Je te promets que cela n'arrivera pas.

PÈRE: Et je t'interdis de prendre la pilule.

HÉLÈNE: Je pensais que tu voulais que je sois jolie (au bord des larmes).

PÈRE: Je le veux, mais ça ne veut pas dire que tu dois perdre la tête pour un garçon. Te préoccupes-tu seulement de ton apparence et de l'opinion des garçons?

HÉLÈNE: (en larmes) Non.

PÈRE: Je te crois, ma chérie. Tu es libre de faire ce que tu veux. Mais continue de bien travailler en classe.

La «sollicitude» et la «prévenance» du père cachent son besoin de dominer sa fille entièrement et de l'empêcher de devenir adulte. Toutefois, il est loin de soupçonner ses propres motifs secrets. Il se croit un père aimant et bien intentionné qui prend à cœur les intérêts de sa fille. Son besoin de domination et de contrôle, dont il n'a pas conscience, s'infiltre indirectement à travers chacun de ses messages affectueux, les contaminant avec une nuance autoritaire et inhibitrice. D'une part, il encourage Hélène à tout faire pour être jolie, d'autre part, il est fâché parce qu'elle a agi de sa propre initiative. Tant que le père se sentit coupable parce qu'il croyait qu'Hélène faisait pitié, il lui témoigna de la bienveillance et de l'affection. Cependant dès qu'elle s'affirma et démontra qu'elle n'était pas dépendante ni esseulée, il attaqua l'intérêt qu'elle manifestait pour les garçons. Les messages aliénants du père illustrent bien le mélange d'amour et de rejet qui caractérise la double contrainte. Quoi qu'Hélène fasse, son père la rejettera et elle aura l'impression de ne pas avoir répondu à ses attentes.

Charles et Mariette étaient mariés depuis six ans. Malgré sa robustesse impressionnante, son mètre 90 et ses 95 kg, Charles était encore le petit garçon de sa maman. Il avait épousé Mariette surtout parce que sa mère lui avait dit qu'elle ferait une bonne épouse, mais au fond, il voulait jouer et être libre ; il éprouvait une jalousie inconsciente pour ses amis célibataires qui sortaient tous les soirs, assistaient aux joutes de football, bambochaient et se saoulaient. Il enviait également ses amis mariés qui laissaient leur femme seule le soir ; il se sentait cependant trop coupable pour les imiter. Son ressentiment ressortait à travers ses messages à double contrainte, épuisants et équivoques, qui conduisirent Mariette au bord de la dépression nerveuse.

CHARLES : Qu'as-tu fait aujourd'hui ma chérie ? Des choses excitantes, j'espère ?

MARIETTE : Rien d'extraordinaire. J'ai appris à Éric comment tenir une fourchette et une cuillère, puis nous avons joué à la balle dans le parc. Je pense que j'en ferai un champion.

CHARLES : C'est merveilleux que tu prennes l'éducation d'Éric ainsi à cœur, mais depuis quelque temps, c'est ton seul sujet de conversation. Avant, tu avais toujours quelque chose d'intéressant à raconter, mais maintenant ce que tu peux être ennuyante ! J'espère que tu n'es pas blessée, mais tu étais vraiment une personne excitante et je t'aimais pour cela justement.

MARIETTE : (élevant la voix) Je voulais travailler, mais tu préférais que je reste à la maison avec les enfants. Tu me trouvais égoïste et méchante. Maintenant tu me trouves emmerdante.

CHARLES: Je ne voulais pas dire que tu es vraiment emmerdante, mais, sapristi, ça me rend fou de toujours entendre parler des enfants! Il y a sûrement d'autres activités qui t'intéressent.

MARIETTE: Comme quoi?

CHARLES: N'as-tu donc aucune imagination? Alors là, je te plains. N'en parlons plus. Je vais regarder la télévision.

Charles, qui avait vraiment pris en horreur son rôle de père et d'époux mais ne pouvait se l'avouer ouvertement, était devenu un aliénant de bonne foi. Chacun de ses messages, malgré leur contenu affectueux, était empoisonné par sa colère latente. Rien de ce que faisait Mariette ne lui plaisait. Elle devint de plus en plus anxieuse et repliée sur elle-même jusqu'à ce qu'elle fît une dépression nerveuse et consultât le Dr Bach. Au cours de sa thérapie, elle découvrit qu'elle était en fait une victime consentante de l'attitude aliénante de Charles. Elle se voyait comme une personne faible et incapable de survivre sans s'appuyer sur quelqu'un comme Charles. Toutefois, elle prenait, à tort, son attitude exigeante et dominatrice pour de la force!

À l'instar des relations familiales, les interactions en milieu de travail, surtout entre employeur et employés, renferment tous les éléments émotionnels indispensables à la double contrainte. Dans ces interactions aliénantes, l'employeur se substitue au père ou à la mère et les employés se comportent comme des enfants, qui recherchent impatiemment approbation et satisfactions. Plus l'employé est craintif et manque d'assurance, plus il a de risques d'être la victime des doubles contraintes de son employeur.

Le directeur aliénant du service des ventes d'une importante société de vêtements employant quarante-cinq personnes devint de plus en plus conscient des problèmes de communication qui existaient dans son service et qui entraînaient une baisse du volume des ventes. Il essaya sans succès de régler le problème en congédiant certains vendeurs pour en engager de nouveaux. Après une remontée initiale des ventes, les affaires s'embourbèrent.

Il se plongea alors dans des livres et des articles sur la psychologie du travail. Après en avoir lu plusieurs, il adopta une solution qui lui semblait pouvoir régler les problèmes affectant le moral des employés. Il plaça des avis partout dans le bureau et envoya une note de service à tous les employés les invitant à venir le mercredi discuter en privé avec lui de tous leurs griefs, peu importe leur gravité. Toutes les discussions, assurait-il, resteraient confidentielles.

Cette nouvelle suscita un certain enthousiasme parmi les employés et beaucoup de scepticisme chez quelques anciens qui flairaient cyniquement un piège. Malgré tout, quelques employés prirent rendez-vous avec leur patron. L'un d'eux se plaignit de l'insuffisance des services de secrétariat. Un autre accusa les employés du service de mise en marché de ne pas effectuer correctement leur travail. Quelques-uns abordèrent des questions mineures comme la longueur des pauses, le manque de fenêtres et le bruit.

Au début, le directeur les écoutait avec beaucoup de patience, mais il finissait toujours par nier l'objet de leur grief ou par en diminuer l'importance. Si l'employé insistait, il le traitait invariablement de pleurnichard et mettait en doute ses aptitudes professionnelles. Les employés le quittaient peu rassurés et fâchés d'avoir mordu à l'hameçon.

D'autres employés, moins confiants et plus cyniques, n'allèrent jamais se confier au directeur. Ce dernier les arrêtait dans les corridors pour leur demander pourquoi ils avaient si peu à cœur d'améliorer l'atmosphère du service. Ils finirent, eux aussi, par perdre leur assurance et par se demander s'ils ne devraient pas loger une fausse plainte afin de satisfaire le patron. Il est clair que ces employés faisaient face à une double contrainte et que, quoi qu'ils fassent, le résultat serait le même. S'ils soumettaient à leur patron un grief, celui-ci les traiterait de geignards et s'ils se taisaient, il les accuserait de manquer d'esprit de solidarité.

Comment faire face à la double contrainte

Le spécialiste de la double contrainte a besoin de la dépendance et des sentiments d'incapacité de sa victime. Il jette habituellement son dévolu sur une victime inconsciemment consentante qui se sent incapable ou indigne d'affirmer ouvertement son autonomie.

Dans certains cas toutefois, surtout dans les relations entre parents et enfants, la jeune victime est prise au piège si personne n'intervient. Les parents aliénants exercent sur leurs enfants une autorité excessive, bloquent toute influence extérieure et se montrent aimants, ce qui rend la confrontation d'autant plus difficile. L'enfant commencera à émettre des signaux de détresse ; il se repliera sur lui-même et piquera des crises de colère périodiques. À travers tout cela, il restera dépendant et fort peu évolué pour son âge. Tous ces symptômes sont des appels indirects à l'aide. Un milieu scolaire qui encourage l'affirmation de soi et l'acceptation de ses sentiments agressifs aura peut-être un effet bénéfique sur l'enfant. Autrement, adolescent, il rendra la vie insupportable à ses parents par son attitude dépendante, fermée et distante jusqu'à ce que ceux-ci soient forcés de reconnaître que leur enfant est perturbé. L'enfant aux prises avec des aliénants dans notre société est une véritable victime émotionnelle privée de recours.

Dans les relations entre adultes, une personne reconnaît qu'elle a affaire à un spécialiste de la double contrainte lorsqu'elle se sent souvent anxieuse et qu'elle oscille constamment entre l'euphorie (« Il m'aime ») et la dépression (« Non, il ne m'aime plus »). Si elle s'aperçoit qu'elle est toujours dépendante, qu'elle cherche sans cesse l'approbation et qu'elle marche sur des œufs, il est probable qu'elle est aux prises avec un aliénant. Celui-ci paraît tour à tour bienveillant et cruel et la victime craint de lui parler spontanément et sans détour de peur de se voir rejetée. En général, les aliénants provoquent des réactions confuses chez leurs victimes, un mélange d'envie et de crainte de fuir.

Pour dénoncer le spécialiste de la double contrainte et l'empêcher d'agir, il faut d'abord prendre conscience qu'il profite de la vulnérabilité et de l'incapacité de sa victime. Celle-ci doit se rendre compte qu'elle est capable de mener une vie autonome. Le reste viendra tout seul puisque l'aliénant a autant besoin de sa victime que celle-ci a besoin de lui. Il a peur, lui aussi, des manifestations agressives. La victime ne doit pas se laisser berner par l'attitude prévenante et attirante de son bourreau. Elle doit le confronter en lui disant : « Rien de ce que je ferai ne te plaira vraiment. Je ne me bercerai pas plus longtemps de l'illusion que je peux presser un bouton magique qui libérera ton amour et me rassurera. »

Les sentiments de culpabilité et les « je dois » (« Je devrais être content de me trouver avec lui (elle) ») qui sont inculqués à tous les individus par le biais de leur conditionnement social, quels que soient leurs rôles dans la société — parent, époux, professeur, ami, camarade de travail, etc. — fait de chacun d'eux des aliénants en puissance. À mesure que les individus se conforment aux attentes qui pèsent sur leur rôle au détriment de leurs sentiments réels, ils éprouvent un ressentiment latent qui les incite à émettre des messages caractéristiques de la double contrainte. Une personne peut jouer son rôle tout en acceptant la colère et l'animosité qu'il suscite en elle. Au moins en extériorisant ces sentiments, elle peut décider si elle veut vraiment mener ce mode de vie et éviter de se prêter à la danse aliénante qu'on appelle la double contrainte.

Le viol de l'esprit

Les relations aliénantes les plus destructrices sont celles qui s'établissent entre parents et enfants. Il n'est pas rare de voir des parents nier à l'enfant toute identité propre. On dit qu'une personne «viole l'esprit» d'une autre lorsqu'elle «l'informe de ce qu'elle pense ou ressent vraiment» parce que cela sert ses intérêts ou ses besoins. Elle nie par le fait même la validité des sentiments véritables de sa victime.

MARTIN : (sept ans) Je ne veux pas aller chez le dentiste. J'ai peur.

PÈRE : Mais non ! Tu n'as pas peur. Seuls les bébés ont peur du dentiste. Tu veux être un grand garçon, n'est-ce pas ? Les grands garçons aiment aller chez le dentiste, pas vrai ?

MARTIN : (silencieux et mal à l'aise, ne répond pas et s'en va)

PÈRE : Tu vois ? Je savais que tu étais un grand garçon.

Martin, qui n'a que sept ans, n'est pas capable de défendre ses sentiments. D'une part, il déplairait à son père ; d'autre part il lui faudrait supporter sa peur sans appui aucun. Il préfère donc refouler ses propres émotions et accepter l'interprétation de son père. Il est victime d'un «viol de l'esprit». Déjà, l'enfant se trouve partagé entre ce qu'il ressent réellement et ce qu'il *devrait* ressentir au dire des autres. Les adultes qui ont subi ce type de viol de l'esprit étant jeunes — et ils ne sont pas rares — sont incapables de définir clairement ce qu'ils éprouvent. Ils développent parfois des défenses intellectuelles qui les incitent à affronter la vie d'une manière détachée et cérébrale, ce qui finit par anesthésier toutes leurs réactions émotionnelles. Les sentiments spontanés sont alors remplacés par des «je dois» et des intellectualisations.

Entre adultes, le «viol de l'esprit» a souvent pour prétexte le désir d'aider et de comprendre.

JONATHAN : Mon travail me déprime vraiment, j'ai envie de démissionner.

MARC : Comment peux-tu dire cela ? Tu travailles dans un bel immeuble, tu as de bonnes garanties et un emploi sûr. Comment peux-tu ne pas l'aimer ?

JONATHAN : J'ai l'impression de gaspiller mes talents.

MARC : Pourquoi ? Ton emploi peut être très stimulant, il n'en tient qu'à toi.

JONATHAN : Je sais, mais cela fait un an que je travaille à cet endroit et ça ne s'améliore pas.

MARC : Je crois qu'au fond tu aimes bien te plaindre. Tu sais que tu aimes vraiment ton emploi.

Marc et Jonathan sont des amis; mais en prétendant connaître vraiment les sentiments de Jonathan, Marc, bien que ses intentions conscientes soient bonnes, culpabilise Jonathan et l'empêche de voir clair dans ses propres sentiments. Inconsciemment, Marc voit en Jonathan un concurrent et il ne veut pas que celui-ci prenne plus de risques et en retire davantage de bénéfices que lui. Comme l'esprit de compétition et la soif de pouvoir entre amis sont tabous dans notre société, ces tendances refont surface sous forme de messages aliénants.

Pour combattre le viol de l'esprit

Le viol de l'esprit est une forme attrayante de relations aliénantes. La victime croit que l'autre personne veut vraiment l'aider. En outre, il est assez réconfortant de croire qu'une autre personne nous connaît mieux que nous-mêmes. Les psychologues amateurs modernes ont popularisé le viol de l'esprit sous prétexte d'analyser leurs clients et de se mettre sur la même longueur d'ondes qu'eux. Les gens sont censés lire les intentions cachées des autres et les aider à reconnaître leurs véritables sentiments sans échanger un mot.

Pour éviter qu'on ne viole votre esprit, commencez par vous dire que la personne qui croit deviner vos pensées fait erreur. Si elle voit juste, c'est probablement davantage par hasard que par sagesse. Le «violeur d'esprit» simplifie toujours outre mesure des expériences émotionnelles complexes. En fait, nos actes sont très rarement motivés par un sentiment ou une raison clairement définie. Il est très insultant de voir une autre personne «deviner» vos pensées sans permission.

Dans le cadre de nos séances de formation à la confrontation directe, nous enseignons aux participants à demander la permission chaque fois qu'ils veulent deviner ce que l'autre ressent ou pense. Ils se rendent vite compte que même lorsqu'ils croient avoir deviné juste, ils font souvent fausse route. Cette constatation a pour effet de les désillusionner sur leur clairvoyance. Certains «violeurs d'esprit» pompeux essaient souvent de vous persuader qu'ils vous connaissent mieux que vous-même. Cette sorte de personnes a des influences néfastes et mieux vaut, dans la mesure du possible, l'exclure de son cercle familier parce que ses tendances aliénantes sont attrayantes mais destructrices.

Les personnes averties reconnaîtront facilement le «viol de l'esprit» puisqu'il s'accompagne souvent du terme «vraiment».

«Je pense que ce que tu ressens vraiment…»

«Ce que tu veux vraiment dire…»

«Je ne crois pas que tu veuilles vraiment…»

En règle générale, vous devriez couper court à toutes ces interventions même si elles tombent dans le mille, surtout si elles vous sont faites sans votre permission. Jugez-les aussi insultantes qu'une gifle, car au fond elles le sont. Ripostez poliment en disant: «Merci de votre aide, mais vos présomptions ne font que m'embrouiller davantage.»

Les culpabilisateurs

Les parents culpabilisateurs donnent à l'enfant une idée exagérée et destructive de son influence, ce qui crée chez lui une peur de s'exprimer librement et surtout d'extérioriser son agressivité.

«Parce que tu t'en fous, maman a mal à la tête et ne se sent pas bien.»

«Grand-mère est vieille et elle n'en a plus pour longtemps. Elle compte sur toi, et si tu n'es pas gentil avec elle, il pourrait lui arriver un malheur.»

«Tu as blessé les sentiments de ta sœur et gâché son week-end.»

Dans chaque cas on donne à l'enfant une idée grossièrement déformée et irréelle de sa puissance et de la fragilité de l'autre personne. Il peut être vrai que Jean-Jacques a aggravé le malaise de maman, qu'il a blessé sa sœur, et que grand-mère a besoin d'attentions gentilles. Toutefois, ces messages laissent sous-entendre à l'enfant que l'autre personne est sans défense et qu'elle est facilement brisée par un comportement agressif. Dans un milieu agressivement sain, on réprimanderait la sœur incapable de s'affirmer ; on reprocherait à la mère de laisser son mal de tête prendre le dessus, et on encouragerait la grand-mère à s'attirer elle-même des réactions positives.

Le culpabilisateur tente d'une façon passive de réprimer le potentiel agressif de l'autre personne pour satisfaire ses propres besoins de domination. C'est un castrateur d'agressivité qui cherche souvent à consoler sa victime après l'avoir insultée et culpabilisée : «Mais je sais que ce n'était pas vraiment ton intention.» Il s'agit là d'un message doublement aliénant.

Les relations intimes entre adultes sont souvent contaminées par la culpabilisation. Dans chaque cas, le culpabilisateur tire parti de la phobie de l'agressivité de sa victime. Il la manipule par des mots «À cause de toi...», des regards blessés, des silences, ou en gâchant intentionnellement ce qu'il fait à la demande de l'autre «J'ai fait ce que tu m'as dit et regarde le gâchis». Il agit parfois très subtilement en faisant des interprétations comme «Il faut toujours que tu contrôles tout» ou «Tu as toujours tellement besoin d'attention». Les impulsions agressives fondamentales et saines deviennent soudain des crimes odieux.

Comment se protéger des culpabilisateurs

Les culpabilisateurs utilisent les autres comme des boucs émissaires afin d'éviter d'assumer la responsabilité de ce qui leur arrive. La culpabilisation au sein d'une relation parents-enfants est particulièrement nocive (par exemple, la mère qui attribue à la conduite de l'enfant la détérioration de ses relations conjugales). L'enfant croit ces affirmations qui l'effraient au point qu'il devient extrêmement passif et qu'il craint de s'affirmer.

Dans chaque cas on donne à l'enfant une idée grossièrement déformée et irréelle de sa puissance et de la fragilité de l'autre personne. Il peut être vrai que Jean-Jacques a aggravé le malaise de maman, qu'il a blessé sa sœur, et que grand-mère a besoin d'attentions gentilles. Toutefois, ces messages laissent sous-entendre à l'enfant que l'autre personne est sans défense et qu'elle est facilement brisée par un comportement agressif. Dans un milieu agressivement sain, on réprimanderait la sœur incapable de s'affirmer; on reprocherait à la mère de laisser son mal de tête prendre le dessus, et on encouragerait la grand-mère à s'attirer elle-même des réactions positives.

Le culpabilisateur tente d'une façon passive de réprimer le potentiel agressif de l'autre personne pour satisfaire ses propres besoins de domination. C'est un castrateur d'agressivité qui cherche souvent à consoler sa victime après l'avoir insultée et culpabilisée : « Mais je sais que ce n'était pas vraiment ton intention. » Il s'agit là d'un message doublement aliénant.

Les relations intimes entre adultes sont souvent contaminées par la culpabilisation. Dans chaque cas, le culpabilisateur tire parti de la phobie de l'agressivité de sa victime. Il la manipule par des mots (« À cause de toi… »), des regards blessés, des silences, ou en gâchant intentionnellement ce qu'il fait à la demande de l'autre (« J'ai fait ce que tu m'as dit et regarde le gâchis »). Il agit parfois très subtilement en faisant des interprétations comme « Il faut toujours que tu contrôles tout » ou « Tu as toujours tellement besoin d'attention ». Les impulsions agressives fondamentales et saines deviennent soudain des crimes odieux.

On peut dire que dans une relation intime, un partenaire peut rarement imputer à l'autre la responsabilité de ce qui lui arrive. Les données et les principes de la psychologie clinique moderne démontrent de plus en plus que les gens sont responsables de leur sort dans une large mesure. En fait, ils recherchent souvent des amis, des amants, des employeurs et des situations qui leur permettent de rationaliser confortablement leurs inaptitudes et leurs échecs.

La meilleure façon de répliquer au culpabilisateur afin de faire ressortir à coup sûr son hostilité latente est la suivante : « Ce n'est pas de ma faute. Tu as eu ce que tu voulais, sinon tu ne te serais pas intéressé à moi. » L'intensité de sa rage face à cette réponse vous prouvera son refus d'assumer la responsabilité de ce qui lui arrive. La culpabilisation, même lorsque l'accusation contient une part de vérité, est toujours négative. Vous devez donc toujours résister au culpabilisateur et considérer ses accès de colère intimidants comme un moyen auquel il a recours pour réprimer votre agressivité.

Le refus de s'engager ou l'indifférence aliénante

Peu de gens, mieux que l'indifférent, peuvent rendre les autres fous en semant l'insécurité et le doute en eux. Il les oblige à se voir comme des méchants, des ogres, des querelleurs. Rappelons que dans un chapitre précédent nous nous sommes attaqués au mythe du « chic type » ; nous y décrivions le « gentil » papa qui ne s'occupe jamais de la discipline des enfants forçant ainsi la mère à jouer un rôle sévère et détesté.

Dans notre culture « agressophobe », la tranquillité, la maîtrise de soi et le refus de se quereller ont toujours été considérés comme des qualités positives dignes d'une personne mûre. Cependant, au sein d'une relation d'interdépendance, elles peuvent créer d'intenses frustrations. L'indifférent, par son absence de réactions et son imperturbabilité, oblige les autres à essayer de deviner ses pensées.

Les enfants de parents aliénants et indifférents cherchent sans arrêt une appréciation qui ne vient pas. Ils finissent parfois par perdre complètement leur motivation à bien travailler ou à exceller : en effet, peu importe leurs efforts, ils obtiennent toujours la même réaction indifférente. De même, au sein d'une relation conjugale, le partenaire aux prises avec un indifférent devient vite exaspéré de constater que l'autre fait si peu attention à lui.

L'indifférence peut avoir des répercussions dévastatrices et anxiogènes en milieu de travail, surtout sur l'employé qui manque de confiance en lui et qui cherche à savoir s'il effectue son travail correctement. Il risque fort d'interpréter l'impassibilité de son supérieur comme un indice de mécontentement, mais ne veut pas le lui dire. Il vit dans la peur constante de recevoir un avis de congédiement.

Pendant la journée, il peut même chercher à éviter délibérément le contact direct avec son patron « espérant s'en sauver un autre jour s'il ne le voit pas ou ne lui parle pas ». L'employé se cramponne désespérément à son poste, ce qui diminue passablement son potentiel créateur. Il consacre toute son énergie à essayer de maintenir son emploi plutôt que de progresser dans son travail et d'augmenter ses réalisations personnelles.

L'indifférent cache une agressivité refoulée qui émerge d'une façon passive. Son message sous-jacent est : « Tu ne vaux pas la dépense d'énergie », « Je ne tiens pas assez à toi pour m'intéresser à ce que tu fais », « J'ai la tête ailleurs » ou « Ne m'ennuie pas avec tes histoires ». La victime de l'aliénateur peut dépenser une énergie considérable à essayer d'obtenir une réaction et peut être forcée inconsciemment de recourir à des comportements extrêmes, provocateurs et même rageurs pour arriver à ses fins. Invariablement, les spectateurs « agressophobes » traditionnels jugeront cette personne perturbée ou hostile et se rangeront aux côtés de l'indifférent. La personne est donc victime d'une double aliénation provenant et de l'indifférent et de l'étranger qui prend le parti de ce dernier.

Comment affronter un indifférent

Les victimes de ce type d'aliénant doivent apprendre à résister à la tentation de se considérer comme des fauteurs de trouble. Nous devons modifier notre conception traditionnelle de l'indifférence comme une qualité souhaitable et un signe de profondeur, de maîtrise de soi, de maturité et de calme. Nous devons juger les indifférents dans le contexte de leur relation, où ils dissimulent leurs sentiments, et par les répercussions de leur attitude sur leur partenaire. Dans certains cas, elle peut être relativement inoffensive lorsque le partenaire se comporte de la même façon. Toutefois, lorsque l'indifférent prive sa victime de réaction affective et la rend folle, on doit juger son attitude comme une réaction hostile et frustrante.

Les personnes en relation avec un indifférent doivent se poser plusieurs questions :

1. Qu'est-ce que je retire de cette relation ?

2. Pourquoi est-ce que je la maintiens ?

3. Est-ce que le détachement de mon partenaire satisfait d'une manière quelconque mes besoins personnels ?

4. Mon attitude incite-t-elle mon partenaire à se refermer sur lui-même ?

5. Pourquoi est-ce que je persiste à essayer de tirer des larmes d'une pierre alors que je peux satisfaire mes besoins affectifs ailleurs ?

Une personne aux prises avec un indifférent finit parfois par adopter un comportement extrême et bizarre dans ses tentatives désespérées d'obtenir une réaction de sa part : c'est là une caractéristique importante de cette relation aliénante. Les autres risquent d'y voir un signe de névrose ou de psychose.

Il est extrêmement difficile d'influencer un indifférent. Il a appris à être à l'aise dans son détachement. Une menace de rupture ou d'abandon le laissera probablement froid. L'indifférent a peur de sa propre agressivité ; il a appris à la contenir et à libérer son anxiété en se repliant sur lui-même.

Les victimes d'un indifférent doivent donc chercher à savoir si son détachement leur convient. Si ce n'est pas le cas, elles doivent alors exiger de lui qu'il s'intéresse de plus près à elles ou envisager la possibilité de rompre. Lorsqu'on meurt de faim, il faut chercher la nourriture là où elle se trouve.

La chosification

Il existe dans notre culture «agressophobe» et aliénée, un phénomène aliénant courant qui consiste à avoir des autres une vision fragmentaire et que nous appelons «chosification». Au sein d'une interaction déshumanisée, chosifier consiste à traiter les autres comme des objets destinés à remplir une fonction précise ou à répondre à un ensemble de besoins particuliers. La personne qui chosifie ne tient pas compte de leur réalité personnelle totale qu'elle considère même comme gênante. Un homme peut être vu comme une relation d'affaires, un partenaire de golf ou un mécanicien; une femme comme une bonne servante, une mère compétente ou une secrétaire. Dans chacun de ces cas, le chosificateur limite ses rapports avec sa victime à la fonction précise qu'elle remplit. Il considère comme hors-propos les sentiments de celle-ci s'ils ne sont pas liés à la fonction particulière qu'elle remplit.

Par exemple, le chosificateur confie sa voiture à un mécanicien pour qu'il la répare. Le mécanicien devient, à ses yeux, une machine à réparer les voitures. S'il tente de faire valoir ses propres besoins ou sentiments, le chosificateur s'impatiente: «Je me fous de ce que vous pensez, contentez-vous de réparer ma voiture» sera sa réaction. Cette attitude à la maison, au travail ou à l'école rend toute relation froide, mécanique et déshumanisée.

Certaines formes courantes de chosification prévalent dans la plupart des milieux de travail. Les femmes qui s'affirment ouvertement s'exposent souvent à être traitées de «castratrices». Par contre, on admire un homme qui agit de même parce qu'il s'affirme sainement. Si un employé de couleur arrive en retard au travail, il risque de se voir appliquer le stéréotype qui veut «qu'on ne puisse pas se fier à un Noir». Un employé plus jeune qui porte les cheveux longs ou la barbe sera très certainement traité de hippy, et on posera en principe qu'il a des idées politiques radicales et qu'il fume de la marijuana.

Il existe une autre forme de chosification courante dans notre culture qui consiste à considérer autrui comme des objets «jetables». Sous le couvert de l'amour et de la sollicitude, on manipule les autres afin d'obtenir d'eux ce qu'on désire. Ces «chosificateurs» aliénants développent un charme facile et superficiel et une réelle sensibilité aux besoins et aux points vulnérables des autres, qui masquent leur mépris latent et leur désir de les utiliser temporairement pour satisfaire un besoin. Le chosificateur habile qui cherche à vendre un produit, à séduire un membre du sexe opposé ou à obtenir ce qu'il désire, s'attire parfois des réactions très favorables:

«J'ai l'impression de l'avoir connu(e) toute ma vie.»

«Nous nous sommes plu du premier coup. Il (Elle) est si authentique.»

«Il (Elle) m'a vraiment donné l'impression que j'étais quelqu'un de spécial.»

Lorsque le chosificateur a atteint son but et assouvi son besoin, il perd tout intérêt pour sa victime et la laisse tomber. Cette attitude est courante dans notre culture entre amoureux, entre parents et enfants et en milieux professionnel et scolaire, entre autres.

À notre avis, beaucoup d'adolescents élevés dans un milieu «gentil» de la classe moyenne ou supérieure, qui sont maintenant drogués, improductifs ou cyniques ont été victimes de l'attitude «chosifiante» de leurs parents. Ils ont été élevés comme des marchandises, des symboles de statut social par des parents qui les utilisaient pour projeter une image de bons chefs de famille et qui n'étaient nullement conscients des besoins personnels et globaux de l'enfant.

Les parents «chosificateurs» ont des relations purement matérialistes avec leurs enfants. Ils leur donnent tout ce que l'argent peut acheter, soucieux qu'ils sont de les former à l'image de ce qu'ils attendent d'eux. Ils croient manifester de l'attachement et de l'amour alors qu'ils ne réussissent en réalité qu'à établir avec eux des rapports froids, mécaniques et contraints. Ces parents sont trop préoccupés par leurs propres ambitions pour s'engager affectivement avec leurs enfants. Ils fondent plutôt leurs relations sur l'argent. Ils présentent tous les signes extérieurs de bons parents, mais ils sont détachés, et leur «amour» cache un profond sentiment de rejet.

Comment prévenir la chosification

Une relation douce et superficielle est un signe presque certain qu'on a affaire à un chosificateur. Tant que les «objets» remplissent bien leur fonction, il n'y a pas de conflit et tout semble marcher comme sur des roulettes. C'est seulement lorsque les «objets» tentent de devenir humains qu'un conflit éclate.

Les «objets» humains utilisés par les chosificateurs le sont souvent de leur plein gré. Certaines personnes préfèrent se laisser utiliser comme des machines plutôt que de s'engager dans une relation vraiment intime. En général, les victimes des chosificateurs sont des personnes qui craignent de s'engager totalement dans une relation, qui ont peur des échanges agressifs, de la confrontation et des disputes. Le chosificateur agressif donne à sa victime «agressophobe» l'illusion d'une relation intime tout en lui épargnant l'anxiété d'une vraie relation.

La chosification, lorsqu'elle émerge sous forme de stéréotypes en milieu de travail, est une des formes d'aliénation les plus faciles à bloquer et à prévenir. Les personnes qui y sont sujettes comme les femmes, les groupes minoritaires, les hommes portant les cheveux longs, etc. n'ont qu'à prendre conscience des stéréotypes qu'on pourrait leur appliquer. Au premier signe de chosification, ils n'ont qu'à confronter la personne avec une déclaration comme «Je sais que parce que je suis une femme, vous allez penser que je suis une sorte de castratrice. En fait, j'essaie seulement de faire un travail efficace. Bien que je tienne à être reconnue comme femme, je ne veux pas qu'on s'occupe de moi outre mesure et qu'on me traite différemment des autres. Si j'ai l'impression que c'est ce que vous faites, je m'y objecterai.»

Les relations aisément nouées et exemptes de conflits et de disputes doivent être jugées suspectes. Comme les «chosificateurs» sont habituellement des manipulateurs efficaces qui craignent les rapports agressifs, ils sont en général difficiles à influencer ou à changer. On les reconnaît par leur tendance à éviter tout conflit et à prendre leurs jambes à leur cou aux premiers signes annonciateurs d'orage.

On peut mettre un terme aux manipulations du «chosificateur» en reconnaissant sa gentillesse et sa douceur irréelles, en évitant de se laisser mettre le grappin dessus ou en les provoquant directement. L'ultime défense contre le «chosificateur» consiste à accepter en soi les réalités du conflit et de l'agressivité et de les exprimer. La personne qui ne craint pas ces réalités et qui les accepte chez autrui prendra l'habileté et la superficialité du «chosificateur» pour ce qu'elles sont: une façon froide, repoussante et déshumanisée de communiquer avec les autres.

La mystification

Le mystificateur aliénant s'appuie fortement sur la dépendance et l'ignorance de sa victime. Le message qu'il communique est le suivant: «Si je n'étais pas là pour répondre à tes besoins, tu ne survivrais pas.»

Le parent mystificateur a des influences particulièrement néfastes sur l'enfant. Se fondant sur la faiblesse et la vulnérabilité de celui-ci, il lui dépeint le monde comme un endroit impénétrable et froid, truffé de pièges et de dangers. Il agit ainsi pour contrôler l'enfant et exercer sa domination sur lui. Après lui avoir instillé des sentiments de confusion et d'impuissance, il lui laisse entendre qu'il ne peut être en sécurité qu'avec lui !

Il existe des variantes sur ce thème dans bien des sortes d'interactions différentes : maris ou femmes persuadés de ne pouvoir vivre l'un sans l'autre, employés convaincus qu'aucun autre emploi ne leur conviendrait et que personne d'autre ne voudrait d'eux, individus persuadés que tout changement à leur mode de vie actuel aurait des conséquences désastreuses. Tous ont été mystifiés par leurs parents, leur époux ou d'autres personnes qui comptaient à leurs yeux.

En milieu de travail, la mystification peut être un moyen de protection inconscient utilisé par les employés qui craignent la concurrence des autres employés et surtout des nouveaux. Lorsqu'ils discutent d'un projet ou étudient une tâche particulière, ils présentent leurs idées d'une manière si compliquée et si obscure que l'autre personne est dépassée par sa complexité et qu'elle n'ose pas poser de questions de peur de paraître stupide. L'employé aliénant réussit ainsi à embrouiller sa victime, réduisant en même temps toute menace de concurrence.

On a observé récemment une variante répandue du processus de mystification au sein d'un groupe d'adjoints détachés auprès d'un homme politique important. L'adjoint supérieur, qui était dans les bonnes grâces de l'homme politique, mettait régulièrement ses collègues en garde contre les sautes d'humeur d'un patron impatient, critique et imprévisible. Il les informa en outre que s'ils voulaient obtenir quoi que ce soit, ils devaient communiquer avec le patron par son intermédiaire. En projetant cette image terrible de l'homme politique, l'adjoint veillait à ce que sa position privilégiée ne soit pas menacée.

Démystifier le mystificateur

Des sources extérieures saines comme l'école ou les voisins peuvent compenser les répercussions néfastes de la mystification sur les enfants. Privés d'influences positives pouvant les aider à prendre conscience de leur propre force, de leur sagesse et de leur capacité de survie, ces enfants peuvent mettre des années à surmonter la peur et l'attitude craintive face à la vie qui résultent d'une mystification constante.

On est victime de la mystification lorsqu'on croit que «sans lui ou elle, je ne pourrais pas ou ne voudrais pas vivre». Ce type de sentiment implique immanquablement une dépendance hostile et une impression de faiblesse personnelle. En fait, rares sont les personnes dont la présence est essentielle au point qu'on ne pourrait pas vivre sans elles. Lorsqu'on a cette impression, c'est à coup sûr parce qu'on est impliqué dans une relation mystifiante. Dans une relation agressivement saine, chaque personne a le sentiment de sa propre force, de sa capacité de survivre d'une façon autonome et de sa liberté de chercher à établir de nouvelles relations.

Pour savoir si l'on est engagé dans une relation avec un mystificateur, il convient de s'interroger sur les points suivants:

1. Est-ce que je ressens vraiment de l'amour envers l'autre personne ou est-ce que je me cache derrière lui ou elle pour ne pas affronter le monde extérieur?

2. Est-ce que l'autre me témoigne vraiment de l'amour ou s'il (si elle) a vraiment intérêt à me contrôler?

3. Qu'est-ce qui m'irrite vraiment en lui (elle)? Si rien ne me vient à l'esprit, c'est que je réprime une partie importante de mes émotions, soit mes sentiments agressifs. Pourquoi ai-je peur d'éprouver de la colère et de l'irritation à son égard?

Les relations mystifiantes sont particulièrement nocives; en effet, lorsque le mystificateur abandonne sa victime ou meurt, il n'est pas rare de voir celle-ci faire une dépression, développer un sentiment de faiblesse et d'impuissance, tomber gravement malade ou tenter de se suicider en signe de désespoir. C'est pourquoi toute relation fondée sur le sentiment que «sans lui ou elle, je ne peux pas vivre» est fondamentalement destructrice et hostile; il importe de mettre au jour ces sentiments latents afin de démystifier le mystificateur.

Le provocateur inconscient

Les provocateurs inconscients empêchent toute communication et instillent de la frustration, de la peur et de la confusion chez leurs victimes en brandissant stratégiquement des menaces d'abandon, de suicide, de divorce, de maladie, de dépression nerveuse ou de renvoi (dans une relation employeur-employé) chaque fois que la victime soulève une question qui le menace.

On a observé ce phénomène récemment entre Mme Esther Legrand, âgée de soixante-huit ans, et son fils célibataire de trente-cinq ans, Claude, qui vivait encore avec elle. Un jour, Claude annonça à sa mère qu'il avait rencontré une jeune fille et qu'il envisageait sérieusement de l'épouser. Au milieu d'une discussion animée au cours de laquelle Mme Legrand avait accusé son fils de l'abandonner, elle fut prise de violentes douleurs à la poitrine et s'exclama qu'elle avait une attaque cardiaque. Comment Claude pouvait-il songer à l'abandonner alors qu'elle était à l'article de la mort? (En fait, certaines mères comme celle-ci survivent à leurs enfants dont elles étouffent le développement personnel avec leurs crises constantes.)

Les victimes du provocateur inconscient sont inéluctablement enclines à se sentir coupables et à étouffer leurs propres besoins afin d'apaiser l'autre. Les menaces typiques du provocateur sont les suivantes:

«Je te quitterai.»

«Je veux divorcer.»

«Je me tuerai.»

«Je ferai une autre dépression nerveuse.»

«Je retourne chez maman.»

La victime n'a que le choix d'étouffer ses besoins ou faire face à la catastrophe. Les deux solutions ont des conséquences pénibles en apparence.

L'employeur sujet aux crises de nerfs crée une atmosphère de travail qui fait craindre à l'employé que presque toute demande ou toute autre forme d'affirmation de soi ait des conséquences néfastes pouvant même entraîner son renvoi. Les employés tenteront graduellement d'éviter tout affrontement direct avec un employeur qui finit toujours par provoquer une scène. Ils accumuleront de la frustration et du ressentiment et chercheront des moyens indirects ou cachés de saboter son travail.

Dans une petite manufacture de chaussures, des employés avaient demandé à un moment ou à un autre une augmentation de salaire et une modification de leurs conditions ou de leurs horaires de travail. Le patron les avait traités tout de suite de fauteurs de troubles et leur avait signifié qu'il y avait d'autres usines dans les environs s'ils n'étaient pas satisfaits de leur emploi. Furieux, les employés commencèrent à manifester leur colère en volant de la marchandise, en négligeant l'entretien des machines, en prolongeant la pause en l'absence du patron et en faisant de l'anti-publicité dans leur entourage pour les produits de la manufacture.

Comment contrôler le provocateur inconscient

Les victimes du provocateur inconscient doivent considérer ces crises comme une forme de chantage affectif destiné à couper court à toute tentative d'affirmation de soi. Lorsqu'une personne s'est lais-sée une fois soudoyer par un extorqueur, celui-ci resserre son emprise et utilise cet outil puissant avec une fréquence croissante. il en va de même pour le provocateur qui a eu du succès une première fois.

Il existe deux attitudes à adopter face au provocateur incons-cient. La première consiste à prendre le risque d'affronter la crise.

« Vas-y. Tue-toi. »

« Va-t'en si c'est ce que tu veux ! » ou « Je ne suis pas respon-sable de ton bien-être physique. » sont des répliques appropriées. On s'aperçoit parfois que le provocateur simulait. Lorsque Claude Legrand décida enfin d'épouser son amie et de quitter sa mère, celle-ci se montra très docile et lui demanda si elle pou-vait lui être utile en apprenant à sa femme à cuisiner ou en s'oc-cupant du bébé qu'elle attendait. Elle n'eut jamais d'attaque car-diaque. Donc, une des attitudes à adopter consiste à faire face à la catastrophe.

L'employeur provocateur s'appuie sur l'insécurité et le manque de confiance en soi de l'employé. En réalité, la perspective de renvoyer un employé et d'en entraîner un nouveau est aussi traumatisante pour lui que le congédiement, pour un employé. Dans la plupart des cas, les employés se rendent compte qu'ils n'obtiennent pas les épouvan-tables réactions qu'ils craignaient lorsqu'ils font des demandes légi-times et expriment leurs besoins. Toutefois, si une demande justifiée provoque toujours une scène de la part de l'employeur, l'employé doit se demander sérieusement s'il vaut la peine de sacrifier son respect de soi et sa santé mentale à sa sécurité d'emploi.

L'autre question à prendre en considération est de savoir s'il vaut vraiment la peine de maintenir sa relation avec un provocateur inconscient. Sa façon de semer le trouble est une forme d'aliénation extrêmement dominatrice et hostile. Une fois qu'elles ont pris cons-cience de leur propre force et de leur agressivité, les victimes peuvent

décider de précipiter lucidement leur propre crise et quitter le provocateur pour de bon.

L'obstruction ou la diversion

Cette tactique aliénante consiste à empêcher une personne d'aller
jusqu'au bout d'une discussion, d'une expérience ou d'une communication comme il est légitime de vouloir le faire. Au beau
milieu d'un affrontement agressif, l'obstructionniste fait dévier le
débat afin d'empêcher la résolution du conflit. Il cherche à tromper la vigilance de sa victime et à l'obliger à abandonner son offen-
sive pour se mettre sur la défensive en faisant des contre-accusa-
tions ou des compliments inopportuns qui la distraient de son but.

Monsieur Leclerc entra dans le bureau de son employeur pour lui
parler de l'augmentation de salaire dont ils avaient convenu de discuter plusieurs mois auparavant. En moins de dix minutes, monsieur
Riverin, l'employeur, se mit à parler de ses conflits avec sa femme, du
goût médiocre dont faisait preuve M. Leclerc en matière d'habillement et finit par se lever en disant : «Désolé, monsieur Leclerc, mais
je ne peux pas passer toute la matinée à discuter de cela. Nous en par-
lerons à mon retour de vacances le mois prochain.»

L'obstruction est une forme assez répandue d'aliénation entre
intimes. En langage populaire, on parle de «dérailler». Cette tactique a pour résultat d'empêcher la victime de satisfaire ses besoins,
que l'aliénateur ignore délibérément. En conséquence, rien n'est
jamais réglé et les mêmes questions reviennent sans cesse sur le
tapis. La victime se protège parfois en se repliant sur elle-même et
en dissimulant ses sentiments parce qu'elle se dit : «À quoi bon ? Je
ne suis pas capable de me faire entendre.» À l'occasion, l'obstruction prend même la forme d'un compliment hors de propos
comme «J'adore ton visage lorsque tu es fâchée.» Voilà un exemple
d'obstruction par la flatterie.

Comment faire obstruction à l'obstructionniste

Cette tactique aliénante est une des plus simples à bloquer. Si vous avez un problème à résoudre, énoncez-le, puis ne vous laissez pas détourner de votre but par des réactions visant à vous séduire ou à vous culpabiliser. Si vous évitez de mordre à l'hameçon, l'obstructionniste finira par revenir à votre problème ou il coupera tout simplement court à l'entretien. Toute victime décidée à résoudre son problème et à ne pas aborder d'autres sujets avant qu'il ne soit résolu peut faire efficacement obstruction à ce type d'aliénant.

Le mesquin affectif

Le mesquin affectif maintient les autres dans une relation destructrice en leur donnant à l'occasion des miettes d'amour et d'affection, des compliments ou des satisfactions matérielles. Il en donne assez pour laisser sa victime espérer, mais jamais d'une façon assez constante et prévisible pour qu'elle se sente en sécurité.

Cette tactique aliénante est une forme indirecte de sadisme dont l'intensité est directement proportionnelle à la dépendance de la victime. Celle-ci se convainc que l'aliénant est vraiment un « chic » type aimant et affectueux malgré ses « défauts ». Elle appelle « défauts » l'attitude cruelle, insultante et destructrice qu'il affiche entre les appréciations occasionnelles qu'il lui donne. Il est clair que ce type d'aliénant a besoin de sa victime pour laisser libre cours à son sadisme.

Comment faire obstacle au mesquin affectif

Il est vraiment humiliant d'être pris dans les filets d'un mesquin affectif qui vous rend euphorique une journée et vous ignore le lendemain et vous fait constamment marcher. Il s'appuie sur la vulnérabilité, le sentiment d'insuffisance et l'espoir de ses victimes «Elle m'aime vraiment beaucoup, mais elle ne sait pas comment le montrer».

Pour faire obstruction au mesquin, il faut avant tout abandonner tout espoir et renoncer à croire que son attitude humiliante cache un cœur d'or. En outre, il faut prendre conscience que seule une personne qui se méprise se prêterait à un tel jeu.

Dans certains cas, on peut provoquer le mesquin affectif et exiger qu'il accorde ses faveurs avec plus de constance. Toutefois, ce type d'aliénant est, en général, tellement manipulateur qu'il est douteux qu'on puisse réussir à le changer. La victime devrait plutôt employer son énergie à modifier l'image négative qu'elle a d'elle-même et qui l'incite à rester aux mains de ce type d'aliénant.

Quelques lignes directrices générales

1. Les rapports aliénants restent toujours possibles entre deux personnes dont le degré d'autorité, de dépendance et de vulnérabilité diffère. Afin d'empêcher ce déséquilibre, essayez de réduire ces disparités en égalisant l'autorité, en favorisant l'interdépendance au sein du couple et en exprimant les angoisses qui vous rendent vulnérables.

2. Les rapports aliénants sont toujours possibles dans une relation où les différences d'ascendant sont cachées derrière une façade d'égalité. Afin de prévenir ces tensions, essayez de définir ouvertement la nature exacte de la structure du pouvoir au sein de votre relation. N'ayez pas honte de vous réjouir de votre position de domination ou de soumission si vous en êtes conscient et que vous l'appréciez.

3. Les rapports aliénants sont toujours possibles entre deux personnes qui craignent l'affrontement ouvert. Pour empêcher

cette dégradation, affirmez vos besoins ouvertement et exigez que votre partenaire les reconnaisse.

4. Les rapports aliénants sont toujours possibles lorsqu'une personne prétend comprendre vraiment l'autre et deviner ses pensées. Pour ainsi prévenir, n'ayez jamais la prétention de savoir ce que l'autre pense sans au moins le vérifier et n'acceptez jamais comme valide l'interprétation d'une personne qui prétend vous deviner.

5. Les rapports aliénants sont toujours possibles entre deux personnes qui se créent des «devoirs» fictifs. «Je suis sa mère, je devrais aimer tout ce qu'il fait.» Pour prévenir ces situations, étudiez tous vos «je devrais» et admettez qu'ils ne sont pas nécessairement justifiés.

En général, on peut déterminer si on a affaire à un aliénant par les caractéristiques suivantes :

1. Un des partenaires oscille entre des sentiments d'euphorie «Il (Elle) m'aime vraiment» et de désespoir «Il (Elle) me déteste vraiment». C'est une relation caractérisée par des émotions extrêmes.

2. La victime se sent toujours reconnaissante envers l'aliénant bienveillant ou elle se méprise parce qu'elle le «bouleverse».

3. Les victimes nourrissent invariablement l'illusion que l'aliénant est «une personne spéciale» et qu'elles ne pourraient pas vivre sans lui.

4. Les victimes ont constamment l'impression de marcher sur des œufs. Elles ne se sentent pas libres de s'exprimer spontanément. Elles éprouvent plutôt le besoin de peser soigneusement

leurs paroles. Elles deviennent très angoissées si elles soupçonnent que l'aliénant a mal interprété leurs paroles.

5. Les relations avec un aliénant ne progressent pas. Même après des années, la victime continue de chercher avidement l'approbation et la sécurité comme au début de leur relation. Les aliénants n'instillent jamais de sentiments de sécurité chez leurs victimes.

6. Les victimes s'accrochent à l'aliénant et elles éprouvent sans cesse le besoin de prouver leur dévouement, leurs qualités et leur fidélité.

7. Les victimes sont sujettes à la fatigue et aux crampes nerveuses après un séjour relativement court auprès d'un aliénant.

8. Les victimes se retrouvent souvent dans des situations de « doubles contraintes ». Elles voudraient rompre, mais elles ont peur. Qu'elles restent ou qu'elles partent, elles n'envisagent que des conséquences négatives.

9. Les victimes craignent d'exprimer leurs besoins ou d'affronter l'aliénant.

10. Les victimes tendent à accepter même leur dû comme un cadeau. Elles éprouvent souvent une reconnaissance pathétique pour ce qui leur appartient de droit.

Chapitre 18

Le festival familial : agressivité et amour

Selon le modèle traditionnel de vie familiale, chaque membre est supposé jouer un rôle défini afin de favoriser une atmosphère harmonieuse de paix, d'amour et de sérénité. C'est à cette condition que tous se sentent en sécurité et au chaud au sein de la famille.

Bien qu'on se rende compte de plus en plus qu'il s'agit là d'un modèle désuet qui n'est plus adapté à notre vie moderne, s'il le fut jamais, les familles ont encore tendance à s'y accrocher. Les parents surtout éprouvent une intense frustration lorsqu'ils n'arrivent pas à le recréer. Beaucoup se sentent dupés et désillusionnés lorsqu'ils s'aperçoivent qu'ils sont incapables de concrétiser les vœux du mariage et leurs fantasmes de vie familiale idéale. De nos jours, celle-ci ressemble souvent à une tragicomédie avec sa succession de déceptions pénibles, ses malentendus et ses ruptures. C'est pourquoi de nombreuses personnes parlent de la mort de la famille dans la société occidentale contemporaine. Le problème de la surpopulation fournit un prétexte rêvé à ceux qui craignent de s'engager dans ce mode de vie.

Nous croyons toutefois que la famille traditionnelle est toujours une force vitale essentielle à la subsistance et au développement personnel de chacun. C'est plutôt le modèle idéal obsédant et trompeur véhiculé par la publicité télévisée, les sermons religieux et de nombreux livres sur les soins familiaux et la façon d'élever les enfants qu'il faut laisser tomber. On doit remplacer ces illusions par un portrait plus réaliste fondé sur des évidences psychologiques reconnues à savoir que « l'édification du nid », la vie à deux et l'éducation des enfants ne sont pas des activités harmonieuses et paisibles qu'on peut annuler à volonté et qui impliquent une autorité nécessairement hiérarchique.

Nous avons appelé « festival familial » le modèle que nous proposons pour remplacer la norme traditionnelle. Ce modèle part du principe psychologique suivant : chacun est libre d'exprimer avec tout son être ses sentiments véritables dans un climat de franchise et d'authenticité, quel que soit son âge. Nous savons fort bien que cette approche risque d'engendrer des conflits plutôt que de calmer les esprits perturbés. Nous ne visons pas la paix et la tranquillité. À notre avis, lorsqu'elles règnent, elles servent habituellement à masquer le détachement ou la peur de l'affrontement des membres ou une atmosphère répressive et autoritaire.

Au sein d'une famille authentique, les conflits sont constants et inévitables, chaque membre ayant des besoins et des rythmes de vie différents. Papa peut être fatigué au moment où Serge, âgé de sept ans, a envie de jouer. Julie, qui a quatorze ans et qui est exaltée veut faire jouer ses cassettes à tue-tête tandis que maman souhaite un peu de tranquillité. Thierry, âgé de treize ans, veut regarder un documentaire sur l'espace, mais sa sœur de seize ans ne veut pas manquer son émission préférée tandis que papa écouterait volontiers le bulletin de nouvelles. En outre, chaque personne a ses propres besoins d'intimité, ses préférences sociales, ses rythmes biologiques et ses résistances face à certaines responsabilités. Seules les familles « agressophobes » ne vivent pas de conflits en apparence, car ils sont masqués par une façade de rationalité et de « mutualité ».

Les principales sources de conflit dans la famille incluent entre autres : la lutte pour le *pouvoir*, c'est-à-dire qui aura le dernier mot et qui prendra les décisions. Les *responsabilités* constituent une autre source de querelle qu'a intensifiée le désir des femmes de se libérer. Maintenant plus que jamais, la réponse à la question « Qui est responsable de quoi ? » devient floue. Il y a ensuite les conflits *territoriaux* concernant le besoin d'avoir un endroit bien à soi dans la maison et l'utilisation de pièces comme la salle de bain, et d'appareils comme la télévision et le téléphone, qui sont à l'usage de tous.

Les *frontières sociales* constituent une autre source potentielle d'antagonisme, bien qu'elle ne soit pas aisément identifiable. Papa reste rivé au téléviseur plutôt que d'affirmer son besoin de sortir avec ses copains ou de les inviter à la maison. Il lit probablement une revue érotique plutôt que d'avoir une maîtresse ou de voir un film pornographique comme il en éprouve l'envie. De même, maman peut s'inventer des responsabilités pour s'occuper plutôt que de se rendre à l'évidence qu'elle n'a presque pas d'amies ou que ses « amies » sont toutes des mères voisines dont les principaux sujets de conversation, ennuyeux à mourir, tournent autour du bébé et du coût de la vie. Les époux ont souvent tendance à réprimer leur désir d'inviter des amis spontanément ou de sortir chacun de leur côté afin d'éviter les conflits ouverts.

En outre, le besoin d'*attention* est une source de conflit typique. Maman voudrait parler de sa journée tandis que papa préfère se retirer derrière son journal ; ou encore papa est malheureux parce que bébé accapare l'attention de sa femme. Un enfant peut se plaindre parce qu'on aide son petit frère ou sa petite sœur à faire ses devoirs et qu'on ne s'occupe pas de lui.

Dans les familles segmentées et les familles autoritaires, ces sortes de conflits ne sont pas évidents. Dans la première, la plus répandue de nos jours, les membres de la famille «jouent seuls ensemble». Comme dans la vie sociale des tout-petits, ils partagent un espace physique, mais n'ont pas ou peu, de contacts affectifs et d'interactions avec les autres. Les enfants issus de ce milieu d'«étrangers» où chacun «fait sa petite affaire» deviennent souvent des êtres désœuvrés et sans ambition parce qu'ils n'ont jamais eu à faire face à une résistance ou reçu un appui qui leur aurait permis d'affirmer leur identité en se différenciant.

Dans une famille autoritaire, par contre, la paix qui règne est fondée sur la peur. On oppose des menaces de punition et de vengeance à l'affrontement ouvert. La tranquillité, la docilité et la passivité des enfants ne sont pas des signes d'harmonie ou de paix, mais elles dénotent l'existence d'un contrôle dictatorial.

C'est dans la famille que l'enfant apprend à développer ses attitudes les plus profondes à l'égard de son agressivité. Qu'il la craigne ou la juge comme une façon normale de donner vie à la communication, tout dépendra de la façon dont la famille règle ses conflits. L'enfant apprend en voyant ce qui arrive aux autres membres qui s'affirment individuellement ou s'affrontent ouvertement. Lorsque chaque conflit conduit à une explosion destructrice de haine et de désespoir, au repli sur soi et à l'aliénation, l'enfant comprend qu'il vaut mieux refouler ses sentiments agressifs.

Le prix du refoulement de l'agressivité

Les parents qui empêchent l'enfant d'exprimer son agressivité avec des réprimandes comme «Ne réplique pas!», «Sois respectueux», «Va dans ta chambre» ou «Ne crie pas ou tu le regretteras» lui enseignent qu'il est mal de s'affirmer et d'être en colère et qu'il faut cacher ou au moins nier ces sentiments en soi. En conséquence, l'enfant refoule son agressivité qui finit par ressortir sous des formes indirectes, incontrôlables et méconnaissables. Tant les parents que les enfants perdent le contact avec leurs sentiments et leurs conflits originaux, créant ainsi une situation compliquée et chronique qu'ils ne pourront éclaircir que par une psychothérapie prolongée et coûteuse.

À titre d'exemple, prenons le cas de Bernard, un enfant unique âgé de sept ans ; à la naissance de sa sœur Carole, il est furieux car il appréciait que ses parents le traitent comme un petit roi, qu'ils s'occupent de lui et le gâtent. Ceux-ci prennent de très mauvaise part son ressentiment à l'égard de sa petite sœur. Ils le traitent d'égoïste et d'enfant gâté et lui font honte. «De plus, nous savons qu'au fond, tu n'es pas comme cela et que tu l'aimes vraiment», lui disent-ils souvent. À plusieurs reprises, au cours des mois qui suivent la naissance du bébé, ils le punissent, ce qu'ils n'avaient encore jamais fait auparavant. Bernard finit par comprendre ce qu'on attend de lui. Il devient gentil et refoule sa rage. Ses parents sont très heureux de ce changement et très fiers de la bonne volonté de Bernard.

Toutefois, des problèmes inattendus surgissent. Bernard commence à mouiller son lit et à faire des cauchemars la nuit. Un des parents est obligé de s'asseoir à son chevet pendant au moins une heure chaque soir pendant que Bernard essaie de s'endormir. Plus d'une fois, il échappe le bébé en aidant sa mère. En fait, Bernard n'a plus aucune manifestation consciente de rage et de ressentiment. Il est devenu un «bon garçon». Quant à ses parents, ils ont une foule de problèmes qui drainent leur énergie et leur occasionnent beaucoup de frustrations.

Une famille qui réprime les manifestations agressives de ses membres a toujours un lourd tribut à payer. Les enfants ont peut-être une conduite exemplaire, mais ils manifestent leur agressivité refoulée en travaillant mal à l'école, en affichant une attitude passive, maussade et refermée ou en souffrant de maladies psychosomatiques comme des allergies ou des troubles gastro-intestinaux. Ou encore, ils déchargent leurs sentiments agressifs sur des cibles extérieures. Ils se montrent cruels envers les plus petits et les animaux. Dans les cas extrêmes, ils nourrissent des préoccupations philosophiques morbides à propos de la mort, de la maladie ou du diable et leur comportement devient bizarre ou autodestructeur.

Le «festival familial» qui enseigne une approche positive des conflits familiaux repose sur certains principes fondamentaux. Premièrement au sein d'une famille vivante les conflits sont une réalité inéluctable; il est impossible de les résoudre d'une façon permanente et d'instaurer un climat de paix familiale constant.

Deuxièmement, il est aussi naturel et sain de manifester de l'agressivité envers les membres de sa famille que de la chaleur et de l'affection. En fait, l'agressivité refoulée contamine les relations entre deux personnes et finit même par rendre impossible l'amour et l'affection sincères entre elles. Par contre, une famille qui permet à ses membres d'exprimer franchement leur rage et leurs frustrations favorise un amour plus profond et plus authentique entre eux.

Troisièmement, nous croyons que les parents ont le droit, au même titre que les enfants, d'exprimer librement la rage et la colère qu'ils éprouvent mutuellement et envers leurs enfants. La plupart des gens ayant été élevés avec des principes «agressophobes» concluent qu'une famille est en difficulté et un mariage chancelant dès que ses membres crient et se querellent. C'est pourquoi trop de parents, par honte ou par peur, s'efforcent d'être des modèles de paix et de maîtrise de soi dans l'intérêt de leurs enfants. D'après notre expérience clinique, les parents qui refoulent la colère et le ressentiment qu'ils éprouvent mutuellement sont plus portés à les déverser sur leurs enfants. Ils ont tendance à réagir d'une façon extrême au comportement de ceux-ci en leur infligeant des punitions sévères et injustifiées et en ayant des exigences irréalistes. Dans le cadre du «festival familial», nous incitons les parents à donner l'exemple et à résoudre leurs conflits d'une façon ouverte et constructive et à partager sans honte et sans embarras leurs sentiments de colère et de frustration.

Comme c'est au sein de la matrice familiale que l'enfant apprend à faire face aux interactions agressives, la famille doit l'aider à accepter ses sentiments agressifs et à les exprimer d'une manière positive. L'enfant à qui on apprend à réserver son agressivité aux gens et aux situations qui lui déplaisent à l'extérieur de la maison, en conclut que l'intimité et l'agressivité sont incompatibles.

Le meilleur exemple que puissent donner les parents à l'enfant consiste à faire autorité par leur intégrité personnelle plutôt que d'exercer une autorité de principe due à leur rôle. Ils doivent gagner le respect de leurs enfants non en se montrant exigeants mais plutôt en développant, face à l'agressivité, une attitude conforme à leur vraie personnalité, qui émane de leur confiance en eux et de leur force intérieure.

Le «festival familial»

Le «festival familial», une formation à la confrontation familiale constructive, fut conçu par le Dr Bach dans le cadre des séances de thérapie familiale, des groupes-marathons de thérapie et des stages de formation à la confrontation directe.

Lors d'un «festival familial», on enseigne les techniques de la confrontation à plusieurs familles réunies qui se guident et s'appuient mutuellement. Un moniteur spécialisé dans les techniques de la confrontation directe guide les participants afin d'empêcher les familles d'avoir recours à la collusion, de se décourager prématurément et d'éprouver le traumatisme et la confusion qui résultent de l'emploi inapproprié de ces techniques.

En apprenant à s'affronter en présence d'autres familles, les participants s'habituent à ne pas ressentir de culpabilité, d'embarras et de honte et ils se rendent compte qu'ils ne sont pas «différents» («Pourquoi toutes les autres familles excepté la nôtre semblent-elles s'entendre à merveille?»). Ils constatent très vite que toutes font face, à peu de choses près, aux mêmes conflits. En mettant leurs expériences en commun, les familles font du «festival familial» une fête authentique pleine de rire et de plaisir où l'on prend les conflits d'une manière constructive.

Les exercices et les procédés que nous décrirons ici rompent avec les conceptions habituelles de la hiérarchie, du statut social et du pouvoir qui régissent les interactions quotidiennes au sein de la famille. Ils permettent aussi de laisser tomber les rôles autoritaires traditionnels et rigides. Ainsi, les enfants peuvent, pendant une période donnée et dans des circonstances particulières, commander à leurs parents ou à d'autres proches, les insulter et même les rejeter ouvertement. En même temps, les parents sont libérés de leurs responsabilités habituelles et n'ont plus à jouer les rôles dominants, autoritaires et responsables qui leur sont dévolus en temps ordinaire.

Dans d'autres cultures, on a depuis toujours réservé certains jours de l'année aux fêtes de «l'égalité» au cours desquelles les gens peuvent descendre dans les rues et se moquer de leurs dirigeants et des figures d'autorité et les insulter ouvertement. Dans toute l'Inde, par exemple, au cours de la fête du Holi, qui a lieu au printemps entre le mois de mars et d'avril, les rôles traditionnels d'autorité sont abolis. Les gens peuvent éclabousser les figures publiques, les ministres, les banquiers, les chefs de police et même les princes avec de l'eau et des poudres colorées. Ils peuvent les insulter carrément et les traiter de «trou-du-cul» ou de «fils de pute» et ceux-ci ont tout le loisir de les insulter en retour.

À l'occasion du Fasching, que l'on célèbre chaque année au printemps en Rhénanie, en Allemagne, depuis des siècles, les gens peuvent exprimer ouvertement leur hostilité les uns aux autres. Ils peuvent aussi taquiner leurs dirigeants et d'autres personnages importants et railler en public.

Aux États-Unis, la fête de l'Halloween se rapproche de ce type de fête. Les enfants se déguisent pour jouer un tour aux voisins qui leur distribuent des friandises.

Cependant, nous sommes pauvres en rituels sociaux et surtout en rituels permettant de décharger sans danger ses sentiments agressifs. Au cours du « festival familial » que nous proposons dans le présent chapitre, nous donnons aux faibles une chance contre les plus forts en inversant les rôles et en égalisant les niveaux d'autorité.

Attention cependant ! Le « festival familial » n'est pas un substitut à la psychothérapie. Il ne s'adresse pas aux familles qui font face à de graves problèmes individuels ou collectifs. Autant ces techniques peuvent être efficaces si elles sont employées par un thérapeute professionnel, autant elles peuvent être destructrices entre les mains d'amateurs non qualifiés qui désirent résoudre de graves problèmes affectifs au sein d'une famille.

Le « festival familial » se divise en trois grandes phases. La première comprend une série d'exercices, de procédés et de rituels destinés à faire perdre à l'individu l'anxiété qu'il éprouve lorsqu'il prend conscience de ses sentiments agressifs. Elle permet aussi aux membres de la famille de jouer des rôles qu'ils n'assument pas en temps normal. Les membres dominateurs exercent les rôles passifs pendant un certain temps et vice versa.

Au cours de la deuxième phase, les participants apprennent comment employer ces rituels comme des moyens structurés d'exprimer sa colère et sa rage dans les interactions quotidiennes.

La troisième et dernière phase est consacrée à la confrontation directe pour un changement. Il s'agit d'une méthode destinée à développer les capacités de communication des membres de la famille pour résoudre des problèmes précis et concrets.

Phase 1 :
exercices familiaux de sensibilisation à l'agressivité

Nous décrirons ici un « festival familial » regroupant vingt-deux familles sous la direction du Dr Bach et du Dr Goldberg assistés de plusieurs moniteurs.

Au début, nous avons séparé les enfants des adultes et nous avons enseigné séparément à chaque groupe certains exercices. Cela aide les enfants à perdre leur timidité et leur anxiété face à leurs parents et vice versa. Afin de mettre les enfants à l'aise, tant les petits que les adolescents, nous leur avons donné du papier, des crayons et de la gouache et nous leur avons demandé de dessiner une querelle de famille typique qu'ils ont dû ensuite décrire verbalement.

Le petit Rémi âgé de douze ans commença : « Je suis ici et je bouche mes oreilles afin de ne pas entendre ma mère crier. Son visage est rouge et on dirait qu'elle va faire une crise cardiaque. Mon père se tient près de la porte prêt à se sauver. Le chien se cache sous le divan et ma petite sœur joue avec les boutons de la radio dont elle veut augmenter le volume. »

Dans une autre pièce, les adultes se sont assis en cercle afin de se révéler mutuellement le plus récent conflit familial qu'ils ont vécu. Mad. Brière, divorcée depuis peu, parla de son ressentiment à l'égard de sa fille aînée qui avait « oublié » de revenir à la maison pour garder son petit frère le soir précédent. Mad. Brière avait été forcée de contremander sa sortie. Le couple devait assister à la projection privée d'un nouveau film. Le Dr Goldberg lui demanda ce qu'elle avait

dit ou fait à propos de cet incident. Mad. Brière répondit : « Oh rien !
À quoi bon ? Je sais qu'elle m'en veut d'avoir divorcé et elle se venge
de cette façon. Je ne veux pas qu'elle me déteste davantage. » Le D^r
Goldberg lui proposa alors de parler à sa fille comme si elle se trouvait dans la pièce et d'exprimer aussi franchement que possible ses
sentiments. Une fois son premier moment de résistance passé, Mad.
Brière explosa littéralement de rage : « Maudite Sylvie ! Tu n'hésites
pas à exiger tes vêtements, ton argent et tes repas quand tu en as
besoin. Tu considères toutes ces choses comme ton dû parce que tu
n'as pas demandé à naître. Si je ne te les donne pas sur-le-champ,
c'est moi qui suis une garce. Eh bien ! Cela peut te paraître bizarre,
mais j'ai des besoins moi aussi. Je t'ai demandé de garder ton frère
pour que je puisse sortir un soir seulement et tu as fait en sorte d'oublier. Je suis tellement en colère : je pourrais te tuer ! » Bien que gênée
et honteuse de cette explosion de sentiments, elle prit conscience
petit à petit que malgré son divorce, elle avait encore le droit d'être
fâchée et d'exprimer ses sentiments et ses besoins à sa fille.

Il est remarquable de voir le nombre de parents qui se rappel-
lent difficilement leur récente colère ou qui sont tout simplement
incapables de se souvenir d'une seule circonstance récente où ils
ont éprouvé du ressentiment à l'égard d'un membre de la famille
ou vécu un conflit. Leur oubli est loin d'être intentionnel, mais
l'anxiété et la honte qu'ils éprouvent à révéler au grand jour leurs
conflits familiaux les incitent à refouler ces souvenirs.

Après cette phase de familiarisation, on enseigne aux deux
groupes une série d'exercices et de rituels de formation à la
confrontation, puis on les réunit pour la partie pratique.

Le marché aux esclaves

Pendant cinq minutes chaque enfant et un de ses parents assument
tour à tour les rôles d'esclave et de maître. Celui qui fait l'esclave peut

établir des restrictions, mais seulement *avant* le début de l'exercice. Ainsi, une fillette de quatorze ans déclara à son père qu'elle ne voulait pas chanter. Un père dit à son fils de onze ans qu'il refusait de ramper dans la pièce. Une fois l'exercice commencé toutefois, le maître exerce une autorité absolue sur son esclave. Celui-ci est obligé d'exécuter ses ordres sur commande et sans commentaire. Les cinq minutes écoulées, les rôles sont inversés et les règles restent les mêmes.

Le but de cet exercice est multiple. Il transforme pendant cinq minutes les rapports d'autorité traditionnels et rigides. Chaque membre de la famille peut faire l'expérience de la domination et de la soumission totales. Les enfants d'habitude timides peuvent devenir des tyrans tandis que les parents dominateurs et excessivement autoritaires doivent se soumettre. Certains d'entre eux se plaisent même dans leur rôle passif et servile.

Cet exercice permet tant aux parents qu'aux enfants de voir ce que c'est que d'être un enfant ou un adulte. Un garçon de onze ans qui faisait partie d'un groupe animé par le Dr Bach fit jouer à sa mère le rôle d'une petite fille. Puis il aboya: «Va te brosser les dents! Range ta chambre! Va trouver ton petit frère! Maintenant, montre à grand-mère les progrès que tu as faits au piano!» Sa mère devait faire semblant d'exécuter tous ces ordres. La mère d'un garçon hyperactif et volubile le fit asseoir en silence sans bouger pendant cinq minutes où elle était le «meure».

Dans une atmosphère légère et pleine d'humour, parents et enfants apprennent énormément. L'exercice est suivi d'une discussion où chacun exprime ce qu'il a ressenti à se soumettre et à dominer.

Le rejet: une occasion d'évoluer

Cet exercice est effectué par la famille au complet. Les membres demandent à l'un des leurs de quitter la pièce. Il est «rejeté», et tous y passeront à leur tour. Le reste de la famille discute des raisons pour lesquelles il rejette ce membre. Elles sont souvent nombreuses et en voici quelques exemples : «Il est trop arrogant», «Il n'écoute jamais», «Elle est toujours trop occupée pour jouer avec nous».

Lorsque la famille a trouvé au moins dix raisons pour lesquelles elle a rejeté la personne, elle forme un cercle étroit et l'invite à revenir dans la pièce. Elle lui demande de deviner au moins trois des raisons qui ont justifié son rejet ; s'il réussit, elle ouvre le cercle et l'accueille à bras ouverts.

Plutôt que d'employer l'approche traditionnelle de la thérapie de groupe axée sur l'affrontement, cet exercice force chaque membre à s'évaluer objectivement d'un point de vue négatif et à se voir par les yeux des autres.

Inverser les rôles

Dans cet exercice, chaque membre mime à tour de rôle la façon dont il voit les autres. Le résultat est souvent surprenant et parfois pénible. L'exagération rend cet exercice très drôle.

On choisit une scène de famille typique comme «se préparer à partir le matin» ou «aller chez grand-mère un dimanche». Pendant cinq minutes, on inverse tous les rôles. La petite fille fait le papa, le petit garçon, la maman, etc. L'exercice se poursuit jusqu'à ce que chaque personne ait joué tous les rôles.

Ce procédé d'imitation permet à chaque membre de la famille de voir comment les autres le perçoivent. On met surtout l'accent sur les comportements les plus irritants et les plus provocateurs de la personne. Après l'exercice, les membres discutent des divers comportements contrariants qu'ils ont pu observer et expriment leurs attentes nouvelles face aux rôles de chacun au sein de la famille.

La pousse au mur

Les énormes différences de pouvoir tant physiques que psychologiques tendent à créer des modèles de comportement et des interactions rigides et asymétriques au sein de la famille. Certains ont toujours le dernier mot tandis que d'autres sont constamment forcés de se soumettre.

La « pousse au mur » est un exercice visant à niveler les inégalités physiques à l'aide de restrictions. Il peut être effectué par n'importe quel membre de la famille deux par deux et il est particulièrement efficace lorsque les inégalités physiques sont importantes. Dans cet exercice, un membre plus faible peut se mesurer à un plus fort et essayer de le pousser sur toute la longueur de la pièce jusqu'au mur opposé.

Les participants doivent égaliser leurs forces en s'imposant des limites physiques ou en restreignant l'usage de leurs bras. L'exercice est sans valeur si la personne la plus forte s'impose des handicaps si sévères qu'elle donne à son adversaire une victoire facile. Le processus d'égalisation a pour but de permettre à chaque participant d'utiliser toute sa force une fois les restrictions établies. Si, par exemple, le père accepte de garder les mains liées derrière son dos, il doit pouvoir résister de toutes ses forces aux tentatives de son garçon ou de sa fille de le pousser au mur.

Plus les adversaires luttent à armes égales, plus l'expérience est significative.

Il est stimulant de voir la créativité dont font preuve les participants afin d'équilibrer leurs forces. Après l'exercice, la discussion s'engage sur les façons d'égaliser les différences de pouvoir dans d'autres domaines d'interaction afin qu'un membre plus faible ou plus vulnérable de la famille se sente assez en sécurité pour épancher entièrement ses sentiments agressifs et engager des rapports honnêtes et non manipulateurs avec les autres en toute impunité.

Entraînement au reflet

Le reflet est une forme d'écoute active qui exige de l'auditeur qu'il répète sans l'interpréter d'aucune façon l'essence de ce qu'il vient d'entendre d'une manière qui satisfasse totalement la personne dont il reformule les paroles.

Dans le cadre du «festival familial», nous combinons le procédé du reflet avec un autre exercice intitulé «attrait-retrait» au cours duquel une personne révèle un aspect qui lui plaît chez une autre personne et en décrit les effets sur elle, puis un aspect qui la rebute en en décrivant aussi les effets.

Michel, âgé de seize ans, effectua cet exercice avec son père sous la direction du Dr Goldberg.

MICHEL : Ce que j'aime le plus chez toi, c'est ta générosité. Tu m'offres toujours une aide financière lorsque j'ai besoin de quelque chose. Cela me donne un sentiment de sécurité.

PÈRE : (reformulant ces paroles) Ce que je comprends, Michel, c'est que tu m'aimes pour mon argent et que le fait de savoir que je t'en donnerai toujours lorsque tu en auras besoin te sécurise.

MICHEL : Non. Tu n'as rien compris. Tu déformes mes paroles quand tu dis que je t'aime pour ton argent.

Le père de Michel dut s'y prendre à plusieurs reprises avant de reformuler correctement les paroles de son fils sans que celui-ci ait l'impression d'être mal compris. Il s'en tenait obstinément à son interprétation et à son sentiment d'être utilisé. En conséquence, il persistait à mal entendre. Michel lui fit part ensuite d'un sentiment négatif :

MICHEL : La chose qui me déplaît le plus chez toi, c'est que ton travail occupe tout ton temps. J'ai l'impression de te déranger chaque fois que je veux te parler.

Le père de Michel reformula de nouveau ses paroles, puis il lui communiqua à son tour un sentiment positif que Michel reformula sans faute. Son père exprima ensuite la réserve suivante :

PÈRE : Ce qui m'ennuie chez toi, c'est ta manie de toujours rétorquer. Tu ne fais jamais ce qu'on te demande sans d'abord le remettre en question. Cela me choque et me frustre beaucoup.

MICHEL : Je crois comprendre que cela t'ennuie que je défende mes droits. Cela te choque et te frustre.

Ce fut au père de Michel cette fois de souligner la façon dont ce dernier déformait son message. Michel avait changé « rétorquer » par « défendre mes droits » ce qui modifiait considérablement le contenu du message. Il dut s'y prendre à plusieurs reprises avant de refléter avec précision ce sentiment négatif.

Malgré l'apparente simplicité de cet exercice, les membres d'une famille éprouvent toujours beaucoup de difficulté à écouter et à reformuler l'essence de ce qu'ils ont entendu. Ils ont plutôt une forte tendance à interpréter, à nuancer et à déformer les messages de l'autre, qu'ils sont « vraiment » persuadés de comprendre.

Persistance-résistance

À l'aide de cet exercice, nous enseignons à nos élèves à dire « non » avec tact et nous apprenons à ceux dont le seuil de tolérance à la frustration et au rejet est peu élevé l'art de trouver des arguments convaincants pour vaincre la résistance de l'autre plutôt que de tourner les talons s'ils n'obtiennent pas immédiatement satisfaction.

Cet exercice s'effectue deux à deux et n'importe quel membre de la famille peut y participer. L'un persiste et l'autre résiste. L'un fait une demande à laquelle l'autre refuse d'accéder pour une certaine raison. Le «persistant» doit revenir à la charge avec des arguments convaincants et chaque fois différents. Le «résistant» doit trouver toutes les raisons susceptibles de justifier son refus.

Les deux participants ne doivent sous aucun prétexte donner de fausses raisons dans le but unique de persister et de résister. Ils doivent être sincèrement convaincus des arguments qu'ils apportent. L'exercice prend fin dès que le «résistant» dit «Tu m'as convaincu» ou que le «persistant» dit «Je ne suis plus intéressé à te convaincre. Je perds mon temps. J'abandonne.»

Employé régulièrement à la maison, cet exercice est très instructif. Trop souvent, en accédant prématurément à une demande, une personne reste avec l'impression d'avoir été manipulée ou utilisée. De même, un refus hâtif suscite chez elle des sentiments de culpabilité. L'échange de persistance-résistance donne à chaque partie l'occasion d'explorer les aspects positifs et négatifs d'une transaction avant de s'engager.

L'exercice suivant a eu lieu sous la surveillance du Dr Bach entre Suzanne, une jeune fille de quinze ans, et sa mère :

SUZANNE : Maman, j'aimerais que tu me permettes de rentrer à une heure le samedi soir.

MÈRE : Non. Tu n'as que quinze ans. Tu as bien du temps devant toi pour les sorties tardives.

SUZANNE : Je t'ai prouvé en m'occupant de mon petit frère pendant que tu travaillais à l'extérieur que je suis très responsable et très mature pour mon âge.

MÈRE : Voilà une raison de plus pour laquelle tu devrais savoir ce qui est mieux pour toi et ne pas t'exposer à quelque chose que tu pourrais regretter.

SUZANNE : Si tu me donnes la permission de rentrer à une heure, je te promets de te dire où je vais avant de partir de sorte que tu puisses toujours communiquer avec moi.

MÈRE : Je serais peu rassurée de te savoir dehors à cette heure tardive. Il y a eu beaucoup d'attentats et de tentatives de viol dans le quartier dernièrement.

SUZANNE : Je promets de revenir directement à la maison en taxi avec mon copain.

MÈRE : À vrai dire, j'ai peur que tu aies des relations sexuelles et que tu deviennes enceinte.

SUZANNE : Si je voulais avoir des relations sexuelles, je pourrais le faire avant neuf heures. Je n'ai pas besoin d'attendre à minuit. De toute façon, je te promets que je n'irai pas jusque-là avant d'avoir au moins dix-sept ans.

MÈRE : D'accord. Tu m'as convaincue. Tu as ma permission de rentrer à une heure.

Dans ce dialogue, Suzanne s'est employée à souligner tous les aspects positifs de sa demande plutôt que de s'opposer aux arguments de sa mère. Un des aspects importants de cet exercice est justement de permettre aux participants de s'affirmer de façon créatrice. Le rituel de «persistance-résistance» empêche les participants d'accepter ou de refuser une demande avec précipitation, ce qui semble être la façon traditionnelle de faire dans la famille; c'est ainsi que Suzanne et sa mère ont pu explorer à fond les aspects positifs et négatifs du problème avant de parvenir à une solution acceptable pour toutes deux. Nombre de disputes familiales sont dues aux consentements ou aux refus accordés hâtivement par une personne qui s'en irrite ensuite, qui se sent manipulée ou qui oppose un refus arbitraire à toute demande de peur de se laisser influencer.

L'exercice de « persistance-résistance » est très utile entre frères et sœurs et entre parents et enfants ; ces derniers, en résistant aux demandes des premiers de façon créatrice, les forcent à se justifier plutôt que d'exercer une autorité absolue.

Phase II :
des rituels familiaux de décharge d'agressivité

Les rituels de formation à la confrontation libèrent temporairement la famille du joug de l'attitude rationnelle, contrôlée et complaisante que tant de parents semblent viser ; l'illusion que « tout va pour le mieux ».

Ils présentent en outre de multiples avantages. À un niveau empirique, nos participants affirment qu'ils se sentent bien après les avoir accomplis. Comme ces rituels fournissent une structure pour la libération des sentiments hostiles et irrationnels accumulés, ils donnent aux membres d'une famille l'occasion de faire face sans danger et d'une façon temporaire au terrible volcan de rage qui couve entre eux. En outre, en facilitant l'expression de la rage latente qui s'accumule sans cesse à la suite des frustrations, des déceptions et des rejets auxquels fait face chaque individu au jour le jour, ils lui apprennent à maîtriser ces sentiments terrifiants qu'il éprouve intérieurement. À travers ces rituels, il apprend à vivre avec eux ; à crier, à jurer et à protester d'une manière ouverte et non destructrice plutôt que de nier leur existence, s'exposant ainsi à en devenir la victime lorsqu'ils ressortiront sous des formes indirectes et aliénantes. En partageant constamment ces sentiments, les familles pourront éviter les pièges habituels qui consistent à attendre qu'une personne fasse ou dise quelque chose de travers pour provoquer un esclandre. Nous avons découvert de plus que les familles qui accomplissent ces rituels régulièrement sont capables de tisser des liens de chaleur et d'affection plus serrés et moins contaminés.

Le volcan

Le «volcan» est un échange d'injures à sens unique; cette «éruption volcanique» permet aux membres d'une famille d'exprimer individuellement leurs sentiments de rage accumulés au cours de la journée, que ce soit à la maison ou à l'extérieur.

Nous enseignons aux membres à accomplir le rituel du volcan un à un devant le reste de la famille pendant deux à trois minutes lorsqu'ils sont réunis le soir à la maison. Ce rituel peut remplacer les mornes salutations d'usage du type «Bonjour! Tu as passé une bonne journée?» Les auditeurs ne doivent en aucun cas «prendre la mouche», répondre ou réagir personnellement à cette «éruption volcanique».

Dans le groupe du Dr Goldberg, Marthe, âgée de seize ans, accomplit pour la première fois le rituel du volcan. Faisant face à ses parents et à sa sœur aînée qui l'écoutaient attentivement, elle commença à crier: «C'est terrible d'avoir seize ans! Tout le monde vous dit quoi faire, mais ils attendent aussi que vous vous conduisiez comme une adulte. Ça me fait vraiment chier. Ces maudites décisions qu'il faut sans cesse prendre! À quelle université vais-je aller? Dans quelle faculté? Avec qui sortir? Et puis, on n'a jamais assez d'argent pour acheter ce qui nous plaît. Et toi, maman, il faut toujours que tu attaches des conditions à ce que tu me donnes. Et lorsque je deviens folle ou que j'ai envie de me «défoncer» tout le monde me dit que c'est ça l'adolescence. Merci quand même!»

Lorsqu'elle eut terminé, Marthe se sentit vidée. À sa grande surprise, sa famille n'était pas fâchée, mais se montra très compréhensive. Sa sœur aînée lui fit observer qu'elle comprenait pour la première fois ce que Marthe vivait.

Les participants manifestent toujours une vive résistance lorsque nous leur demandons pour la première fois de faire un volcan. Ils sont persuadés que ce rituel est irrationnel et inutile. Nous n'avons pas l'intention d'apporter ici des arguments rationnels ; cependant, nous considérons comme réels ces sentiments de rage qui s'accumulent chez les gens. C'est pourquoi nous pensons qu'on doit les exprimer d'une façon structurée et inoffensive.

L'insolence

L'insolence est un échange d'insultes ritualisé entre deux membres d'une famille. En temps ordinaire, on jugerait que l'enfant qui profère une avalanche d'insultes à l'endroit de ses parents leur manque de respect et commet un acte humiliant et destructeur. Un échange d'insultes face à face est un signe de confiance et d'amour suprêmes lorsque aucune des parties ne tente de réprimer l'autre, de le houspiller ou de se replier sur elle-même. Les membres de la famille qui sont capables de partager les pires sentiments éprouvés à l'égard des autres favorisent la chaleur et l'intimité.

Ce rituel exige l'accord des participants. Aucune violence physique n'est tolérée. Tout ce qui est dit est en quelque sorte confidentiel et ne peut faire l'objet de discussions ultérieures. Le rituel est soumis à une limite de temps n'excédant pas trois minutes.

On encourage les participants à s'insulter d'une façon aussi intensive, bruyante et dramatique que possible en se montrant sarcastiques et vulgaires et en exagérant. Chaque participant doit exprimer ses sentiments les plus «inexprimables». Ce rituel pave la voie à un amour plus réaliste et plus profond en permettant aux participants de surmonter leur peur mutuelle de la fragilité de l'autre. Il détruit en outre la croyance que les personnes qui s'aiment n'éprouvent pas de sentiments hostiles et destructeurs et n'ont pas d'illusions l'une à l'égard de l'autre.

Voici un extrait d'une insolence entre Bertrand, âgé de vingt-sept ans, et son frère Marc, âgé de vingt et un ans ; le Dr Goldberg en fut l'arbitre. Les deux frères s'invectivaient simultanément à tue-tête de sorte qu'ils comprenaient à peine ce que l'autre disait.

BERTRAND : Toi, petit merdeux, tu es encore à la maison à sucer papa et maman et tu t'attends que tout le monde te plaigne et s'occupe de toi. Quand agiras-tu comme un homme ? Plutôt que de t'asseoir sur ton cul, pourquoi ne cherches-tu pas du travail ; tu pourrais au moins sortir pour baiser au lieu d'écouter la télé, de te masturber et de manger des bonbons toute la journée ? Pas étonnant que tu sois toujours fatigué. Ton cerveau est en train de pourrir. Ôte-toi de sur ton cul et laisse-le respirer !

MARC : Espèce de manipulateur hypocrite avec ton veston et tes cravates de trou-du-cul et tes chemises blanches. Tu te prends pour un autre parce que tu es avocat au centre-ville. Je pensais que tu allais aider les gens des taudis et des ghettos — et voilà que tu sers la cause des riches. Monsieur le Révolté ! Monsieur l'Idéaliste ! Te voilà plutôt Monsieur du Derrière ! La langue la plus tordue en ville !

Tout de suite après cet échange, il y eut un moment de silence, puis tout le monde éclata de rire y compris les deux protagonistes qui voyaient diminuer la tension qui existait depuis longtemps entre eux. Ils venaient de partager des sentiments « inexprimables », ils y avaient survécu et pouvaient maintenant commencer à parler plus rationnellement sans s'échauffer. Nous incitons les parents à montrer à leurs enfants comment se prêter à des échanges d'insultes structurés, un peu comme un match de boxe, plutôt que de menacer de les punir lorsqu'ils le font naturellement. Cet exercice peut constituer un moyen constructif, amusant et satisfaisant, d'épancher une hostilité qui risque autrement de provoquer des rondes sans fin de taquinerie et de querelles.

Le « savon » et la rentrée en grâce

Le « savon » et la « rentrée en grâce » font partie des rituels les mieux compris et les plus facilement appris. La réprimande remonte à une époque lointaine. Ces rituels lui donnent une nouvelle tournure en y incluant des mécanismes d'oubli et de pardon.

Le « savon » est une réprimande ritualisée qu'une personne fait à une autre dont la conduite l'a blessée ou déçue. Il vise à rétablir la bonne volonté mutuelle en permettant à l'offenseur de reconnaître son offense et à subir une punition. Il facilite la rentrée de l'offenseur dans les bonnes grâces de l'offensé.

Lors d'un « festival familial », Ronald, âgé de dix-sept ans, informa sa mère qu'il désirait lui donner un « savon » à propos de sa conduite du lundi soir précédent ; il avait alors reçu des copains à la maison. Elle accepta, et on fixa la limite de temps à 90 secondes.

RONALD : Lundi dernier, je voulais sortir avec des amis et tu m'as conseillé de les inviter plutôt à la maison. Tu m'as promis de fermer les portes du salon et de nous laisser tranquilles. Tu es venue au moins trois fois au cours de la soirée nous demander si nous voulions manger ou nous dire de baisser le volume de la télé. Cela a tellement énervé tout le monde que la soirée a tourné au vinaigre et mes amis sont partis tôt.

La mère de Ronald écouta calmement sans répondre. Les règles du rituel lui interdisent de se défendre. Au plus, elle peut exiger des éclaircissements si le message n'est pas clair. Elle reconnut ses torts et demanda une « rentrée en grâce ». Il s'agit d'une punition choisie par l'offensé et l'offenseur accepte afin de se faire pardonner.

RONALD : Un samedi soir du présent mois, j'aimerais avoir la maison pour moi seul. J'inviterai mes amis et je m'occuperai moi-même de la nourriture et des boissons ; je ne veux pas que papa et toi rentriez avant une heure trente.
MÈRE : C'est d'accord.

Ronald et sa mère s'embrassèrent et se sentirent à l'aise l'un avec l'autre après avoir ainsi réglé leurs comptes.

Le « savon » est une méthode facile de régler ses griefs d'une façon structurée plutôt que de les garder pour soi et d'accumuler une réserve d'hostilité et de méfiance.

La visite du musée

Invariablement, lorsqu'une famille commence sa formation à la confrontation, chaque membre y apporte son bagage secret de déceptions, de peines et de rejets que lui ont fait subir les autres dans le passé. C'est pourquoi, au début d'un « festival familial » nous engageons chaque membre à rédiger sa propre liste de souvenirs négatifs et à en faire lecture au reste de la famille qui l'écoute en silence. Les points qui regardent une personne en particulier peuvent lui être communiqués de façon confidentielle. Comme nous l'avons mentionné dans le chapitre sur les rituels, les participants peuvent reléguer aux oubliettes certains points de leur liste, en troquer ou en conserver d'autres et réserver les points concrets susceptibles de créer de nouveaux problèmes à une «confrontation directe pour un changement».

La «visite de musée» suivante a eu lieu entre Mme Pelletier et sa fille célibataire Jeanne, âgée de vingt-quatre ans, qui vivait encore avec elle.

La liste de Mme Pelletier :
1. La fois où tu es revenue à la maison après un cours de psychologie pour me dire que j'étais une névrosée typique et que j'en avais fait une de toi.

2. La fois où tu as commencé à m'engueuler en présence de ton ami parce que je t'avais demandé où tu allais alors que j'essayais seulement d'être gentille et non de me mêler de tes affaires. J'étais humiliée.

3. À la fête des Mères, lorsque tu es allée à la campagne pour le week-end alors qu'un mois auparavant tu m'avais invitée à dîner pour ce jour-là.

4. Lorsque tu me dis que c'est de ma faute si tu n'es pas mariée ou si tu es seule. Je ne veux plus être ton bouc émissaire.

5. Il y a quelques semaines, lorsque tu as dit à ton père que tu ne comprenais pas comment il avait pu m'épouser et demeurer avec moi toutes ces années.

La liste de Jeanne :
1. La fois où tu m'as comparée à ma sœur Julie en disant qu'elle était plus intelligente et plus jolie que moi et qu'elle était née sous une bonne étoile alors que moi j'étais née perdante.

2. Il y a deux ans lorsque j'étais vraiment déprimée et que je t'ai demandé de me prêter de l'argent pour aller voir du théâtre en

ville pendant un week-end. Tu m'as traitée de parasite parce que je voulais profiter de «l'argent des autres» pour prendre des vacances «sophistiquées».

3. La fois où je t'ai surprise à lire une lettre de mon ami que tu avais prise dans le tiroir de mon bureau. J'avais seize ans alors.

4. Il y a un an lorsque tu m'as traitée de prostituée parce que j'avais passé un week-end en ville avec Marcel, que je fréquentais pourtant depuis cinq mois.

5. Ce point est toujours valable. Un jour tu me dis de quitter la maison, et le lendemain, lorsque je cherche un appartement, tu me cries après parce que je veux partir et vivre seule. Cela me rend folle.

La liste qui précède ne représente qu'un extrait d'une très longue liste de rancœurs cachées. Mme Pelletier et Jeanne s'entendirent pour réserver, la mère, le n° 2 sur la liste, et la fille, le n° 5 sur la sienne, à une «confrontation directe pour un changement». Elles se mirent d'accord pour oublier leurs n°s 3 respectifs. Mme Pelletier échangea ses n°s 4 et 5 avec les n°s 1 et 2 de Jeanne. Elle décida de conserver dans son musée le n° 1 de sa liste, tandis que Jeanne faisait de même avec son n° 4. Elle fit observer : «Je ne veux pas oublier ce fameux jour où tu m'as officiellement étiquetée «névrosée typique». Ce à quoi Jeanne fit écho en disant «et je me délecterai toujours de ta description de moi comme une prostituée».

Le combat d'oreillers

Le but de ce rituel est de donner aux membres de la famille l'occasion d'exprimer leur colère d'une manière physique et inoffensive. Le combat d'oreillers, dont nous avons expliqué les règles dans le chapitre sur les rituels, se prête très bien à cet objectif.

Les membres d'une famille doivent d'abord s'imposer des restrictions destinées à égaliser leurs différences de forces. Par exemple, un jeune homme qui se bat avec sa sœur cadette peut décider de se tenir sur un pied. Un jeune enfant peut se battre avec sa mère lorsque celle-ci se met à genoux et tient son bâton avec trois doigts seulement.

Au cours d'un combat d'oreillers effectué dans les règles de l'art pendant une période prédéterminée de deux minutes par exemple, chaque membre de la famille peut extérioriser une hostilité dont l'origine est souvent obscure.

La bastonnade

Ce rituel, qui vient parfois compléter ou remplacer le « savon », est aussi décrit dans le chapitre sur les rituels. Il s'agit en fait d'une « raclée » qui, au contraire des corrections sadiques administrées par les maîtres d'école de jadis, est donnée avec l'assentiment des deux parties à l'aide d'un bâton coussiné. Ce rituel permet à l'offensé d'exprimer la peine que lui a causée l'offenseur par sa conduite. Un enfant en colère contre un parent qui a trahi sa promesse peut vouloir lui donner la bastonnade afin de se sentir mieux.

La personne qui reconnaît ses torts et accepte de recevoir la bastonnade fixe une limite de temps, de trente secondes par exemple ; elle se tient alors debout ou inclinée afin de permettre à l'offensé de lui administrer des coups bien dirigés. On encourage ce dernier à exprimer verbalement sa colère à chaque coup.

Après avoir reçu la bastonnade, l'offenseur peut négocier une « rentrée en grâce » si l'offense le justifie. La plupart des participants trouvent la « bastonnade » suffisante en soi pour leur permettre d'oublier l'offense et de pardonner à l'offenseur. Ce rituel incite les parents en particulier à remettre en question le principe qu'il est humiliant et irrespectueux pour un enfant de « rosser » ses parents.

Ce sentiment est un résidu de la définition traditionnelle du «respect», et il découle de l'attitude répressive qui a toujours prévalu à l'égard des manifestations agressives. Le père ou la mère, loin de perdre leur dignité en se prêtant à ce rituel, contribuent plutôt à la rehausser.

On peut adapter au «festival familial» n'importe quel rituel décrit dans le chapitre sur les rituels. La création de rituels de défoulement de l'agressivité est un art nouveau, et nous encourageons les familles à exercer leur imagination dans ce domaine.

Il suffit de respecter les règles fondamentales : consentement mutuel, restrictions destinées à niveler les forces, limite de temps et présence d'un arbitre dont le rôle consiste à faire respecter les règles de l'art.

Phase III :
la «confrontation directe pour un changement»

La «confrontation directe pour un changement» est un procédé créé par le Dr Bach pour la résolution des conflits. Qu'il s'agisse de disputes à propos de l'heure de rentrée le soir, des responsabilités domestiques, de l'intimité, de l'utilisation de l'automobile, etc., toutes ces questions peuvent donner lieu à une «confrontation directe pour un changement». On trouvera les détails et les règles de la confrontation directe au chapitre 20. La famille est un milieu idéal pour ce rituel, parents et enfants pouvant arbitrer les disputes et enregistrer les points.

Trouver des solutions constructives à un problème, écouter et être écouté, recevoir des critiques utiles sur sa manière de communiquer, il n'en faut pas tant pour améliorer le niveau des échanges agressifs à la maison. La «confrontation directe pour un changement» peut couper court à l'escalade de l'hostilité et de la frustration qui caractérise la plupart des querelles familiales. Employée de concert avec les rituels, elle peut faire de l'affrontement agressif au sein de la famille un outil constructif et stimulant.

Bien qu'elle puisse accomplir les rituels chaque jour et engager une «confrontation directe pour un changement» chaque fois qu'il y a mésentente sur une question concrète, une famille peut, à titre de prévention, organiser un «festival familial» ou une «journée de la dispute» tous les deux ou trois mois. Notre expérience nous a prouvé que ces activités, en plus d'être stimulantes, peuvent arrêter l'accumulation de formes cachées et aliénantes d'interaction et le manque de communication qui sévissent au sein de beaucoup de familles modernes.

CHAPITRE 19

Les ennemis au travail : l'usage de l'agressivité en milieu professionnel

La plupart des travailleurs passent presque autant de temps à leur emploi qu'en compagnie de leurs proches, sinon davantage. Un fait est certain : ils dépensent habituellement beaucoup plus d'énergie au travail qu'à la maison. Le travailleur typique arrive à la maison le soir, prend son repas puis s'écrase devant le téléviseur avant d'aller se coucher. Beaucoup d'hommes en particulier craignent davantage de perdre un emploi chèrement acquis ou d'être délogés d'un poste de responsabilité que de voir leur vie personnelle menacée.

Pour ces raisons, le milieu de travail habituel engendre beaucoup de frustration, de colère, d'anxiété et de conflits. Et malgré l'intensité émotionnelle vécue dans cet environnement où le travailleur passe huit à neuf heures chaque jour, on n'a prévu aucune structure ou moyen pour l'aider à faire face à ces expériences affectives au fur et à mesure. Le milieu de travail est un foyer où se développent des formes indirectes et cachées d'agressivité qui mettent en danger la santé physique et mentale des employés et dont le coût final doit être assumé par l'employeur.

Il y a plusieurs années, le Dr Bach dirigea un marathon pour une clinique dentaire privée. Le directeur, qui avait entendu parler de nos séances sur l'agressivité en milieu de travail, fit appel à nos services parce que le manque de communication croissant au sein de la clinique l'inquiétait et qu'il se sentait impuissant à modifier la situation. Tous les employés, y compris les secrétaires et les commis aux écritures furent invités à ce marathon de fin de semaine ; la plupart y assistèrent. Plusieurs employés étaient même accompagnés de leur conjoint. On recommanda aux vingt-trois participants de ne pas faire à l'avance des pactes visant à passer sous silence certains faits.

Les neuf premières heures se déroulèrent dans une atmosphère exceptionnellement tendue. En réalité, il devint évident que des pactes de silence avaient été conclus. Le barrage se rompit enfin quand le mari d'une secrétaire affirma être au courant d'une liaison entre sa femme et un des dentistes présents. Peu de temps après, une amie « secrète » du directeur commença à trembler et courut vomir dans les toilettes. Alors commencèrent à pleuvoir des histoires de rendez-vous, de doubles normes et d'accords secrets.

De plus, il apparut que plusieurs dentistes sabotaient la clinique en « siphonnant » des clients pour les traiter dans leur cabinet privé. Le directeur avoua même avoir détourné des clients cossus et s'être fait une clientèle qu'il comptait vendre éventuellement à la clinique.

À la fin du marathon, il devint tellement évident que la clinique était corrompue par des clans, des accords secrets et du sabotage que les participants se prononcèrent en faveur de sa dissolution graduelle. Il devint également clair que le seul intérêt des dentistes résidait dans la pratique privée et qu'ils ne pouvaient plus travailler ensemble dorénavant. Plusieurs antagonismes anciens se changèrent en amitiés. Une femme témoigna de la sympathie à une secrétaire qui avait eu une liaison avec son mari. La confrontation conduisit à l'authenticité et, bien que le groupe s'entendit pour se dissoudre, le marathon avait mis en lumière plusieurs interactions destructrices.

L'agressivité indirecte et cachée se manifeste extérieurement sous forme de coups bas, de mesquinerie, de médisance et de soupçons. Déformer les intentions des autres et considérer ceux-ci comme des stéréotypes ou des objets dont la valeur dépend de la position et du pouvoir plutôt que comme des êtres humains dont les besoins et les personnalités sont uniques, reste aussi une forme d'agressivité cachée et indirecte. Ceux dont le statut est supérieur craignent de manifester de la sympathie ou toute autre émotion spontanée à leurs subordonnés. En général, les vrais contacts ne s'établissent qu'à l'occasion de Noël ou dans des circonstances tragiques, décès ou maladies graves ; tous les employés se concertent alors afin d'acheter un cadeau et de recueillir les sommes nécessaires.

Le système de castes

Le milieu de travail typique est peut-être ce qui se rapproche le plus du système de castes. De façon tacite, tout le monde connaît son rôle : qui fréquenter, à qui sourire, qui saluer le matin — est-ce que je le salue le premier ou est-ce que j'attends qu'il le fasse d'abord ? Il suffit de jeter un coup d'œil dans la cafétéria, le restaurant du coin ou le casse-croûte pour connaître le rang de chacun. Les administrateurs sont assis ensemble à une table, les employés des échelons supérieurs ou les professionnels à une autre, les secrétaires et les commis aux écritures à une troisième tandis que les préposés à l'entretien et les travailleurs non qualifiés s'entassent ailleurs. Les frontières sont invisibles mais très évidentes. Ceux qui s'avisent de les transgresser reçoivent un accueil froid, impatient et désagréable.

Lors d'un récent sondage, près de vingt pour cent des travailleurs ont admis *ouvertement* leur insatisfaction au travail. Un psychiatre a décrit les sentiments de nombre d'entre eux en ces termes: «Soucieux, pris au piège, seuls, bousculés et envahis par un sentiment d'inutilité[1].»

L'employé qui se sent incapable d'influencer les autres et de les inciter à modifier leur comportement exprimera sa frustration de façon passive et indirecte par son absentéisme chronique, ses retards, ses pauses prolongées, ses larcins, ses longues conversations téléphoniques, ses malaises psychosomatiques comme le mal de tête, son travail de piètre qualité, son rendement médiocre, ses erreurs graves, ses oublis et son manque de solidarité.

L'employeur et l'employé souffrent tous deux de cet état d'agressivité refoulée. Souvent les employeurs ont aussi peur des employés que ceux-ci de leurs patrons. Ils sont prudents à l'extrême lorsqu'ils s'adressent à leurs secrétaires et hésitent à affronter les employés hautement qualifiés de peur de les perdre. En dépit de leur position de pouvoir, ils souffrent d'être privés de réactions authentiques, de ne jamais obtenir de réponses honnêtes et spontanées de la part de leurs employés et d'être constamment sous pression et incompris. Ils sont sujets aux maladies typiques des postes de responsabilité comme les ulcères, la dépression, l'alcoolisme et les crises cardiaques.

Les employeurs sont souvent aussi incapables que leurs employés d'exprimer ouvertement et franchement leur agressivité. Aussi développent-ils des moyens systématiques et détournés de le faire. Plus subtils que ceux des employés, ils comprennent entre autres: la froideur, l'arbitraire, l'imprévisibilité, les messages équivoques et les menaces voilées. Il en résulte un climat où employeur et employés se trouvent enfermés dans un monde de sourires de façade, de fausse mutualité, de dialogues vides et peu compromettants qui masquent leur aliénation et leur hostilité sous-jacente.

Des pleurs et des grincements de dents

Les gens ont soif d'une communication authentique, mais ils la craignent et ils ne savent pas comment la réaliser. Pourtant, notre expérience en milieu de travail nous a démontré que les « pleurs et les grincements de dents » des employeurs et des employés cachent les mêmes anxiétés, les mêmes inquiétudes et les mêmes conflits. Toutefois, malgré le nombre d'ouvrages publiés sur les relations professionnelles, la gestion par objectifs et la dynamique de groupe, nous avons été étonnés de constater l'absence de techniques et d'outils permettant de faire face aux échanges agressifs au jour le jour.

Les employés sont capables d'apprendre à faire face à des situations intolérables sans mettre leur emploi en danger et les employeurs peuvent cesser de jouer un rôle et communiquer honnêtement avec leurs employés sans menacer leur statut ou perdre le contrôle. Toutefois, nous savons qu'en établissant une franche communication, on met inévitablement à jour de nombreux conflits non résolus. À ce moment, il arrive que le « patient », estimant que la situation est plus grave qu'il ne le croyait, préfère se retirer derrière ses interactions fausses, mais sûres. Nous ne sous-estimons pas les aspects anxiogènes inhérents à ce processus. Les échanges agressifs qui mettent les gens mal à l'aise chez eux peuvent les rendre encore plus anxieux en milieu de travail où leur sécurité d'emploi est en jeu. Bien que les formes d'agressivité indirecte et cachée aient de multiples effets destructeurs, elles sont quand même moins désagréables et plus familières pour les personnes habituées à éviter la confrontation directe et les explosions de colère et à ne rien faire pour protéger leur intégrité. Cependant, ce n'est qu'après avoir déterré toutes ses vieilles rancœurs qu'on peut affronter sa colère et ses conflits dans « l'ici et maintenant ». Peu à peu, les problèmes reprennent des proportions plus appropriées et plus réalistes. Les vieilles hostilités ne viennent plus contaminer et déformer les inter-actions pas plus qu'elles n'engendrent des techniques indirectes et cachées d'agression. Nous estimons que, pour des raisons pure-ment pragmatiques qui n'ont rien à voir avec des préoccupations humanitaires plus vastes, tous peuvent tirer profit d'échanges agressifs constructifs. La confrontation ouverte peut renverser notre sentiment d'isolement et d'aliénation.

Cependant, ce stade d'anxiété transitoire n'apporte pas que des désavantages. L'employé retire une plus grande satisfaction person-nelle de son travail ; il ne vise plus uniquement le chèque de paye, les vacances et la retraite, comme c'est habituellement le cas dans les milieux de travail modernes, stériles et passifs qui n'apportent aucune satisfaction affective au travailleur. Celui-ci continue de travailler grâce à ses illusions centrées sur les moyens de s'évader du travail.

Un environnement qui réprime la confrontation franche, rend l'intimité véritable impossible et donne un aspect menaçant et confus aux relations et aux situations. Jean-Noël Tanguay, ingénieur diplômé des années cinquante, occupait le poste de chef de service dans une importante compagnie d'aéronautique, au cours de la période de récession économique de la fin des années soixante et du début des années soixante-dix. Il devint inquiet et perdit peu à peu son assu-rance lorsqu'il découvrit qu'un adjoint avait été détaché auprès de Richard Bujold, lui aussi chef de service. Il en conclut immédiate-ment qu'il avait perdu la faveur du directeur de programmes, son supérieur immédiat. Il commença à craindre d'être renvoyé lorsqu'il remarqua en outre que ce dernier n'assistait jamais aux réunions de son service, alors qu'il assistait à celles des autres services.

Il y vit un signe que son poste était menacé ou que son service allait être dissous. Demander des explications à son patron équiva-lait à mettre en doute l'efficacité de son service. En fait, Tanguay était assez intime avec certains de ses collègues qui remarquèrent qu'il devenait de plus en plus replié sur lui et déprimé. Ils le pressèrent, dans l'intérêt de tous, de s'affirmer et de vérifier ce qui se passait. Lorsqu'il se décida à demander des explications au directeur de programmes, il découvrit qu'on ne lui avait pas affecté un adjoint parce que son travail était plus que satisfaisant. L'absence de son supérieur aux réunions était en fait un vote de confiance.

Plus tard, en parlant avec Richard Bujold, il s'aperçut que celui-ci éprouvait lui aussi de violentes angoisses. Il avait interprété comme un manque de confiance en ses capacités le fait qu'on lui eut détaché un adjoint. Et ce qui le déprimait le plus, c'était la présence constante du directeur de programmes aux réunions de son service.

Une atmosphère qui favorise l'insécurité donne souvent lieu à des interprétations et des distorsions de ce type. Le moindre signe est interprété de façon négative. L'anxiété causée par la perspective d'affronter son supérieur et la peur de vérifier « ce qui se passe » engendrent la dépression et la méfiance.

La gentillesse destructrice

La peur de formuler d'honnêtes critiques, surtout si elles sont négatives, est un autre obstacle majeur à la communication en milieu de travail. La politesse règne jusqu'au moment où on lâche la bombe. Julie Richer, secrétaire dans un organisme d'utilité publique, avait l'habitude d'arriver en retard au bureau et de passer beaucoup de temps à se maquiller dans les toilettes ou à converser au téléphone avec son ami. Son patron répugnait à lui faire des remarques à ce sujet, car il ne voulait pas se faire une réputation de « mauvais » patron auprès des employés. En conséquence, il préférait ravaler sa colère et éviter tout contact personnel avec elle. Mais il était de plus en plus irrité et il souhaitait secrètement qu'elle tombe malade ou enceinte et qu'elle quitte son emploi de sa propre initiative.

Julie ne s'apercevait pas que son patron était en colère. Elle continuait d'agir à sa guise comme si de rien n'était, persuadée qu'elle travaillait consciencieusement. Elle appréciait que son «chic» patron lui permette d'être elle-même et d'organiser son travail à sa guise. Entre-temps, l'hostilité de son patron s'intensifiait au point que la division du personnel lui annonça un jour sans un mot d'explication sa mutation dans un autre service.

La nouvelle secrétaire, qui avait eu vent de la mutation soudaine et inexpliquée de Julie, débuta dans ses fonctions avec une certaine appréhension face à son avenir. Sa nervosité l'empêcha de s'adapter à son nouveau travail et son rendement s'en ressentit. En évitant d'affronter Julie, le patron léguait ses problèmes à un autre service et il s'en occasionnait de nouveaux en étant obligé de la remplacer.

Édouard Cormier assista pendant un week-end à un séminaire de formation à la confrontation en milieu de travail. Il avait quitté l'université avant la fin de son cours et il gagnait maintenant sa vie comme briqueteur. Bien qu'au début le travail lui plût énormément, car il était très habile de ses mains, il se mit bientôt à le détester surtout à cause de Bertrand Robert, le contremaître. Celui-ci traitait les ouvriers comme un sergent de marine. Un vrai garde-chiourme. Il rendait Édouard fou en lui confiant une tâche une minute puis en l'interrompant pour lui en confier une autre l'instant d'après. De plus, il exerçait une pression sur lui en lui fixant une limite de temps pour chaque tâche.

Dans son for intérieur, Édouard se disait qu'il connaissait son travail et que son contremaître gâchait tout, en plus de l'énerver avec ses directives superflues. Cependant, il ne dit rien jusqu'au moment où, frustré, il songea à donner sa démission. Au cours du séminaire de formation à la confrontation, Édouard apprit l'importance du contact direct. Alors que ses collègues de travail lui avaient toujours conseillé de passer l'éponge et de faire son boulot, il comprit l'importance d'exprimer ses sentiments. Au travail, il affronta ouvertement son patron. «Je veux vraiment faire du bon travail, mais je n'ai que deux mains. Vous me confiez un travail et vous changez d'idée cinq minutes après. Cela m'ennuie car il m'est difficile de faire de mon mieux dans ces conditions.» Le contre-maître manifesta un peu d'étonnement et d'irritation au début, puis il apprit à respecter Édouard davantage. Chaque fois qu'il retombait dans ses anciennes habitudes, Édouard lui exprimait ce qu'il ressentait jusqu'à ce qu'il comprenne le message. Édouard commença à trouver son travail plus facile et plus plaisant. Son contremaître lui confia même la direction de certains travaux.

La peur d'exprimer ses sentiments négatifs quand il en est encore temps avant qu'une situation ne se détériore gravement est toujours une grande source de malaise. Tout en permettant d'éviter les conflits à court terme, cette attitude finit par envenimer la situation à la longue. En fait, cette peur peut même paralyser une industrie toute entière, comme on l'a constaté pendant la période où les contrats que le gouvernement accordait aux manufactures privées se raréfièrent, ce qui les obligea à mettre à pied de nombreux ingénieurs.

À cette époque, les directeurs d'une de ces sociétés avaient l'habitude de rédiger deux fois par année des rapports très favorables sur chaque employé. Cette habitude était née dans les années de plein emploi au cours desquelles les ingénieurs et scientifiques qualifiés étaient très rares ; on les traitait donc aux petits oignons. On avait conservé cette ligne de conduite dans l'espoir de rehausser le moral du personnel face aux mises à pied successives et parce qu'on craignait d'offenser les membres hautement qualifiés.

Le directeur du personnel protesta contre ces rapports uniformes, affirmant que leur but était d'aider l'employée à s'autoévaluer d'une façon réaliste. Il insista donc sur la nécessité d'y incorporer des éléments tant négatifs que positifs. Ce fut peine perdue. Chaque renvoi dû à une pénurie de fonds provoquait une crise au sein du personnel. Les employés congédiés étaient étonnés du choix apparemment arbitraire qui les désignait comme victimes. Ils avaient toujours reçu des rapports d'évaluation favorables et voilà qu'on leur signifiait leur congé. En outre, les directeurs du service avaient employé trois sortes de rapports dont certains servaient secrètement à désigner les employés moins compétents. Comme ils ne voulaient pas blesser leurs employés, ceux-ci ne surent jamais où ils en étaient. Les éléments les plus compétents du personnel démissionnèrent afin de se protéger, affaiblissant encore davantage la capacité de survie de la compagnie. Il en résulta une atmosphère de méfiance et d'apathie dans laquelle personne ne savait qui croire et en qui avoir confiance.

L'employé qui ne sait dire « non »

Les employés complaisants ont souvent peur de refuser d'exécuter un travail qui dépasse leurs aptitudes. Ils craignent de compromettre leur emploi par leur attitude jugée hostile et non coopérative. Cette forme critique de phobie de l'agressivité finit souvent par placer l'employé dans une position intenable. Son refus tacite s'exprime sous une forme indirecte. L'employé incapable de faire respecter ses limites se trouve vite surchargé de travail et son rendement s'en ressent. Il tentera alors de se protéger en évitant passivement toute autre sollicitation de son temps et de son énergie, s'attirant ainsi une réputation d'apathie et de mauvaise volonté. Il réussit ainsi à précipiter un effet qui dépasse ses appréhensions initiales.

La conversation suivante illustre bien le dilemme où se trouve placée l'acheteuse d'un grand magasin, formée aux techniques d'agression constructive :

M. GAGNON : Mme Chartier, j'ai décidé de vous nommer acheteuse pour mon rayon. Vous travaillerez directement sous ma surveillance. Le volume des ventes de notre rayon a augmenté rapidement et nous essayons de conserver ce rythme. Le matin, j'arrive une demi-heure avant l'heure pour assister à une réunion avec nos directeurs. Je suis sûr que vous partagez notre enthousiasme et que vous assisterez avec nous à ces réunions matinales.

La bonne nouvelle de M. Gagnon renfermait des sous-entendus qui risquaient de causer des embarras à Mme Chartier si elle n'y réagissait pas sur le moment. Ainsi, le désir implicite de M. Gagnon de lui voir manifester autant d'enthousiasme que lui et d'arriver tôt le matin signifiait que si elle ne répondait pas à ses attentes, on la considérerait comme un mauvais « joueur », moins engagé et moins motivé que les autres. Sensible aux dangers que comportaient ces implications, Mme Chartier répondit :

Mme CHARTIER : Cette promotion me fait grand plaisir. Je dois vous dire cependant que j'ai besoin de passer quelque temps avec mon fils le matin. Je ne pourrai donc pas participer aux réunions matinales du mardi et du vendredi. Je vous remettrai mon rapport pour ces réunions et je m'informerai de leur contenu auprès des autres gérants. Mon nouveau poste m'enchante et je ferai mon possible pour que les affaires du rayon continuent de prospérer.

Être incapable ou craindre de dire « non » afin de se protéger et de faire respecter ses limites peut faire de la vie professionnelle un cauchemar. Cela vaut également pour le « gentil » patron qui dit toujours « oui » à tout le monde. Dans ces cas, tant l'employeur que l'employé manquent d'assurance et craignent de compromettre leur statut.

Cette peur de dire «non» est étroitement liée à la peur de paraître agressif. On considère qu'un refus heurtera nécessairement les sentiments de l'autre qui se sentira rejeté. Mais le ressentiment qu'une personne accumule lorsqu'on abuse d'elle ou qu'on la surcharge de travail crée ses propres formes d'agressivité. Le pauvre type qui, malgré sa bonne volonté et ses bonnes intentions, se laisse utiliser, manifestera son irritation d'une manière détournée. Il aura tendance à temporiser, à mal interpréter les directives ou à les oublier tout bonnement. Son attitude lui causera des ennuis beaucoup plus graves qu'un refus initial. Il sera porté à éviter ses collègues qu'il verra comme des sources potentielles d'abus futurs. La solution qu'il choisit lui rend extrêmement pénible tout le temps qu'il passe au travail. Pouvoir dire «non» dans les moments critiques et reconnaître que le refus est aussi une forme de communication et pas nécessairement un signe de mauvaise volonté ou d'hostilité, voilà deux aspects importants du défoulement de l'agressivité en milieu de travail.

Le cadre «gentil» et son homme de main
(Des compères familiers)

Les cadres supérieurs genre «chic types» se plaignent souvent en privé que leurs subordonnés profitent d'eux. En fait, ceux-ci ont souvent tendance à bâcler leur travail et à se montrer irresponsables, ce qui finit par mettre le «gentil» patron dans un pétrin un peu moins «gentil».

Il est rare toutefois de voir un «gentil» patron prendre sur lui d'avertir l'employé fautif ou de le congédier. Il confie plutôt cette tâche à un cadre inférieur, un homme de main chargé de faire des pressions sur l'employé ou de lui signifier son congé.

À titre d'arbitres de combats de ces «gentils» patrons, nous essayons de les libérer de leur syndrome de faux «chic types» qui cache leur phobie de l'agressivité. Nous leur enseignons à confronter loyalement leurs employés, à cesser de se prétendre leurs copains et à préciser leurs exigences face à eux. À mesure qu'ils apprennent à renoncer à leurs fausses accommodations, à s'affirmer ouvertement, à élever leur seuil de tolérance au conflit et à assumer leurs responsabilités de patron, ils apprennent aussi à se passer d'un homme de main. Invariablement, ils se sentent plus à l'aise dans leur rôle de patron et ils établissent des relations plus authentiques, plus créatrices et plus satisfaisantes avec leurs employés.

L'exercice de persistance-résistance

Nous avons parlé de l'exercice de persistance-résistance dans le chapitre sur les rituels. De tous les exercices que nous employons dans nos séminaires sur l'agressivité en milieu de travail, cet outil d'apprentissage s'avère des plus utiles en matière d'affirmation de soi positive et négative. Il vise à contrer la tendance des employés à abandonner la partie tout de suite lorsqu'ils se heurtent à un refus. Il incite en outre chaque individu à explorer toutes ses réserves en persistant dans son refus tant qu'il le croit justifié. Le «persistant» est encouragé à exercer son imagination pour trouver des façons différentes de présenter sa demande renonçant ainsi au plaidoyer plaintif qui attire plus souvent qu'autrement un refus.

Cécile voulait une nouvelle machine à écrire. Elle alla voir son supérieur, Lisette Guillemin.

CÉCILE : Mme Guillemin, je me demande si je pourrais avoir une «IBM Selectric» neuve.

Mme GUILLEMIN : Pas maintenant. Notre budget est vraiment serré et je suis sûre que nous ne pourrions pas justifier cette dépense.

CÉCILE : Ma machine à écrire est usée et elle se désaligne sans cesse. De plus, j'ai fait tellement de progrès en dactylographie que je pourrais tirer parti de la rapidité de la « Selectric ».

Mme GUILLEMIN : Je ne peux vraiment pas faire cette dépense sans changer certaines priorités. Nous avons eu trop de dépenses ces derniers temps surtout à cause de nos employés à temps partiel.

CÉCILE : J'ai essayé la « Selectric » de mon amie dans le bureau de Mme Brillant. Je l'ai beaucoup aimée et je prends vraiment conscience de l'effort que me demande ma vieille machine.

Mme GUILLEMIN : Je vais y réfléchir.

CÉCILE : Vous savez ce que vous coûtent les employés à temps partiel ? Si vous m'obtenez une nouvelle machine à écrire, je pourrai abattre beaucoup plus de travail et épargner un peu de cet argent à la compagnie.

Mme GUILLEMIN : Je vois ce que vous dites. Vous touchez là un point important. Nous faisons peut-être une folie, mais je vais voir ce que je peux faire pour vous.

Cécile avait appris à ne pas se décourager face à un refus répété. Elle fit valoir son point de vue en utilisant chaque fois une approche différente. Certes, Mme Guillemin ne lui donnerait pas immédiatement son consentement ; Cécile savait qu'il serait difficile de la convaincre. C'est seulement lorsqu'elle souleva un point particulièrement valable que Mme Guillemin se sentit assez à l'aise pour lui accorder ce qu'elle voulait.

Le processus créateur de persistance-résistance facilite la prise de décisions mieux pesées. C'est pourquoi nous encourageons les employés de bureau, les ouvriers, les coéquipiers et les employeurs à y recourir et à toujours commencer par refuser une demande. Nous ne prônons pas ici le négativisme, loin de là. Mais nous voulons permettre au «résistant», la personne à qui s'adresse la demande, d'exprimer toutes ses réserves sous-jacentes et ses sentiments négatifs. Ce processus force aussi le «persistant» à présenter une demande sensée, à s'assurer de la sincérité de son désir et à donner du poids à sa requête. De la sorte, que sa demande lui soit accordée ou refusée, il risque moins d'éprouver du ressentiment parce qu'il a l'impression d'être rejeté, écrasé ou manipulé.

Il n'existe pas de remède-miracle

À notre avis, l'obstacle le plus sérieux à l'établissement d'une atmosphère de travail authentique et agréable réside dans la confiance aveugle que les administrateurs modernes accordent aux solutions «rationnelles». Pendant des années, ils ont cherché des solutions miracles à leurs problèmes reliés au personnel. Prolonger les pauses, améliorer l'éclairage, modifier la couleur des murs, prolonger les vacances, adopter les horaires flexibles, ajouter une musique douce, montrer une attitude indulgente face à l'habillement de l'employé et à son comportement social ; à l'occasion, organiser des groupes de rencontre et de sensibilisation à la dynamique de groupe pour les employés intéressés.

Les mesures qui touchent à l'environnement physique peuvent avoir des effets bénéfiques à court terme, mais elles ne résolvent rien. Cette situation provient plutôt des attitudes des patrons et des subordonnés qui n'ont pas osé affronter ouvertement leur agressivité latente qui se manifeste sous une forme indirecte et irrationnelle par la jalousie, l'esprit de compétition, l'hostilité et la frustration. Cette agressivité refoulée déjoue continuellement les tentatives des patrons d'améliorer le milieu de travail grâce à des techniques et des «solutions» rationnelles.

Nous avons vu, dans une manufacture de pièces d'automobiles, les ouvriers arriver au travail l'oreille collée au transistor et le journal sous le bras. Le midi, ils mangeaient chacun dans leur voiture en écoutant la radio ou en lisant le journal. Les directeurs, enfermés dans leur bureau, faisaient la sieste, buvaient ou regardaient la télévision. Voilà un exemple typique de l'isolement des employés de nombreux milieux de travail. À notre avis, bien que cette forme d'aliénation soit engendrée par leur agressivité refoulée, les employés n'éprouvent consciemment que de l'ennui et de l'apathie. Leur vie affective sous-jacente n'est que frustration, méfiance, jalousie et ressentiment. Mais c'est surtout parce qu'ils craignent de révéler ces facettes de leur vie affective, qu'ils se réfugient dans le détachement et le repli sur soi plutôt que d'exprimer ces sentiments hostiles. Il en résulte au bout du compte un piètre rendement, un taux élevé d'absentéisme et un abus de privilèges. Employeurs et employés frustrés contaminent même parfois leurs négociations de travail en les utilisant comme prétexte pour liquider d'une façon impersonnelle leur ressentiment accumulé et refoulé.

Ce qui est vrai dans une manufacture l'est aussi en milieu universitaire où l'on s'attendrait à trouver des esprits plus critiques et plus rationnels. On pourrait croire que la communication y est plus franche. C'est là un mythe. Les tours d'ivoire que sont les universités sont encore plus sujettes aux ruptures de communication parce que la peur d'exprimer ouvertement son agressivité se double de celle de perdre son statut et d'être perçu comme une personne indigne, illogique ou non intellectuelle et incapable de se maîtriser.

Au sein de la faculté de psychologie d'une grande université très respectée qui emploie plus de quarante professeurs de psychologie à temps plein, un fossé se creusait chaque jour davantage entre les expérimentalistes et les cliniciens. Les premiers se considéraient comme les seuls «vrais» scientifiques et méprisaient les seconds. Ceux-ci en retour voyaient les expérimentalistes comme des machines coupées de la réalité humaine. Les deux groupes n'assistaient qu'à leurs propres séminaires, prenaient leurs repas séparément et se saluaient à peine dans les corridors.

Le départ du doyen de la faculté précipita la crise. La perspective de son remplacement entraîna la création de factions rigides. Chacune d'elle craignait que le candidat de la partie adverse ne lui rende la vie intolérable, réduise le budget, redistribue les locaux et les laboratoires, les prive de l'aide d'assistants diplômés, sabote les promotions et refuse d'accorder les permanences. Même ces professeurs éminents et instruits craignaient les échanges agressifs et les évitaient. Leur peur d'épancher leurs sentiments hostiles était si intense qu'ils rompirent toute communication entraînant ainsi la création de deux facultés distinctes ayant chacune leur doyen.

Des divisions semblables se produisent dans beaucoup de milieux de travail. Les jeunes « rebelles » se liguent contre la « vieille garde », les Noirs évitent les Blancs et les femmes se rallient contre leurs collègues « phallocrates ». Plus ces factions s'entêtent dans leur isolement, plus leur ressentiment et leur hostilité s'intensifient. Leur manque de communication croissant les empêche de connaître leurs attitudes et leurs opinions mutuelles.

Il devient presque impossible de combler le fossé une fois que la communication a été rompue, car les bonnes volontés finissent par s'user. Les efforts en vue d'un rapprochement ne provoquent souvent que des discussions réservées où les deux parties tiennent des propos évasifs sur un ton pseudo-cordial qui témoigne de leur résolution peu sincère de modifier la situation.

Exprimer ses sentiments hostiles

L'approche traditionnelle de la résolution des conflits a souligné l'importance de recourir à des solutions rationnelles. Quant à nous, nous estimons que les échanges rationnels doivent venir en dernier lieu après que les deux parties ont exprimé leurs sentiments hostiles individuels et collectifs et leurs stéréotypes mutuels. Loin d'élargir le fossé, comme on pourrait le croire, cet échange structuré d'agressivité semble favoriser l'intimité et il pose souvent les premiers jalons de la communication.

C'est pourquoi nous encourageons les parties à exprimer d'abord ouvertement leur point de vue, leurs sentiments négatifs et leurs frustrations à l'endroit de l'autre partie qui doit écouter en silence. Cette règle est très importante car elle empêche les «intimés» de préparer leur défense plutôt que d'écouter. Les groupes doivent d'abord accepter de s'écouter; un groupe est alors capable de voir l'autre groupe comme des êtres humains aux prises avec leurs problèmes propres; ils expriment leurs pires sentiments l'un envers l'autre, et créent un climat de confiance; puis ils reconnaissent les préjugés et les malentendus qui résultaient de leur étroitesse d'esprit. Alors seulement peuvent-ils reconnaître les manifestations les plus subtiles de la bonne volonté de l'autre partie. Ce n'est qu'une fois les sentiments d'animosité épanchés que les germes fragiles de la communication peuvent se développer.

Lorsque l'hostilité couve et s'intensifie chez des individus qui n'ont aucun exutoire constructif et que seules des raisons économiques ou autres obligent à conserver leur emploi, comme c'est souvent le cas, elle prend souvent des formes indirectes et aliénantes. Les éléments de cette forme d'interaction destructrice sont présents dans tous les milieux de travail: pouvoir inégal, dépendance économique et vulnérabilité affective liée au statut et au rendement.

L'employé humilié

Certains employeurs font à leurs employés des demandes propres à susciter chez ceux-ci des sentiments d'inefficacité et d'incompétence. Ils donnent des instructions humiliantes pour les employés ou changent d'avis sans crier gare, laissant ceux-ci confus et dressés les uns contre les autres. Bien que l'employeur n'y mette peut-être aucune malice consciente, il importe de reconnaître ces signes d'hostilité indirecte pour préserver la santé mentale des employés.

La «double contrainte» est une autre forme de communication aliénante où l'employeur impose à l'employé des exigences inconciliables de sorte que celui-ci est perdant de toute façon. Un avocat principal confia à un employé récemment diplômé de l'université une tâche importante qu'il devait effectuer en cinq jours. Ce délai était irréaliste compte tenu des normes élevées de la compagnie. En le lui imposant, l'avocat laissait entendre subtilement à son employé qu'un refus équivaudrait à un aveu d'incompétence. Par contre, en acceptant, celui-ci essuierait à coup sûr un échec. D'une façon ou de l'autre, il était perdant.

Le «viol de l'esprit» est une autre forme d'aliénation pratiquée en milieu de travail. Le patron soucieux de plaire à ses employées de sexe féminin manifeste parfois un respect bien intentionné de ce qu'il estime être les besoins particuliers de protection et de conseil des femmes. Ces suppositions stéréotypées sont une forme courante de viol de l'esprit. Margaret Rogers, une des premières femmes policiers américaines, engagée dans une petite ville de comté, s'entendit déclarer par son supérieur : «Vous travaillerez seulement le jour parce que nous *savons* que vous n'aimerez pas travailler la nuit et que vous voudrez probablement rester chez vous le soir pour vous occuper de votre famille.» Que cette présomption soit vraie ou fausse, son supérieur prétendait deviner ses pensées en lui appliquant un stéréotype. Il avait pris sa décision à partir d'une supposition gratuite sans même prendre la peine de la vérifier.

«Viol collectif de l'esprit» de l'employeur

La fâcheuse habitude des employés de «deviner» les pensées de leur employeur fut le nœud d'un grave problème de communication au sein d'une importante société de comptabilité. L'associé principal organisa un marathon de thérapie au cours d'un week-end parce qu'il éprouvait une frustration croissante, ses employés le tenant dans une ignorance quasi totale concernant les affaires de la firme. Lors des réunions avec les comptables à la tête des différents services, il avait l'impression qu'on lui présentait des rapports superficiels et qu'on le mettait au courant des problèmes graves seulement lorsqu'une catastrophe était imminente.

Le marathon se déroulait en juillet. Les participants, très guindés au début, se plaignaient un peu parce qu'ils perdaient leurs journées de congé hebdomadaire. Peu à peu, ils manifestèrent une animosité considérable à l'endroit de l'associé principal. Il devint clair qu'ils le voyaient comme un être inaccessible qui ne voulait pas être dérangé. Ils se sentaient stupides en sa présence.

L'employeur n'en crut pas ses oreilles et fut profondément touché. Il travaillait pendant de longues heures, s'accordait peu de plaisirs, négligeait son sport et laissait toujours sa porte ouverte.

Une violente querelle éclata. Un de ses employés cria: «Ce n'est pas votre porte qui est fermée, c'est votre esprit.» Il était évident que les membres du personnel étaient impressionnés par son intelligence et son dévouement et qu'ils se sentaient menacés. Ils avaient tous l'impression que s'ils parlaient trop en sa présence, ils passeraient pour des idiots. Ils avaient «violé son esprit» en assumant d'emblée qu'il ne voulait pas être ennuyé avec leurs problèmes ridicules. Lorsqu'ils le voyaient lire dans son bureau, ils étaient certains qu'il ne voulait pas être dérangé.

Le Dr Bach confia au patron le projet «Communication libre»: il s'engageait ainsi à s'entretenir au moins une fois par jour avec un de ses employés sans documents et sans projets précis. On appelait cela le «moment de proximité» qui ne sert qu'à établir un contact. En outre, on enseigna à tous les employés à cesser de deviner les pensées de leur patron et à le consulter plutôt chaque fois qu'ils avaient un problème qui le concernait. Ils se sentirent alors plus libres de le faire.

Les attentes vagues constituent une autre forme de communication aliénante. Un employeur confie à l'employé une tâche imprécise : alors celui-ci ne sait trop ce qu'il attend de lui. Les employés qui craignent de paraître stupides n'osent pas demander des explications. Ils se torturent l'esprit pour essayer de comprendre les attentes de leur employeur et exécuter leur travail en conséquence.

M. Roy, nouvelle recrue au sein d'une firme privée de consultation en urbanisme, avait élaboré son premier projet sérieux de réaménagement d'un ghetto. Son projet, qu'il avait présenté à son patron, lui fut remis avec le commentaire énigmatique suivant : «Se rapproche de l'idée, mais faible. Peu convaincant. Veuillez me présenter un nouveau rapport révisé vendredi.» M. Roy se sentit frustré par le manque de précision de cette critique, mais comme il était nouveau, il répugnait à poser des questions de peur de passer pour un incompétent.

Les employeurs restent souvent dans le vague lorsqu'ils ont une critique à formuler. Toutes les observations à propos d'un employé du type «attitude médiocre», «besoin d'amélioration», «manque de solidarité», «laisse à désirer» ou toute autre critique franche mais imprécise quant au comportement en cause, peuvent être qualifiées de vagues et d'aliénantes.

Il existe une autre forme d'agression indirecte qui intervient lorsqu'un employé désire démasquer ces attitudes aliénantes et établir une véritable communication avec son patron : il s'agit de la diversion. M. Roy travailla toute la journée du mercredi à son projet de réaménagement. Vers la fin de l'après-midi, il était tellement ennuyé de ne pas savoir en quoi au juste son projet manquait de conviction qu'il alla voir son patron. Celui-ci l'invita à prendre un verre pour en discuter. Il voulait tellement mettre son employé à l'aise qu'il passa tout le repas à parler de l'excellence de l'approche technique. Il ne souffla pas mot du problème de M. Roy.

Voilà quelques-unes seulement des formes d'interactions aliénantes. Nous avons décrit d'autres formes d'interactions de ce type et les techniques destinées à les neutraliser dans le chapitre consacré à ce sujet.

Les choix des employeurs

Il existe un grand nombre de choix possibles pour l'employeur qui veut garder libres les voies de la communication. Les procédés de décharge de l'agressivité proposés ici peuvent tous être adaptés au milieu de travail. L'employeur courageux peut, chaque semaine, réserver un moment au cours duquel ses employés pourront engager un «volcan», se donner des «savons», s'engager dans des «combats d'oreillers» et inverser leurs rôles dans le «marché aux esclaves».

Cependant, un employeur qui adopte subitement une attitude favorable aux échanges agressifs risque d'engendrer de prime abord des sentiments d'insécurité et d'anxiété chez ses employés. Ceux-ci se demanderont peut-être ce que leur patron essaie d'obtenir d'eux ou encore s'il veut les faire marcher. Cette première réaction sera peut-être suivie d'un épanchement de colère accumulée dont certains risquent de souffrir. Nous insistons donc sur l'importance pour chacun de faire preuve de bonne volonté afin de favoriser une atmosphère de travail authentiquement agressive. Employeur et employés doivent accepter que des crises et des tensions surviennent au début. Et s'ils ne s'engagent pas à passer au travers de ces crises, ils négligent la condition première qui est de faire preuve de bonne volonté. Tant l'employeur que l'employé doivent apprendre à recevoir et à formuler des critiques, à exprimer leur colère d'une façon appropriée et à inciter les autres autour d'eux à le faire.

À mesure qu'ils tisseront des liens de confiance, les employés pourront profiter des bienfaits de la communication ouverte. Afin d'aider ses employés à traverser la période difficile, l'employeur doit leur fournir l'assurance qu'il ne les congédiera pas. Les employés doivent être sûrs qu'ils peuvent communiquer honnêtement leurs sentiments sans risquer d'être renvoyés ou de subir d'autres représailles.

La créativité chez les cadres

Des psychologues expérimentalistes ont choisi, parmi sept mille directeurs d'entreprises de l'industrie irlandaise, trente-sept cadres considérés comme innovateurs dans la vie économique de leur pays. Ce qu'ils ont appris sur la personnalité de ces cadres fait directement pendant à la thèse développée dans le présent ouvrage : l'authentique créativité et la capacité d'innover n'ont rien à voir avec les qualités que nous associons habituellement à la « gentillesse », soit la modestie, la douceur et l'affabilité. Au contraire, l'originalité dans l'administration découle plutôt des qualités combatives comme l'énergie, l'opiniâtreté et l'audace[2].

Notre propre expérience auprès des directeurs de divers milieux de travail vient corroborer l'existence d'un lien entre la « gentillesse » et le manque d'originalité. Les nombreux gestionnaires, superviseurs et cadres qui ont gravi les échelons du pouvoir en jouant le jeu de l'éternelle gentillesse sont souvent ceux qui souffrent de la « phobie de l'innovation ». Ils craignent de susciter des controverses ou de faire des remous en se montrant trop créateurs. C'est pourquoi les milieux de travail qu'ils dirigent ont tendance à devenir des prisons mornes et peu stimulantes. Purger une peine de huit heures par jour dans ces bureaux-prisons est un prix élevé que doit payer l'employé pour avoir un patron qui est un «chic type».

On peut voir le milieu de travail comme un second chez-soi, une deuxième famille. Il suscite beaucoup de conflits et de ressentiment. Mais on peut réduire les rapports aliénants et créer une atmosphère authentique et vitale en faisant place aux échanges agressifs. Les employeurs ont tout à gagner à endiguer le flot des agressions indirectes et passives au sein du milieu de travail. Quant aux employés, ils ne peuvent manquer de bénéficier d'une atmosphère plus humaine et d'une diminution des frustrations et du ressentiment qui proviennent de l'impression d'être impuissants et exploités dans un milieu qui ne leur laisse aucun recours.

Chapitre 20

Confrontation directe pour un changement en milieu de travail

Les cadres qui souffrent de tension causée par le travail préfèrent en général se libérer de leurs frustrations chez un psychiatre qu'ils paient fort cher plutôt que d'engager des échanges interpersonnnels plus honnêtes et plus ouverts au bureau. Leurs subordonnés, quant à eux, noient leur animosité et leur anxiété dans l'alcool et se résignent à leur «sort». Tous deux cherchent des cibles extérieures pour épancher la colère et les conflits qu'engendre en eux leur travail. Habituellement ce sont les terrains de sport, les clubs et les bars ou encore les congés de fin de semaine et les vacances qui servent de décors à ces épanchements.

D'autres professionnels sont aussi appelés à régler les conflits à mesure qu'ils surgissent. Des psychologues industriels, des experts-conseils, des moniteurs rompus à la dynamique de groupe et des avocats touchent des sommes rondelettes pour faire cette «sale besogne». Il n'existe aucune structure en milieu de travail qui permette aux employés et aux cadres de faire face aux problèmes et aux conflits particuliers qui surgissent constamment au cours de leurs interactions quotidiennes. En outre, on considère souvent que ces problèmes sont trop cruciaux pour les confier aux personnes directement concernées.

Dans le chapitre précédent, nous avons exploré les dangers de l'agressivité refoulée en milieu de travail et les mesures à prendre pour affronter ce problème. Dans le présent chapitre, nous étudierons l'étape suivante. Nous avons conçu une structure permettant à une personne de demander à une autre de modifier son comportement tout en s'engageant à modifier le sien afin d'améliorer la qualité de leurs échanges, de la communication entre elles et du milieu de travail en général.

Les procédés de confrontation directe[1]

Les procédés de confrontation directe que nous décrirons ici visent à amener des changements précis et à favoriser des échanges stimulants, authentiques et efficaces en milieu de travail. C'est ce que nous avons appelé l'agression d'*impact*, le désir sincère d'inciter les autres à modifier leur comportement et de modifier le sien propre afin d'améliorer les conditions de travail. Nous estimons sincèrement que nous avons tous la responsabilité d'influer sur notre milieu de travail afin de l'améliorer pour nous-mêmes et non pour des raisons humanitaires vagues. Il est de notre responsabilité de façonner les relations et les situations et de les modifier afin de les rendre plus agréables. Nous ne sommes pas d'accord avec le principe fataliste qui dit : « Si cela ne te plaît pas, va-t-en. » Et nous ne croyons pas comme certains que les relations sont affaire de chimie ; si elles sont bonnes, bravo ; si elles laissent à désirer ou sont franchement pénibles, tant pis, on n'y peut rien.

La «confrontation directe pour un changement», qui s'est avérée si utile au cours des cinq dernières années pour régler de façon créatrice les conflits entre intimes, peut maintenant s'appliquer en milieu de travail. Cette structure fournit une approche claire, directe et rationnelle de la résolution de conflits et de problèmes précis et concrets. Toutefois, comme il s'agit d'une forme d'interaction fondamentalement rationnelle, on ne peut l'employer efficacement qu'après avoir exprimé son agressivité plus générale et moins rationnelle par l'intermédiaire des rituels, des exercices et des procédés décrits précédemment dans le présent ouvrage.

La formation à la confrontation directe fournit un résumé de notre philosophie concernant la communication franche et constructive. Ses règles apprennent à l'individu à s'affirmer continuellement et à apprendre la signification profonde d'un conflit plutôt que de l'éviter. On peut aussi y recourir pour transformer des sentiments vagues et quotidiens de détresse occasionnés par le milieu de travail en problèmes concrets et négociables. Notre programme est donc un outil qui permet de surmonter l'aliénation et le cynisme en bloquant les formes passives, indirectes et destructrices d'agression.

Un vendeur se plaignait que la secrétaire de son patron prenait tellement au sérieux l'horaire de celui-ci qu'il était presque impossible de le voir. Le gérant d'un immeuble d'appartements se plaignait que son adjoint ne faisait pas sa part de travail. Et un employé d'un organisme gouvernemental devenait de plus en plus hargneux et malheureux parce que son patron le traitait comme un enfant, le surveillant sans cesse et le critiquant devant les autres. Il s'agit là de quelques conflits typiques pouvant être réglés grâce aux procédés de confrontation directe.

On nous demande souvent pourquoi il faut négocier ces conflits pour les résoudre. Après tout, il suffit à un employeur d'émettre un avertissement ou une directive ou encore aux employés de s'unir pour former un syndicat ou de loger officiellement une plainte. Nous avons découvert toutefois que même si ces sortes d'échanges à sens unique provoquent parfois des changements, ils tendent aussi à éroder les échanges sincères en divisant les employés et en les dressant les uns contre les autres. Les techniques de confrontation directe favorisent une mise en lumière totale du problème des deux partis et permettent aux individus de voir comment ils communiquent et comment ils empêchent la communication franche. Elle est destinée à remplacer la façon traditionnelle d'entraîner les changements par l'utilisation du pouvoir, une technique de «pression» qui a inévitablement un effet aliénant.

Les seuls problèmes précis qu'on ne peut négocier dans le cadre de la confrontation directe sont ceux qui concernent un comportement impossible à contrôler par la volonté. Il s'agit la plupart du temps de modèles de comportement profondément enracinés qui ont des origines caractérielles ou névrotiques et qui nécessitent l'intervention de professionnels. Ils comprennent entre autres l'alcoolisme, le tabagisme et les problèmes de tempérament comme les fluctuations d'humeur, la dépression et le repli sur soi. Nous avons étiqueté ces questions comme «non négociables». Il reste possible toutefois de modifier les circonstances dans lesquelles l'individu adopte ces comportements et de les négocier.

Certaines des questions réglées dans le cadre d'une confrontation directe peuvent sembler insignifiantes et cacher des problèmes affectifs et interpersonnels plus profonds. La confrontation directe cependant ne s'embarrasse pas de considérations psychiatriques. Nous avons découvert que c'est en se penchant sur un problème, peu importe son importance, qu'on apprend à résoudre les conflits. La confrontation directe montre que le processus du combat est aussi important que le contenu de la dispute.

La présence de personnes neutres que nous appelons observateurs-participants est une partie intégrante du processus. Ils servent d'arbitres, enregistrent les points (nous précisons cet aspect plus loin dans ce chapitre) et formulent des critiques constructives. On a découvert en outre que leur participation allège l'atmosphère et aide les combattants à surmonter l'angoisse, la honte et l'humiliation qui accompagnent inévitablement l'expression ouverte d'un conflit.

Il ne faut pas non plus sous-estimer l'importance des répercussions de la confrontation sur les observateurs eux-mêmes. Dans notre culture, nous avons été conditionnés à feindre de ne pas entendre les querelles des autres qui nous intimidaient. En participant à la confrontation, ils apprennent à surmonter ces sentiments inhibiteurs et fournissent en même temps aux combattants l'appui social dont ils ont besoin pour aller jusqu'au bout du processus difficile de la résolution du conflit. La confrontation directe n'est pas une bagarre verbale, mais un procédé structuré de communication par l'affirmation de soi. À ses débuts particulièrement, il peut être lent et fastidieux comparé au rythme vif et excitant de la querelle verbale typique. Les observateurs-participants agissent donc comme soutiens et aident les «combattants» à tenir le coup.

Les neuf étapes d'une confrontation directe

Voici les étapes précises que doit suivre la confrontation directe :

1. *S'engager*

La confrontation s'engage sur l'initiative de la personne qui a un grief à formuler et qu'on appelle «l'initiateur». C'est lui qui demande au partenaire d'engager avec lui une confrontation directe. Si le «partenaire de confrontation» est d'accord, on choisit un moment et un lieu pour se confronter.

Cette première étape est très importante, car elle empêche l'initiateur de sauter sur une occasion et de régler son problème sur place. Son adversaire n'ayant pas eu le temps de se préparer, cela risque d'entraîner une rapide escalade d'échanges destructeurs. La confrontation directe a toujours lieu avec le consentement des deux parties dans des circonstances prédéterminées par elles.

2. Consulter ouvertement et «répéter»

L'une ou l'autre partie peut à n'importe quel moment demander une brève consultation ouverte avec un ou plusieurs de ses collègues qui jouent le rôle d'arbitres et d'observateurs-participants. Ces consultations ont lieu à la vue de tous y compris de l'autre «combattant». Ce procédé a pour but d'aider l'initiateur à définir son grief et à édifier sa demande de modification, et d'aider le partenaire de combat à exprimer sa réserve face à la demande, dans des termes simples et clairs.

Les arbitres ont pour but d'aider chaque combattant à simplifier ses griefs, à traduire autant que possible ses questions en affirmations (par exemple «Pourquoi fais-tu cela?» devient «Je ne veux pas que tu fasses cela.») et d'endosser la responsabilité de ses sentiments surtout les plus difficiles comme la colère et le ressentiment. La consultation est le prolongement formel du processus naturel qui consiste à «en parler avec un copain».

3. Énoncer le grief et ses conséquences pénibles

Après la consultation ouverte, l'initiateur de la confrontation énonce son grief. Il déclare ensuite comment le comportement en cause l'affecte, le blesse ou lui nuit. Par exemple: Mad GERMAIN (une comptable en chef qui parle avec le sous-directeur des finances): Je me plains du fait que durant les réunions du personnel, lorsque la secrétaire est absente, vous me demandez automatiquement de prendre des notes. Je me sens alors comme un objet femelle stéréo-typé.

Le grief suivant présenté par M. Leroux, vérificateur d'une usine de plastiques au directeur du personnel constitue un autre exemple d'une nature plus complexe toutefois:

M. LEROUX: Vous avez engagé M. Geoffroy pour informati-ser notre système d'émission des chèques sans m'en parler et sans me demander si j'étais d'accord ou non avec ce choix. Vous ne m'avez pas demandé non plus si je jugeais qu'il avait l'expérience nécessaire pour effectuer ce travail: je me sens bousculé et débordé puisque je suis responsable de ce travail.

4. *Refléter*

Le principe du reflet demeure en vigueur inconditionnelle-ment jusqu'à la fin de la confrontation. Ni l'initiateur ni le parte-naire ne peuvent s'exprimer sans avoir d'abord répété ce qu'ils vien-nent d'entendre.

Bien que le procédé du reflet soit pénible et parfois même exas-pérant, il est l'épine dorsale de la confrontation directe, car il la ralentit et oblige les participants à écouter attentivement. Il fait échec à la tendance habituelle de chaque interlocuteur à préparer intérieurement une réplique mordante pendant que l'autre parle, ce qui l'empêche d'écouter attentivement. Il est surprenant de voir à quel point il semble difficile de répéter l'essence de ce que quelqu'un vient de dire. Il est surtout impressionnant de voir le nombre de «différences» qui disparaissent presque immédiate-ment lorsque des individus commencent à s'écouter vraiment.

Mais attention! Refléter le message de l'autre ne signifie pas le répéter comme un perroquet. Il s'agit bien de répéter l'essence de ce que l'autre vient de dire. Les combattants pressés d'en finir auront tendance à répéter mot pour mot les paroles de l'autre. Cette façon de faire devient alors un exercice de mémoire plutôt que de compréhension et n'atteint pas les objectifs de la technique du reflet.

Il n'est pas rare de voir une personne sembler refléter fidèlement les paroles de son interlocuteur et déformer l'esprit du message. Cela peut aussi se produire par le biais de nuances verbales ou émotionnelles, par des gestes ou du sarcasme. Voici un exemple de ce type de reflet entre les copropriétaires d'un immeuble d'appartements:

PARTENAIRE A: Cela me fâche que tu aies esquivé tes responsabilités toutes les fins de semaine du dernier mois. Tu me dis toujours que tu dois passer quelque temps avec ta famille et tu me laisses avec tout le travail concernant l'immeuble d'appartements.

PARTENAIRE B: Tu me dis que tu n'aimes pas me voir passer du temps avec ma famille les week-ends et que tu préfères me voir travailler à notre immeuble d'appartements plutôt.

La reformulation du partenaire B sous-entend que le partenaire A n'aime pas le voir consacrer du temps à sa famille tandis qu'en réalité, il se plaint du manque de collaboration du partenaire B qui ne prend pas ses responsabilités face à l'immeuble.

Les observateurs-participants peuvent être particulièrement utiles pour détecter ces nuances subtiles du message qui échappent aux participants trop engagés émotionnellement.

5. *Demander un changement*

Une fois le décor mis en place, l'initiateur est prêt à faire une «demande de changement» précise.

Au cours d'une querelle à propos des dépenses entre deux époux qui possédaient un studio de photographie, la femme demanda de contre-signer tous les chèques.

Lors d'une dispute concernant l'accès aux renseignements, un employé exigea d'avoir accès à tout document le concernant et versé à son dossier personnel.

Les demandes de changement doivent se rapporter à des actions, non à des attitudes. Ces changements peuvent donc être mesurés en termes concrets une fois qu'ils ont été acceptés. Par contre, les attitudes peuvent toujours prêter à interprétation. Dans l'exemple précédent, l'employé ne demanda pas à son interlocuteur d'être moins secret, mais plutôt de lui permettre l'accès aux renseignements. Cela vaut aussi pour l'exemple du studio de photographie. Dans ces deux cas, une signature ou un accès aux dossiers sont des preuves concrètes de changement.

6. *Répondre à la demande*

Une fois la «demande de changement» correctement reformulée, le combat commence. Le partenaire de confrontation a maintenant la chance de répondre au grief et à la demande de changement en faisant connaître son point de vue.

7. *Échanger loyalement*

La confrontation directe bat maintenant son plein. Chaque participant s'exprime à son tour dans des termes simples et directs. L'autre doit refléter correctement ses paroles avant de répliquer.

8. *Conclure*

Après un échange mutuel profond, on met fin à la confrontation. À ce moment, le «partenaire» a, soit accepté la demande de changement, soit rejeté totalement cette demande, soit fixé des conditions précises en vue d'un changement. La conclusion de la confrontation est marquée par une reformulation de l'accord accepté par les deux parties. Il arrive à l'occasion que la fatigue ait raison des «combattants» avant la fin de la confrontation qui est alors remise à plus tard.

9. *Donner suite*

Lors d'une rencontre ultérieure, les combattants jugent si l'accord a été respecté ou non. Ils sont tenus de reconnaître et de confirmer tout changement réel en manifestant leur appréciation à la personne ayant modifié avec succès son comportement.

Les participants peuvent aussi à cette occasion réaffirmer leur accord ou le renégocier. Les engagements changent constamment puisque dans une interaction agressive sincère, la confrontation n'est jamais vraiment terminée.

Comme nous l'avons mentionné précédemment, le contenu d'une confrontation directe est moins important que le procédé en lui-même. Plus que toute autre technique, la confrontation directe a pour but de sensibiliser les individus à leurs modes particuliers de communications et d'aider à éliminer les distorsions et le vague qui empoisonnent la résolution de conflits.

On atteint ce but par l'intermédiaire d'un système de pointage destiné à fournir aux «confrontants» des critiques utiles. Le but de ce pointage n'est pas de comparer mais plutôt d'aider à évaluer et à mieux connaître les comportements en interaction. La confrontation directe élimine toute idée de gagnant ou de perdant puisqu'elle aboutit à un accord acceptable pour les deux partis qui profitent de cette expérience instructive.

Évaluation de la confrontation

C'est le rôle des observateurs d'évaluer le style de chaque combattant en se fondant sur les aspects suivants du message; ils peuvent ainsi se concentrer davantage sur le processus de l'échange que sur son contenu :

1. *Réalisme.* Les déclarations du partenaire sont-elles réalistes? On enregistre un *plus* pour chaque argument clair et direct qui émane d'un sentiment authentique et d'un intérêt sincère. On attribue un *moins* pour chaque argument forgé, non sincère ou manipulateur.

2. *Loyauté.* L'autre partenaire peut-il «encaisser le coup», assimiler l'argument de son partenaire et y répondre? On enregistre un *plus* si l'argument porte à l'autre un coup «au-dessus de la ceinture» et un *moins* s'il l'accable de coups bas et nuit à sa motivation et à sa capacité de poursuivre la confrontation.

3. *Implication.* Les arguments sont-ils fondés sur des sentiments sincères? On attribue un *plus* si le partenaire manifeste une émotion sincère et un *moins* s'il reste détaché, replié sur lui ou si son intérêt semble feint.

4. *Responsabilité.* Le partenaire endosse-t-il sa part de responsabilité dans le conflit et la résolution de ce conflit? La volonté de prendre ses responsabilités mérite un *plus* tandis que la résistance à le faire ou la tendance à jeter le blâme sur des cibles extérieures valent un *moins*.

5. *Humour.* L'humour dont fait preuve un partenaire détend-il l'atmosphère et favorise-t-il une intimité sincère? Ce type d'humour mérite un *plus* tandis que le sarcasme et les propos humiliants valent un *moins*.

6. *Reflet.* La reformulation est-elle juste et reflète-t-elle l'essence du message? On enregistre un *plus* lorsque le partenaire pense à refléter le message de l'autre et résiste à l'envie de contre-attaquer immédiatement. On attribue un *moins* au partenaire qui oublie de reformuler ce qu'il vient d'entendre; qui le fait d'une manière

impatiente, relâchée ou déformée ; ou qui apporte ses arguments avant d'avoir reçu la confirmation de la justesse de son reflet.

7. *Précision.* Les arguments sont-ils clairs et contiennent-ils des détails précis et concrets ? Si c'est le cas, le partenaire mérite un *plus.* Par contre, il mérite un *moins* pour chaque allégation vague et générale.

8. *Perspective.* Les arguments se rapportent-ils à «l'ici et maintenant» ? On attribue un *plus* au partenaire dont les arguments sont orientés vers le présent et un *moins* au combattant qui soulève des questions non pertinentes ou ramène sur le tapis d'anciens griefs.

9. *Ouverture au changement.* Chaque partenaire qui manifeste de la souplesse d'esprit et une certaine ouverture au changement obtient un *plus* tandis que celui qui maintient un point de vue rigide et place sur l'autre la responsabilité du changement reçoit un *moins.*

10. *Aliénation et agression cachée.* Nous avons décrit en détail les types d'aliénation et les formes d'agression cachée dans des chapitres antérieurs. En général, on attribue un *plus* au combattant qui neutralise les attitudes aliénantes et l'agressivité cachée de son partenaire et un *moins* au combattant qui omet de confronter son partenaire sur ce point ou qui se fait le complice de l'une ou l'autre forme d'agression cachée.

Ces attitudes aliénantes comprennent notamment la double contrainte, le viol de l'esprit, la culpabilisation, l'indifférence, la chosification, la mystification, la provocation inconsciente, l'obstruction (diversion) et la mesquinerie affective. Les formes d'agression cachée à dénoncer comprennent entre autres la collusion, l'agression passive sous forme d'oubli, de malentendu, de temporisation et «la mémoire courte». Moraliser, intellectualiser, douter, rester indifférent, jouer le tyran malade, la « bonne sœur » ou « l'incapable » sont aussi des agressions indirectes.

Une confrontation typique

La confrontation directe suivante a eu lieu entre M. Brien, directeur du service de recherches en design d'une importante firme d'experts-conseils et Mad Conrad, analyste occupant un poste élevé au sein de son personnel technique.

Mad Conrad était engagée dans une tâche complexe qui devait être terminée dans cinq semaines. La tendance de M. Brien de l'interrompre constamment dans son travail en faisant brusquement irruption dans son bureau commençait à lui taper sur les nerfs. Il lui confiait alors quelque « urgence » comme d'incorporer un nouvel imprimé d'ordinateur, de revérifier les résultats d'un passage machine ou de résoudre un problème de chargement.

Mad Conrad demanda une confrontation directe et M. Brien accepta. Ils se rencontrèrent un mercredi matin avant le travail avec le Dr Goldberg et deux observateurs-participants. Comme il s'agissait de leur première confrontation directe, on leur permit de confronter sans arrêt après avoir été initiés aux règles fondamentales afin de pouvoir leur donner un aperçu de leur façon « naturelle » de se quereller et de communiquer au jour le jour. Lors de la transcription du dialogue, nous avons omis la reformulation qui fut faite fidèlement.

MAD CONRAD : Je n'aime pas que vous fassiez irruption dans mon bureau sans avertir pour me confier des tâches qui exigent une attention immédiate de ma part. (reformulé par M. Brien) Cela me rend nerveuse, frustrée et fâchée au point que chaque fois que je vous rencontre, je deviens tendue intérieurement et je ne veux même pas vous écouter. (reformulé par M. Brien)

Voici ma demande de changement : je désire que vous demandiez mon attention avant d'intervenir mal à propos avec une autre demande de sorte que je puisse vous dire si je suis prête à vous écouter et à répondre d'une façon convenable à votre demande. (reformulé par M. Brien)

M. BRIEN : Mais Claire ! Vous savez que nous avons du pain sur la planche. Vous semblez affreusement sensible. (reformulé par Mad Conrad)

MAD CONRAD : Cela me frustre tellement d'être constamment interrompue. Cela ne profite à aucun de nous deux. (reformulé par M. Brien)

M. BRIEN : Ces tâches me viennent soudain à l'esprit et je veux tellement que vous sachiez que nous devons les effectuer. (Blaguant) Peut-être est-ce la mauvaise période du mois pour vous, Claire ? (reformulé par Mad Conrad)

MAD CONRAD : Laissez tomber ces stéréotypes féminins. Cela importe peu que je sois un homme ou une femme. Personne ne pourrait déplacer son attention aussi rapidement d'un sujet à un autre. Ne pouvez-vous vous montrer un peu plus patient ? (reformulé par M. Brien)

M. BRIEN : Oui, mais je risque alors d'oublier ce dont je voulais vous parler. (reformulé par Mad Conrad)

MAD CONRAD : Alors, envoyez-moi une note. Ou au moins, prévenez-moi de votre visite. (reformulé par M. Brien)

M. BRIEN : Vous êtes réellement affreusement sensible sur ce point. Vous me rappelez ma femme — garce ! garce ! garce ! (reformulé par Mad Conrad)

MAD CONRAD : Vous agissez ainsi avec votre femme aussi ? (reformulé par M. Brien)

M. BRIEN : (d'un ton échauffé) Laissez ma femme en dehors de cela. (Aucune reformulation puisque Mad Conrad répondit immédiatement d'une façon cinglante avant d'être rappelée à l'ordre par le Dr Goldbert qui l'obligea à reformuler d'abord les paroles de M. Brien)

MAD CONRAD : C'est vous qui avez parlé d'elle. (reformulé par M. Brien)

À ce moment de la confrontation, les deux combattants étant manifestement en train de s'écarter du sujet consultèrent le Dr Goldberg et les observateurs avant de reprendre leur échange.

MAD CONRAD : Écoutez, Jean, ce travail est sous ma responsabilité. Je me rends compte que beaucoup de choses vous préoccupent, mais j'ai d'autres choses à faire que les tâches que vous me confiez. Si vous me laissez un peu tranquille, nous pourrons peut-être y parvenir. (reformulé par M. Brien après qu'il lui eut dit qu'elle en avait trop dit à la fois et lui eut demandé de répéter ses idées une à une)

M. BRIEN : Ne prenez pas les choses autant à cœur. Honnêtement, je ne m'étais jamais rendu compte à quel point je vous bouleversais. (reformulé par Mad Conrad)

MAD CONRAD : Je suppose que je sens une certaine pression. Je veux vraiment vous aider, mais j'ai besoin que vous me préveniez avant de venir me voir dans mon bureau. (reformulé par M. Brien)

M. BRIEN: Comment saurai-je que vous êtes prête? (reformulé par Mad Conrad)

MAD CONRAD: Je vous le dirai. Vous n'avez qu'à me le demander. (reformulé par M. Brien)

M. BRIEN: Cela a l'air ridicule! (reformulé par Mad Conrad)

MAD CONRAD: Alors pourquoi ne m'appelez-vous pas cinq minutes avant votre arrivée? (reformulé par M. Brien)

M. BRIEN: D'accord, je suis d'accord avec cela. (reformulé par Mad Conrad.)

MAD CONRAD: Bien.

On peut se demander à ce point-ci s'il ne s'agissait pas là d'une façon plutôt interminable d'arriver à une solution simple. Ce n'est pas le cas. M. Brien et Mad Conrad tournaient autour de cette question depuis plus d'un mois. Chacun d'eux avait besoin d'exprimer pleinement leur point de vue et leurs sentiments respectifs avant de pouvoir arriver à une solution d'apparence plutôt évidente.

Le moniteur de la confrontation attribue aux deux combattants les points suivants:

Formule de pointage

Date: *13 juin 1973*

Initiateur (I): *Mad Claire Conrad*
Partenaire de confrontation (PC): *M. Jean Brien*
Grief: Fait irruption dans le bureau de l'initiatrice sans avertir et lui fait des demandes.

Conséquences nocives: L'initiatrice est tendue et fâchée. Ne veut plus l'écouter.

Demande de changement: Attirer son attention auparavant.

PLUS	MOINS
Réalisme	
I : intérêt sincère	PC : sarcasme initial laissant croire qu'il ne prenait pas le grief au sérieux.
Loyauté	
	PC et I se sont donné des coups bas, PC en comparant I avec sa femme et I en demandant à PC s'il agissait ainsi avec sa femme.
Implication	
I et PC manifestent tous deux des sentiments et un intérêt sincères au conflit.	
Responsabilité	
I et PC ont tous deux fini par comprendre leur part de responsabilité dans le conflit.	I et PC ont commencé par jeter le blâme sur l'autre.
Humour	
	PC : remarque humiliante à propos de la «mauvaise période du mois».

Reflet	
I et PC: sauf un petit écart, tous deux ont reformulé les paroles de l'autre d'une façon pertinente et précise.	
Précision	
I et PC ont tous deux exprimé clairement et concrètement leurs attentes.	
Perspective	
I et PC sont tout deux demeurés dans le présent. Ouverture au changement I et PC ont tous deux manifesté leur désir de changer.	
Aliénation et agression cachée	
PC a mentionné que I l'avait «surchargé»	I: a «surchargé» PC: commentaire culpabilisateur: «garce! garce! garce! PC: fait obstruction à I au début en disant: «Vous semblez affreusement sensible» et «Vous me rappelez ma femme» PC: «chosification»: son commentaire à propos de la «mauvaise période du mois» est un stéréotype. I: a omis de neutraliser les manœuvres de diversion, de chosification et de culpabilisation de PC.

Résumé des critères d'évaluation

PLUS	MOINS
Réalisme	
rationnel et réaliste	invente, non sincère, manipulateur
Loyauté	
peut «encaisser le coup», l'assimiler et y répondre	accable l'autre et lui nuit
Implication	
sentiments sincères	détaché, replié, fait semblant
Responsabilité	
reconnaît sa part de responsabilité	sur la défensive, jette le blâme sur l'autre
Humour	
joyeuse	sarcastique, humiliante et railleuse
Reflet	
précis, reformule l'essence	déforme, oublie
Précision	
clair, concret, précis	vague, général
Perspective	
«ici et maintenant»	inopportune, histoire ancienne

Ouverture au changement

ouvert et souple	fermé et rigide

Aliénation	*Agression cachée*
1. double contrainte	1. collusion
2. viol de l'esprit	2. agression passive
3. culpabilisation	a. oubli
4. indifférence	b. malentendu
5. «chosification»	c. temporisation
6. mystification	d. mémoire courte
7. provocation inconsciente	3. moraliser
8. surcharge	4. intellectualiser
9. obstruction (diversion)	5. indifférent
10. mesquinerie affective	6. «tyran malade»
	7. «bonne sœur»
	8. «incapable»

Mad Conrad et M. Brien se rencontrèrent de nouveau une semaine plus tard et convinrent que leur accord de conclusion était acceptable pour tous deux et qu'ils pouvaient le maintenir et le respecter. Ils découvrirent également qu'ils nourrissaient des sentiments beaucoup plus amicaux l'un envers l'autre et qu'ils étaient plus sensibles à leurs besoins respectifs.

Chapitre 21

Combattre pour se réaliser

Do not go gentle into that good night.
Rage, rage against the dying of the light.
Dylan Thomas*

La croissance personnelle est un processus qui mène à une transformation affective et à la construction d'une nouvelle manière de se découvrir et d'être en relation avec le monde, plus totale et plus réelle. Parce qu'on a bloqué chez la plupart des individus leur flot d'énergie agressive, la première étape importante dans ce processus de croissance implique la libération de ces énergies devenues passives et stagnantes et l'adoption d'un mode de relation plus affirmatif et plus flexible.

Notre culture a toujours renforcé l'attitude passive et résignée à l'égard de son affectivité. Or, la croissance personnelle implique

---

* Ne t'en va pas tranquillement dans cette douce nuit. Insurge-toi! Insurge-toi contre la lumière qui meurt.

habituellement le dépassement des façons stéréotypées, prévisibles et conventionnelles d'être en relation avec soi et avec les autres. Ce dépassement ne peut donc manquer de bouleverser ses habitudes. En laissant les façons «sûres et confortables» de se comporter et d'être en relation avec les autres, on rompt avec le familier; comme un animal sage dans sa cage l'individu qui, alors emploie toute son énergie agressive à s'adapter socialement et à faire siens les modèles de comportement «acceptables» trouvera un certain appui. Sur la voie de la croissance affective toutefois, chacun est un pionnier solitaire qui avance sur un territoire encore inexploré.

Ces efforts de croissance se heurtent toujours à une résistance, car ils bouleversent l'équilibre des relations et des interactions de l'individu. Ainsi, lorsqu'un des époux commence tout à coup à exprimer ses sentiments véritables et ses besoins fondamentaux, il pousse l'autre à changer s'il veut maintenir l'équilibre de leur relation. Si l'autre demeure le même, leur relation ne peut manquer de se détériorer gravement.

Il en est de même dans le domaine du travail. La personne qui se rend compte qu'elle est en train de gaspiller de précieuses années de sa vie à effectuer un travail monotone et non valorisant et qui décide d'agir en conséquence, constitue une menace tant pour ceux qui comptent personnellement sur elle pour remplir son rôle de «pourvoyeur» que pour ses collègues auxquels elle fait sentir leur passivité face à un emploi débilitant. La société n'a jamais facilité la tâche à celui qui veut «changer d'attelage au milieu du gué». La personne dans la quarantaine qui souhaite changer de vie aussi radicalement devra sans nul doute affronter la colère de ceux que ce changement touchera et dérangera.

La personne qui traverse une crise de croissance trouvera certainement des pierres d'achoppement sur sa route. On l'étiquettera de «malade» ou on l'accusera d'avoir un «problème». On essaiera de la culpabiliser par des paroles comme « Comment peux-tu te montrer aussi égoïste ? », « Est-ce que tu ne penses toujours qu'à toi-même ? » et « Regarde ce que tu fais à tout le monde ». Comme les sentiments de culpabilité sont de puissants moteurs dans notre société, nombreux sont ceux qui commenceront à flancher et à douter de l'authenticité de leur désir de changement. Mus par la peur, plusieurs feront marche arrière et rentreront dans les rangs.

Divers groupes opprimés de notre culture ont prouvé qu'en s'affirmant d'une manière agressive, on peut grandir. ils ont montré qu'il est possible de provoquer des changements considérables en prenant en main sa propre vie. Nous parlons ici des groupes comme les Noirs, les immigrants, les homosexuels et les femmes. Il faut cependant être prudent lorsqu'on compare ces groupes à l'individu, mais leur expérience est riche en enseignements.

Pendant des décennies, les Noirs ont employé des stratégies passives visant à améliorer leur pénible situation et leur image de soi négative. Ils ont essayé la résistance passive, la prière, la supplication et ils ont essayé de se faire tout petits dans un système qui les rejetait. De temps en temps, on leur jetait des miettes, juste assez pour les apaiser, les empêcher de désespérer et couper court à toute tentative d'affirmation plus énergique. En conséquence, chaque cause gagnée était si minime qu'elle ne permettait jamais un grand pas en avant. Au milieu des années soixante toutefois, les Noirs commencèrent à prendre leur propre cause en main. En cinq ans, ils obtinrent davantage, en termes de changements sociaux concrets, que leurs ancêtres n'avaient gagné en cinquante ans.

Les groupes d'immigrants militants ont grandement contribué à faire connaître la ségrégation de notre culture. Avant qu'ils ne commencent à affirmer leurs besoins et leurs droits à titre de citoyens à part entière, ils étaient peu connus et faisaient l'objet de répressions. Aujourd'hui les immigrants sont devenus une partie intégrante de notre société et s'affirment dans les milieux de travail, les collèges et les universités. Ces efforts contre la ségrégation ont marqué notre société, et l'éducation des jeunes a commencé d'inclure cette formation comme essentielle.

Les homosexuels ont été pendant longtemps l'objet de tracasseries juridiques ; la société les a stigmatisés et considérés comme des malades psychiatriques. Les hommes en particulier ont dû accepter d'être catalogués comme des individus pervers qui violaient les garçons innocents dans les toilettes.

Vers la fin des années soixante, les homosexuels firent un pas en avant et affirmèrent leurs droits d'êtres humains et de citoyens. À mesure qu'ils défendaient plus agressivement leur position, l'attitude du public face à eux s'adoucissait considérablement. De nombreux psychiatres et psychologues modifièrent radicalement leurs principes théoriques. Ils n'étaient plus aussi convaincus de la nécessité de faire des homosexuels des gens normaux à moins qu'ils ne le désirent.

L'histoire du mouvement de libération de la femme ressemble à celle des homosexuels. Tant que les femmes s'érigeaient en faveur de l'égalité des droits auprès des législateurs mâles pour la plupart, et réclamaient par exemple le droit à l'avortement, elles ont gagné peu de terrain. Lorsqu'elles cessèrent de demander pour se mettre à exiger, elles commencèrent à obtenir la place qui leur revenait de droit en tant qu'égales de l'homme. Au cours de ce processus, le sens de l'identité et l'image de soi de beaucoup de femmes se modifia sensiblement. Elles ne sentirent plus le besoin de se considérer comme des objets sexuels ou des citoyennes de deuxième ordre.

Chacun de ces groupes dut traverser une période critique d'affirmation de soi avant que ne se modifient leur perception d'eux-mêmes et la réaction de la société envers eux. Tant qu'ils ont accepté leur rôle passif et « gentil », leur position n'avança pas.

Cette relation étroite qui existe entre la croissance et l'agressivité demeure vraie aussi pour l'individu ; cependant celui-ci ne bénéficie pas de l'appui du groupe pour persévérer dans ses efforts personnels de croissance. C'est pourquoi lorsqu'il « rompt les rangs » et trouve ses propres rythmes affectifs, il s'engage dans un chemin plus difficile, plus angoissant et plus solitaire.

En nous penchant sur ce processus de croissance personnelle, nous avons tenté de définir quelques-unes des dimensions importantes qu'il implique et nous nous sommes arrêtés aux aspects suivants que nous croyons particulièrement pertinents.

Le risque ou la sécurité

La recherche de sécurité est normale chez l'être humain. Pour beaucoup toutefois, elle est aussi une chaîne qui les retient, une excuse à leur passivité. Le familier et le connu, bien que vus comme ennuyeux, sont préférables aux angoisses et aux incertitudes du changement et de la nouveauté.

Gaston Meunier avait terminé son cours universitaire en administration ; il s'était classé parmi les premiers étudiants de sa faculté. Au cours des premiers mois suivants, ses perspectives d'emploi étaient minces. De crainte de ne jamais trouver mieux, il accepta le premier emploi assez rémunérateur qu'on lui offrit. Son travail consistait à chercher des sources d'investissement potentiel pour une grande compagnie d'assurance. Outre qu'il était bien rémunéré, cet emploi s'assortissait de nombreux avantages sociaux.

Après cinq ans, au cours desquels il avait bien réussi et reçu des augmentations de salaire régulières, il commençait à trouver de plus en plus difficile de se lever le matin pour aller travailler. Il était devenu un fumeur invétéré et pouvait de moins en moins se passer de boissons alcoolisées aux repas et en soirée.

Son besoin de sécurité, qui l'avait poussé à accepter cet emploi et qui l'avait servi au cours des quelques premières années, commençait à avoir des effets négatifs. Gaston ne trouvait aucune stimulation intellectuelle et aucune nourriture affective dans son travail. Il l'effectuait d'une façon mécanique, mais craignait de le quitter.

Il existe, dans le monde du travail, de nombreux Gaston Meunier qui ont accepté un emploi et le conservent pour des raisons purement sécuritaires. Ils finissent comme des robots qui travaillent de neuf à cinq. Ils survivent grâce à leurs projets de congé ou s'évadent dans l'alcool ou la nourriture après le travail.

Quant à Gaston, bien qu'il craignît de démissionner, son impulsion de croissance était trop puissante pour qu'il puisse la supprimer. Elle prit le dessus malgré lui. Son comportement au bureau changea radicalement. Il commença d'entrer en conflit avec ses superviseurs en se montant brusque et sarcastique avec le personnel qui dépendait de lui. Il commença aussi à remettre ses rapports en retard, à faire à l'occasion de grossières erreurs de calcul et arrivait même parfois en retard l'après-midi, agréablement ivre. En d'autres termes, son impulsion inconsciente de croissance, la partie de lui-même qui ne pouvait plus tolérer qu'il s'enlise dans la médiocrité, le poussait dans des comportements qui finiraient par entraîner son congédiement, ce qui se produisit de fait.

Au sein d'autres milieux et d'autres relations, il arrive que l'impulsion de croissance l'emporte sur le reste. Un époux malheureux peut contracter une liaison évidente et gênante, précipitant ainsi une crise qui aboutira à la rupture d'un mariage morne qu'aucun des époux n'avait le courage de briser. Le « tricheur » dans le mariage est souvent qualifié de « méchant » par les autres même s'il se charge en réalité du sale travail de libérer les deux époux.

Même une expérience aussi effrayante qu'une dépression nerveuse peut être l'outil inconscient qui provoque une crise essentielle à la croissance et au changement de l'individu. La dépression nerveuse fait pour la personne ce que ses besoins de sécurité l'empêchent de faire par elle-même. Elle la force à réévaluer sa vie et à effectuer des changements.

Il est tragique que les pressions sociales tendent à pousser l'individu qui se trouve en pleine crise à «rentrer dans les rangs» plutôt que de l'aider à comprendre la véritable signification de son expérience. La personne vulnérable à qui on fait sentir qu'une rupture conjugale est synonyme de «maladie», d'échec et de trahison, peut se sentir forcée de réparer les pots cassés. De même, une personne qui traverse une crise liée à son travail, comme c'était le cas de Gaston Meunier, et à qui tout le monde tente d'expliquer à sa façon la signification du comportement, peut tenter frénétiquement de s'amender. Lorsqu'elle parvient au point tournant de sa crise, une personne qui a reçu toutes sortes d'interprétations négatives et terrifiantes à propos de son comportement, peut sombrer dans la haine de soi et se battre désespérément pour revenir en arrière. Les autres ayant interprété son expérience comme une maladie, elle risque de s'identifier à cette définition.

Toutefois, la personne dotée d'une grande force personnelle, qui bénéficie de l'appui affectif des autres et qui voit sa crise comme un signe qu'elle ne mène pas sa vie de la bonne façon, entamera un merveilleux processus de croissance personnelle.

L'expérience ou l'analyse

De nos jours, beaucoup de patients qui suivent une psychothérapie ou une analyse prolongée se vantent de bien «se comprendre» et de pouvoir analyser leur propre comportement et celui de leurs amis avec beaucoup d'habileté. Mais ils sont encore aux prises avec les peurs et les conflits qui les étouffaient avant qu'ils n'entrent en thérapie. Ils ne sont pas encore capables de s'affirmer suffisamment pour modifier leur comportement ou leurs expériences émotionnelles intérieures.

Dans ces cas, l'analyse et la «compréhension» deviennent les maladies en elles-mêmes et servent de forteresse contre l'action et l'expérience. Chaque sentiment est disséqué et interprété jusqu'à ce qu'il n'en reste rien. Il a perdu toute l'énergie nécessaire à la croissance. Ces personnes «averties» finissent toujours par se résigner en disant: «Oui, j'ai toujours le même problème, mais au moins j'en connais les causes. Je me comprends mieux.»

La popularité des groupes de développement personnel est en grande partie une réaction contre le processus stérile de l'analyse continuelle. Les adeptes de ces mouvements appellent «masturbation intellectuelle» ce processus vide et interminable qui consiste à chercher une signification plus profonde à ses sentiments et à ses comportements afin de les changer.

Nous ne nions pas l'importance de l'analyse et de la compréhension comme points de départ vers le changement. Mais lorsqu'elles deviennent des fins en soi, loin de favoriser une croissance véritable, elles en donnent plutôt l'illusion frustrante.

L'ouverture ou le repli sur soi

Dans une société hautement mécanisée et impersonnelle comme la nôtre, la capacité et le désir d'aller vers les autres et de faire respecter ses besoins sont essentiels au bonheur, au bien-être et à la joie de vivre d'un individu. L'incapacité de s'ouvrir aux autres isole l'individu, le rend méfiant et lui fait rechercher des substituts de satisfactions dans les biens matériels et les expériences impersonnelles qui s'achètent. Il peut s'agir des drogues, des activités d'évasion comme le cinéma, la télévision, les disques, de l'abus d'alcool et de nourriture, ou de la consommation «voyante» de biens luxueux et inutiles. Même la psychothérapie, dans ces cas, peut être vue simplement comme l'achat d'un ami.

Les individus qui apprennent à s'ouvrir aux autres et à exprimer ouvertement leurs besoins se découvrent très tôt des amis sincères en ceux qui ont déjà fait expérience du repli sur soi.

La révélation de soi ou la dissimulation

Au tout début d'un marathon de week-end animé par les auteurs, un certain nombre de participants se plaignirent de l'ennui. Il faut dire que les échanges entre eux étaient tous d'une nature superficielle. Chacun était occupé à jauger le groupe pour savoir dans quelle mesure il pouvait se mettre à découvert sans danger.

Au cours de la quatrième heure, une femme commença à parler ouvertement d'elle-même. Elle avait quarante et un ans et son mari venait de la quitter après dix-sept ans de mariage. Il était parti avec la jeune secrétaire d'un ami, âgée de vingt-deux ans.

« J'ai besoin de vous parler de moi, commença-t-elle. C'est pourquoi je suis ici aujourd'hui. Je refuse de me cacher et de jouer la carte de la sécurité. Je me sens seule, laide et désespérée. J'ai connu une demi-douzaine d'hommes l'année passée. Aucune de ces relations n'a survécu aux trois ou quatre premières sorties. Habituellement, le gars disparaît après nos premières relations sexuelles. »

« Je suis gênée de le dire, continua-t-elle, mais j'ai placé une annonce dans les journaux pour célibataires. La semaine dernière, je me suis rendue dans une agence matrimoniale qui se spécialise dans la recherche de professionnels célibataires. Je commence vraiment à me détester pour tout cela et j'ai besoin d'aide. »

En se mettant ainsi à nu, elle rompit la glace, et un sentiment soudain de chaleur et de vitalité envahit la pièce. Elle s'était exprimée sincèrement et, loin de s'attirer les critiques négatives du groupe, elle l'avait touché et transformé.

Les personnes dont la croissance est inhibée craignent en général de se révéler aux autres parce qu'elles ont honte de leurs sentiments et qu'elles n'ont pas confiance en elles. Jusqu'à tout récemment, les crises comme le divorce, l'avortement, l'alcoolisme, l'échec scolaire, les relations extraconjugales, l'homosexualité et même le fait d'avoir un enfant perturbé ou retardé étaient toutes considérées comme tabous. Les gens faisaient tout pour cacher ces importants aspects d'eux-mêmes. Ils se voyaient comme des phénomènes bizarres ou pervers, différents de tout le monde.

Lorsque au moment d'une dépression, une personne est capable de dire franchement «Voilà qui je suis réellement, et voilà ce qui m'arrive», elle commence à évoluer. Elle découvre soudain qu'elle peut établir un contact affectif avec les autres qui, presque invariablement, auront connu des expériences semblables.

La dissimulation de ses émotions intensifie les sentiments de culpabilité d'une personne, sa haine de soi et son impression d'aliénation. Elle se trouve littéralement empoisonnée par ses sentiments secrets et par l'impression d'être plus malade que les autres et radicalement différente.

Suivre ses propres rythmes ou s'en remettre aux «autorités»

Dans notre société dévoreuse de statistiques et obsédée par les faits, les gens ont tendance à juger leur comportement en fonction des normes établies par d'autres. Cette attitude répandue a des effets très destructeurs sur le plan personnel. Les magazines et les journaux qui sont censés contenir ce type de renseignements s'intéressent habituellement à des sujets comme l'adaptation sexuelle et conjugale, le charme personnel, la santé affective et l'adaptation en milieu de travail. Ces écrits peuvent avoir un effet très troublant sur des lecteurs vulnérables qui seront enclins à se comparer et à se juger d'une façon négative.

Il est donc vital de mettre son agressivité au service de sa croissance personnelle et d'apprendre à se dire : «Ce sont des statistiques. Il ne s'agit pas de moi. Personne d'autre au monde ne me ressemble. J'ai mes propres rythmes et la seule chose qui importe c'est que je sois bien dans ma peau.» L'individu capable d'agir ainsi s'accepte profondément plutôt que de faire des efforts interminables et aliénants pour se conformer aux modèles établis par ces auteurs «mythiques».

L'expérience des auteurs vient corroborer ce principe. Le Dr Bach s'est depuis longtemps bâti une réputation d'indépendance et d'originalité dans le domaine de la psychologie clinique. Pendant que ses confrères insistaient sur la nécessité de traiter les patients individuellement, il travaillait avec des couples et des groupes. Pendant que les autres s'en tenaient à des séances de thérapie de cinquante minutes, il faisait l'expérience des séances prolongées qui aboutirent à des marathons de vingt-quatre heures ou plus. Et pendant que les autres cherchaient des moyens d'aider leurs patients à se débarrasser de leur colère et de leur hostilité, il cherchait des façons de stimuler les individus et leurs relations en les incitant à exprimer ces sentiments.

Le Dr Goldberg, lui aussi, découvrit au début de sa carrière, que les voies traditionnelles de la psychologie ne le satisfaisaient pas.

En dix ans, il essaya divers modes de fonctionnement et finit par suivre ses propres rythmes intuitifs et ses propres réactions émotionnelles.

D'après nos expériences respectives, nous pouvons affirmer que chaque compromis avec ses émotions finit par avoir un effet négatif sur soi et sur ses relations avec les autres. Plus nous avons fait confiance à nos propres impulsions de croissance, plus nous avons accepté nos propres changements, et plus nous avons pu aider les gens à se fier à leurs énergies vitales tout en perdant leur tendance constante et avilissante à se considérer comme des «malades». Pour vivre selon ses propres rythmes, il faut relever le défi agressif d'une vie toujours en mouvement. Si la route paraît souvent parsemée de dangers, de peurs et de doute profond, elle apporte toutefois une impression constante de renouveau personnel. À notre avis, le jeu en vaut la chandelle.

Références

Chapitre 2

1. SPITZ, R. A. et K. M., WOLF, «Anaclitic depression: an inquiry into the genesis of psychiatric conditions of early childhood» in Freud, A. et al. (eds.), *The Psychoanalytic Study of the Child*, New York. International Universities Press, vol. 2 (1946), p. 313-342.
2. KANNER, L., «Early Infantile Autism» in J. *Pediat.*, Vol. 25 (1944), p. 211-217.
3. ZASLOW, ROBERT W., «Resistance to Human Attachment and Growth: Autism to Retardation». San Jose, Calif., manuscrit non publié (1970).
4. MEGARGEE, EDWIN I., «Undercontrolled and Overcontrolled Personality Types in Extreme Antisocial Aggression» in Megargee, Edwin I., Hokanson, Jack E., (ed.), *The Dynamics of Aggression*. New York, Harper & Row (1970), p. 108-120.
5. «Toys and Socialization to Sex Roles» in *Ms.*, Vol. 1, n°. 6 (Décembre 1972), p. 57.
6. SPITALNY, TERRY, «Battles and Best Friends in the Nursery School» in *Child Study*, vol. 34, n° 4 (Automne 1957), p. 9.

Chapitre 3

1. GOODE, WILLIAM, «Violence Among Intimates» (Appendice 19), Mulvihill, Donald J., Tumin, Melvin M. (eds.), *Crimes of Violence: A Staff Report to the National Commission on the Causes and Prevention of Violence*. Washington, D.C.: U.S. Government Printing Office, Vol. 13 (Décembre 1969), p. 941.
2. BACH, GEORGE R., «Thinging»: A Subtheory of Intimate Aggression Illustrated by Spouse Killing», présenté au 75ᵉ Congrès annuel de la American Psychological Association, Washington, D.C. (2 septembre 1967).
3. WINNICK, H., HOROVITZ, M., «The Problems of Infanticide» in *British J.-R. of Criminology*, vol. 2, n° 1 (1961), p. 40-52.

4. SARGENT, DOUGLAS, «Children Who Kill-A Family Conspiracy?» in *Social Work* (janvier 1972), p. 35-42.

Chapitre 4

1. BOSS, MEDARD, *Psychoanalysis and Daseinanalysis.* New York, Basic Books (1963), p. 259-260.
2. JANOV, ARTHUR, *Le cri primal.* Montréal: Flammarion, 1975.
3. LOWEN, ALEXANDER, «Bio-energetic group therapy» in Ruitenback, Hendrik M. (ed.), *Group Therapy Today.* New York, Atherton (1971
4. *Ibid.,* p. 286.
5. *Ibid.,* p. 285.
6. BACH, GEORGE R., Manuscrit non publié.
7. ZASLOW, ROBERT W., *Resistance to Human Attachment and Growth: Autism to Retardation,* San Jose, Calif., non publié 1970, p. 33.
8. BACH, GEORGE R., Marathon Group Dynamics: I. Some Functions of the Professional Group Facilitator II. Dimensions of Helpfulness III. Disjunctive Contacts. *Psychological Reports,* 1967, vol. 20, p. 995-999.
9. DOUDS, J., BERENSON, B. G., CARKHUFF, R. R., PIERCE, R., «In Search of an Honest Experience: Confrontation in Counselling and Life» in Carkhuff, R. R., Berenson, B. G. (eds.), *Beyond Counselling and Therapy.* New York, Holt, Finehart and Winston, 1967, p. 170-179.
10. YABLONSKY, L., *The Tunnel Back.* New York, Macmillan, 1965.
11. MASLOW, ABRAHAM H., Conférence improvisée donnée à Daytop Village in *Journal of Humanistic Psychology,* vol. 7, 1967, p. 28-29.
12. WHITAKER, CARL A., «The Use of Aggression in Psychotherapy» in Bach, G. R. (ed.) *Proceedings,* Neuvième congrès annuel, Group Psychotherapy of Southern California, Inc., Los Angeles, 1962, p. 5-13
13. SHEPARD, MARTIN, *The Love Treatment: Sexual Intimacy Between Patients and Psychotherapists.* New York, Peter H. Wyden, 1971.
14. DAHLBERG, CHARLES C., «Sexual Contact Between Patient and Therapist» in *Contemporary Psychoanalysis,* vol. 6, n° 2, 1970, p. 107-124.
15. CIIESLER, PHYLLIS, *Women and Madness.* Garden City, N.Y., Doubleday & Company, Inc. (1972), p. 149.

16. DAHLBERG, *op. cit.*, p. 123.
17. MASTERS, WILLIAM, JOHNSON, VIRGINIA, *Les mésententes sexuelles et leur traitement.* Paris, Laffont, 1971.
18. CHESLER, *op. cit.*
19. WHITAKER, CARL A., «The Use of Aggression in Psychotherapy» in Bach, G. R. (ed.), *Proceedings,* Neuvième congrès annuel, Group Psychotherapy of Southern California, Inc., Los Angeles (1962), p. 5-13.

Chapitre 7

1. La citation du Dr Edwin I. Megargee a été tirée d'un article intitulé «Undercontrolled and Overcontrolled Personality Types in Extreme Antisocial Aggression» in Megargee, Edwin, I. and Hokanson, Jack E. (eds.), *The Dynamics of Aggression.* New York, Harper & Row, 1970, p. 108.
2. Les renseignements sur Duane Pope ont été tirés d'un article intitulé «Riddle of the "Nice" Killer», par Bard Lindeman, publié dans *Saturday Evening Post,* vol. 238, n° 98, 23 octobre 1965.
3. Les renseignements sur Charles Whitman ont été tirés d'un article intitulé «All-American Boy», publié dans *Newsweek,* 15 août 1966, p. 24 et un article intitulé «The Eagle Scout Who Grew Up with a Tortured Mind» publié dans *Life,* vol. 61, 12 août 1966, p. 24-31.
4. Les renseignements sur Mark James Robert Essex proviennent des articles de journaux suivants :
   (a) Le *Times* de Los Angeles, 10 janvier 1973, p. 1 et 14.
   (b) Le *Times* de Los Angeles, 1re partie 14 janvier 1973, p. 5.
   (c) Le *Times* de Los Angeles 1re partie 11 janvier 1973, p. 15.
   (d) Le *Herald Examiner* de Los Angeles, 10 janvier 1973, p. 2.
   (e) *Time* (22 janvier 1973), p. 20-21.
5. Les renseignements sur Juan Corona proviennent du :
   (a) *Newsweek,* 7 juin 1971.
   (b) *Time,* 4 juin 1971.
   (c) *Times* de Los Angeles, 31 mai 1971.
   (d) *Times* de Los Angeles, 20 juillet 1971.
6. Les renseignements sur Charles Watson ont été tirés de :
   (a) «Mother Tells of Watson's Disintegration» in *Times* de Los Angeles, 1er septembre 1971, p. 3.
   (b) «Tex Watson-My Pride and Joy!» in *Herald Examiner* de Los Angeles, 1er septembre 1971.

7. Les renseignements sur Leo Held proviennent du *Times* de Los Angeles, 24 octobre 1967, p. 1.

Chapitre 9

1. MILGRAM, S. et P. HOLLANDER, «Murder They Heard» in *Nation*, vol. 198, 1964, p. 602-604.
2. ROSENTHAL, A. M., *Thirty-eight Witnesses*. New York, McGraw-Hill, 1964.

Chapitre 11

1. GARRITY, JOAN TERRY, sous le pseudonyme de « J. », *The Sensuous Woman*. New York, Lyle Stuart (1969).

Chapitre 12

1. STORR, ANTHONY, *Human Agression*. New York, Atheneum, 1968.

Chapitre 13

1. BASTIAANS, J. «The Role of Aggression in the Genesis of Psychosomatic Disease» in *Journal of Psychosomatic Research*, vol. 13, 1969, p. 311.
2. BUTLER, B., cité par Le Shan, L., «Psychological States as Factors in the Development of Malignant Disease: A Critical Review» in *Journal of the National Cancer Institute*, vol. 22, n° 1, 1959.
3. BACON, C. L., RENNECKER, R. et M. CUTLER, cités par Le Shan, L., in «Psychological States as Factors in the Development of Malignant Disease: A Critical Review» in *Journal of the National Cancer Institute*, vol. 22, n° 1, 1959.
4. STRAVRAKY, KATHLEEN M., «Psychological Factors in the Outcome of Human Cancer» in *Journal of Psychosomatic Research*, vol. 12, 1968, p. 251-259
5. *Human Behavior*, vol. 1, n° 5, septembre/octobre 1972, p. 27.

Chapitre 14

1. DEMARTINO, MANFRED F., «Mistakes Men Make in Lovemaking-According to 175 Women» in *Sexual Behavior*, vol. 2. n° 4 (avril 1972), p. 18.
2. *Ibid.*, p. 18-22.

Chapitre 15

1. KINSEY, A. C., POMEROY, W. B., MARTIN, C. E., et P. H. GEB-HARD, *Sexual Behavior in the Human Female*. Philadelphia, Saunders, 1953.
2. MACLEAN, P. D., «New Findings Relevant to the Evolution of Psychological Functions of the Brain» in Money, J. (ed.), *Sex Research: New Developments*. New York, Holt, Rinehart and Winston, 1965.
3. MACLEAN, P. D. et D. W. PLOGG, «Cerebral Representation of Penile Erection» in J. *Neurophysiology*, vol. 25, 1962, p. 29-55.
4. MARK, V. H. et F. R. ERVIN, *Violence and the Brain*. New York, Harper & Row, 1970.
5. FESHBACH, S. and JAFFE, Y., *Effects of Inhibition of Aggression upon Sexual Responsivity*. Rapport préliminaire, Los Angeles, University of California, 1970.

Chapitre 19

1. «Is the Work Ethic Going out of Style?» in *Time,* 30 octobre 1972, p. 96.
2. BARRON, FRANK, *Creative Person and Creative Process*. New York, Holt, Rinehart and Winston, Inc., 1969.

Chapitre 20

1. Les procédés de confrontation directe décrits dans ce chapitre ont été créés à l'origine pour les couples mariés et décrits dans l'ouvrage intitulé *Ennemis intimes.*
BACH, GEORGE R. et PETER WYDEN, *Ennemis intimes*. Montréal, Le Jour, 1983.

Table des matières

Cet ouvrage a été achevé d'imprimer
au Canada en janvier 2002.